职业教育改革创新教材

Qiche Peijian Guanli
汽车配件管理

(第2版)

胡 琼　何向东　**主　　编**
谢 琳　张 隽　唐锡军　**副 主 编**
　　　朱 军　**丛书总主审**

人民交通出版社股份有限公司
北京

内 容 提 要

本书是职业教育改革创新教材之一,2022 年被评为全国技工教育规划教材,2023 年被评为"十四五"广东省职业教育规划教材。本书主要内容包括:汽车配件识别、编码和查询;汽车配件订货和采购;汽车配件配送管理;汽车配件仓储管理;汽车配件营销;汽车配件管理的电子商务化发展。

本书可作为中等职业学校汽车类专业的教学用书,也可作为职业技能培训和从事相关工作人员的参考用书。

图书在版编目(CIP)数据

汽车配件管理/胡琼,何向东主编. —2 版. —北京:人民交通出版社股份有限公司,2020.12
ISBN 978-7-114-16897-0

Ⅰ.①汽… Ⅱ.①胡… ②何… Ⅲ.①汽车—配件—销售管理—中等专业学校—教材 Ⅳ.①F766

中国版本图书馆 CIP 数据核字(2020)第 199173 号

职业教育改革创新教材
书　　名:汽车配件管理(第 2 版)
著 作 者:胡　琼　何向东
责任编辑:侯力文
责任校对:孙国靖　龙　雪
责任印制:刘高彤
出版发行:人民交通出版社股份有限公司
地　　址:(100011)北京市朝阳区安定门外外馆斜街 3 号
网　　址:http://www.ccpcl.com.cn
销售电话:(010)59757973
总 经 销:人民交通出版社股份有限公司发行部
经　　销:各地新华书店
印　　刷:北京市密东印刷有限公司
开　　本:787×1092　1/16
印　　张:14.25
字　　数:338 千
版　　次:2015 年 11 月　第 1 版
　　　　　2020 年 12 月　第 2 版
印　　次:2024 年 2 月　第 2 版　第 2 次印刷　总第 5 次印刷
书　　号:ISBN 978-7-114-16897-0
定　　价:38.00 元

(有印刷、装订质量问题的图书,由本公司负责调换)

职业教育改革创新教材编委会

（排名不分先后）

主　　任：刘建平（广州市交通运输职业学校）
　　　　　杨丽萍（阳江市第一职业技术学校）
副 主 任：黄关山（珠海城市职业技术学院）　周志伟（深圳市宝安职业技术学校）
　　　　　邱今胜（深圳信息职业技术学院）　朱小东（中山市沙溪理工学校）
　　　　　侯文胜（顺德职业技术学院）　　　韩彦明（佛山市华材职业技术学校）
　　　　　庞柳军（广州市交通运输职业学校）程和勋（中山市中等专业学校）
　　　　　冯　津（广州合赢教学设备有限公司）邱先贵（广东文舟图书发行有限公司）
委　　员：谢伟钢、赵镇武、孟婕、曾艳（深圳市龙岗职业技术学校）
　　　　　李博成（深圳市宝安职业技术学校）
　　　　　罗雷鸣、陈根元、马征（惠州工业科技学校）
　　　　　邱勇胜、何向东（清远市职业技术学校）
　　　　　李洪泳（江门市新会机电职业技术学校）
　　　　　刘武英、陈德磊、阮威雄、江珠（阳江市第一职业技术学校）
　　　　　苏小举、孙永江、李爱民（珠海市理工职业技术学校）
　　　　　陈凡主（中山市沙溪理工学校）
　　　　　刘小兵（广东省轻工高级职业技术学校）
　　　　　许志丹、谭智男、陈东海、任丽（佛山市华材职业技术学校）
　　　　　欧阳可良、马涛（佛山市顺德区中等专业学校）
　　　　　周德新、张水珍（河源理工学校）
　　　　　谢立梁（广州市番禺工贸职业技术学校）
　　　　　范海飞、闫勇（广东省普宁职业技术学校）
　　　　　温巧玉（广州市白云行知职业技术学校）
　　　　　冯永亮、巫益平（佛山市顺德区郑敬怡职业技术学校）
　　　　　王远明、郑新强（东莞理工学校）
　　　　　程树青（惠州商业学校）
　　　　　高灵聪（广州市信息工程职业学校）
　　　　　黄宇林、邓津海（广东省理工职业技术学校）
　　　　　张江生（湛江机电学校）
　　　　　任家扬（中山市中等专业学校）
　　　　　邹胜聪（深圳市第二职业技术学校）
丛书总主审：朱　军

第2版前言
PREFACE TO THE SECOND EDITION

"十二五"期间,人民交通出版社以职教专家、行业专家、学校教师、出版社编辑"四结合"的模式开发出了"职业教育改革创新示范教材",受到广大职业院校师生的欢迎。

为了紧跟汽车行业发展趋势,更好地适应汽车类专业实际教学需求,2015—2016年,人民交通出版社股份有限公司组织修订,出版了本套教材的第2版。2019年12月,人民交通出版社股份有限公司吸收教材使用院校教师的意见和建议,组织相关老师,对已出版的"职业教育改革创新示范教材"再次进行了全面修订,对个别不能完全适应学校教学的教材进行了重新整合,更新了教材内容,并对教材中的错漏之处进行了修正。

该套教材将先进的教学内容、教学方法与教学手段有效地结合起来,形成课本、课件(部分课程配)和数字资源(部分课程配)三位一体的立体教学模式。

《汽车配件管理》是本套教材在修订出版第2版时增补的品种,此次修订工作主要做了如下修改:更正了第1版中的错误之处;删除了陈旧的知识点;更新了相关技术标准和法规;为使学生掌握汽车配件配送的业务流程,编写了"项目三 汽车配件配送管理";结合计算机技术和电子商务的发展现状,编写了"项目六 汽车配件管理的电子商务化发展";对第1版中文字的表述进行了调整和修改,使之更加准确和规范。同时,配套的电子课件也进行了修订。

本书由清远市职业技术学校胡琼、何向东担任主编,清远工贸职业技术学校谢琳、深圳市宝安职业技术学校张隽、浙江交通职业技术学院唐锡军担任副主编,深圳第二高级技工学校张富增参加了编写。全书由何向东统稿。本书在编写过程中,得到许多4S店配件部的领导和兄弟院校教师的帮助,在此表示衷心的感谢。

限于编者的经历和水平,书中难免有不妥或错误之处,敬请广大读者批评指正,提出修改意见和建议,以便重印或再版时改正。

职业教育改革创新教材编委会
2020年5月

目录 CONTENTS

项目一　汽车配件识别、编码和查询　/　1

　　任务一　汽车配件识别 ·· 2
　　任务二　汽车配件编码 ·· 15
　　任务三　汽车配件查询 ·· 24
　　思考与练习 ·· 37

项目二　汽车配件订货和采购　/　39

　　任务一　汽车配件市场调查与预测 ··· 40
　　任务二　汽车配件订货 ·· 50
　　任务三　汽车配件采购 ·· 61
　　任务四　汽车配件财务结算 ··· 81
　　思考与练习 ·· 91

项目三　汽车配件配送管理　/　95

　　任务一　汽车配件配送概述 ··· 96
　　任务二　汽车配件配送模式 ··· 99
　　任务三　汽车配件配送业务流程 ·· 101
　　任务四　汽车配件配送中心 ··· 104
　　思考与练习 ·· 110

项目四　汽车配件仓储管理　/　113

- 任务一　汽车配件仓储规划 ··· 114
- 任务二　汽车配件入库 ··· 129
- 任务三　汽车配件日常管理 ··· 136
- 任务四　汽车配件出库 ··· 148
- 任务五　汽车配件库存盘点 ··· 155
- 思考与练习 ·· 160

项目五　汽车配件营销　/　164

- 任务一　汽车配件营销基础 ··· 165
- 任务二　汽车配件营销模式 ··· 175
- 任务三　汽车配件营销策略 ··· 184
- 任务四　汽车配件索赔 ··· 194
- 思考与练习 ·· 202

项目六　汽车配件管理的电子商务化发展　/　205

- 任务一　计算机技术在汽车配件管理系统中的应用 ············ 206
- 任务二　汽车配件库房管理系统 ······································· 208
- 任务三　汽车配件电子商务化应用 ··································· 215
- 思考与练习 ·· 217

参考文献　/　219

项目一
汽车配件识别、编码和查询

知识目标

1. 知道汽车配件的作用、使用寿命和消耗规律；
2. 知道汽车公司的 VIN 编制方式，汽车铭牌、底盘号和发动机号标识，汽车配件查询工具，汽车配件自制号编制的基本原则。

技能目标

1. 能识别汽车配件的类型；
2. 能识别汽车配件所用材料；
3. 能识别汽车配件外包装标志和包装材料；
4. 能运用配件手册、汽车配件网络电子目录和其他配件查询工具进行配件查询。

素养目标

1. 培养一丝不苟、小心谨慎的工作作风；
2. 树立团队意识、岗位职责意识。

建议学时

18学时。

任务一　汽车配件识别

一　理论知识准备

1. 汽车配件的概念和汽车配件维修的重要性

1）汽车配件的概念

汽车配件是指构成汽车整体的各单元的零部件及服务于汽车的所有消耗性材料。汽车配件也称为汽车零配件、汽车零部件、汽车备件。从汽车产品的角度看，凡构成整车的系统组件、系统总成、部件、零件及其他相关件均称为汽车配件，包括发动机配件、传动系统配件、制动系统配件、转向系统配件、行驶系统配件、电气仪表系统配件、车身及附件、汽车内外饰等。

2）汽车配件维修的重要性

汽车配件对汽车的正常行驶起着各自的重要作用，都是缺一不可的。如果其中某个配件出现了问题，要及时给予维修或者更换，否则，行驶的时候会很不安全。

汽车制动配件是汽车中重要的配件之一。如果制动配件出问题，一定要及时更换。否则，当出现紧急情况时，可能无法将汽车停止。

转向系统主要是控制方向的。如果转向出问题，也是比较危险的，转向系统配件失灵，汽车就不能按照正确的方向行驶，进而会撞到旁边的车辆、行人或者路边的建筑物。

驾驶人平时要注意对汽车配件进行维护。

2. 汽车配件使用寿命和消耗规律

1）汽车配件使用寿命周期

汽车配件使用寿命周期由初期→正常使用期→大、中修理期→后使用期→报废期这样一个过程所组成。

（1）初期。汽车配件使用寿命周期的初期以维护用零部件消耗为主。

（2）正常使用期。汽车配件使用寿命周期的正常使用期以事故件和维护用零部件消耗为主。

（3）大、中修理期。汽车配件使用寿命周期的中修期，以磨损消耗的零部件为主，例如发动机高速运动部位的零部件；大修期，以磨损消耗的零部件为主。

（4）后使用期。汽车配件使用寿命周期的后使用期主要是定期维护用零部件和磨损消耗的零部件，以及由于大、中修质量影响造成返修所消耗的零部件。

（5）报废期。汽车配件使用寿命周期的报废期在此期间零部件消耗下降，配件储备处于紧缩阶段。

2）汽车配件消耗的规律

汽车按照行驶里程的不同，有各级维护作业的规定，各种类型的维修需要更换若干种配件。

汽车在正常使用寿命期,零部件的损坏是随机的、偶发性的。如果其设计和制造质量较好,损坏率一般很低,对汽车配件的需要量较少,比如活塞,一般是在发动机大修时才需要更换。例如:某车型的发动机平均大修里程是24万km,那么有50%左右的发动机在这个里程之前需要更换活塞。

(1)汽车零件故障渐发期规律。

汽车在正常使用寿命期内,零件消耗有一定规律可循。在时间上,前3年内发生机件故障的概率较低,零件需求较少,从第4年开始逐渐进入故障渐发期,配件需求增多;在配件类别上,存在耐用件与易损件规律。

(2)事故车配件需求规律。

事故车对配件的需求通常来自撞击破损,所以,车辆发生事故时容易碰撞的部位相关零件损坏较多。如前后翼子板、倒车镜、前后保险杠、前后风窗玻璃、灯具、前悬架臂、弹簧、减振器等。

3 汽车配件的分类

随着人们生活水平的提高,对汽车的消费也越来越多,汽车配件市场变得越来越大。近些年来,汽车配件制造厂也在飞速发展。

各国对汽车配件没有统一的分类方法,一般是根据企业确定的目的进行单一原则的分类。

1)按标准化分类

按标准化分类,汽车配件主要包括零件、合件、组合件和总成件。

(1)零件。

零件是汽车的基本制造单元,它不可以再拆卸分解,如活塞销(图1-1)、气门、气门弹簧、轴等。

图1-1 活塞销

你来到汽车整车实训室,请写出常见车型部分零件的名称。

_____

_____。

(2)合件。

合件是指由两个以上的零件组装后,具有单一零件功能特征作用的组合体。如带盖的连杆、成对的轴瓦、带气门导管的汽缸盖(图1-2)等。

(3)组合件。

组合件是指由几个零件或合件采用装配工序组装而成,但不能单独完成某一机构作用的组合体,有时也将组合件称为半总成件,如变速器盖(图1-3)、离合器压板等。它与能单独发挥某一机构功能的总成件是有区别的。

(4)总成件。

总成件是指由若干零件、合件、组合件装成一体,能单独完成某一机构功能作用的组合体,如发动机总成(图1-4)、变速器总成、离合器总成等。

图1-2 汽缸盖

图1-3 变速器盖

2)按用途不同分类

按用途不同分类,汽车配件可以分为必装件、选装件、装饰件和消耗件。

(1)必装件。

必装件是指汽车正常行驶所必需的配件,如车轮(图1-5)、转向盘、发动机、变速器等。

图1-4 发动机总成

图1-5 车轮

做一做

你来到汽车整车实训室,请写出常见车型的部分必装件。

_____

_____

_____。

图1-6 CD音响

(2)选装件。

选装件是指可由客户选择安装以提高汽车性能或功能的配件,但不是汽车正常行驶所必需的配件,如CD音响(图1-6)、氙气前照灯等。

(3)装饰件。

装饰件又称精品,主要指汽车内、外装饰用品,是为了提高汽车的舒适和美观而加装的配件,其一般对汽车本身的行驶性能和功能影响不大,如汽车脚垫、头枕等装饰件(图1-7)。

a) 汽车脚垫　　　　　　　　　　　　b) 汽车头枕

图1-7　汽车装饰件

汽车选装件、装饰件大多是由非汽车行业生产而供汽车使用的产品，一般不编入各车型汽车配件目录，所以，也将其称为汽车的横向产品。但随着科技的发展，商家也越来越注重客户的个性化需求。目前，在售后配件中又涌入大量的选择性配置，如水杯托架、车轮装饰盖、车载电视(图1-8)等，这些附件被看成是特殊的配件。

 做一做

随着人们生活水平和审美要求的提高，许多汽车爱好者除关注汽车的动力性之外，还比较看重汽车的款式、舒适性等，请你写出汽车的部分装饰件。

_____

_____。

(4) 消耗件。

消耗件是指汽车使用过程中由于损耗、老旧等原因需要经常添加或更换的配件，如汽车燃料、润滑油、冷却液、制动液(图1-9)、汽车轮胎等。

图1-8　车载电视　　　　　　　　　　图1-9　制动液

3) 按实用性分类

按实用性分类，汽车配件可分为标准件、易耗件、车身覆盖件和保安件。

图 1-10 连杆螺栓

(1) 标准件。

标准件是指按国家标准设计与制造,同一种零件具有统一的形状、尺寸、公差与技术要求,并能通用在各种仪器、设备上,具有互换性的零部件。汽车上属于标准件的有汽缸盖紧固螺栓及螺母、连杆螺栓(图1-10)及螺母、发动机悬架装置中的螺栓及螺母、主销锁销及螺母、车轮螺栓及螺母等。

 想一想

为什么汽车上很多零件都要设计、制作成标准件?这样有什么好处?

(2) 易耗件。

汽车易耗件是指在对汽车进行二级维护、总成大修和整车大修时,容易损坏且消耗量大的配件。

①发动机易耗件。发动机易耗件较多,具体见表1-1。

发动机易耗件   表1-1

系统或机构	易耗件名称
点火系统	点火线圈、分电器总成、蓄电池、火花塞等
配气机构	气门、气门导管、气门弹簧、挺杆、推杆、摇臂、摇臂轴、凸轮轴轴承、正时齿轮和正时齿轮皮带等
曲柄连杆机构	汽缸盖、汽缸体、汽缸套、活塞、活塞环、活塞销、连杆、连杆轴承、连杆螺栓及螺母、曲轴轴承等
燃油供给系统	汽油软管、电动汽油泵、压力调节器、喷油器、输油泵总成、喷油泵柱塞偶件、出油阀偶件等
润滑系统	机油泵、机油滤清器和机油冷却器等
冷却系统	散热器、节温器、水泵和风扇等

②电气设备易耗件。电气设备易耗件包括车灯总成、安全报警器、低压电路熔断器和熔断丝盒、点火开关、车灯开关、变光开关、脚踏板制动开关、车速表、电流表、燃油存量表、冷却液温度表、空气压力表和机油压力表等。

③汽车底盘常见易耗件。汽车底盘常见易耗件较多,具体见表1-2。

汽车底盘常见易耗件   表1-2

系统	易耗件
传动系统	离合器分离杠杆、分离叉、踏板拉杆、分离轴承、离合器摩擦片、从动盘总成、复位弹簧、变速器的各挡变速齿轮、凸缘叉、滑动叉、万向节叉、花键轴、传动轴及轴承、从动锥齿轮、行星齿轮、十字轴及差速器壳、半轴及半轴套管等
行驶系统	主销、主销衬套、主销轴承、调整垫片、轮辋、轮毂、轮胎、内胎、钢板弹簧片、独立悬架的螺旋弹簧、钢板弹簧销和衬套、钢板弹簧垫板、U形螺栓和减振器等
转向系统	转向盘、转向传动轴、转向纵拉杆与横拉杆、转向蜗杆、转向摇臂轴、转向螺母及钢球、钢球导流管等
制动系统	制动鼓及制动蹄、盘式制动器摩擦块、液压制动主缸、液压制动轮缸、气压制动控制阀、制动气室、储气筒、止回阀、安全阀、制动软管、空气压缩机限压阀和制动操纵机构等

④密封件。密封件包括各种油封、水封、密封圈和密封条等。

(3)车身覆盖件。

车身覆盖件是指由板材冲压、焊接成形并覆盖汽车车身的零件。它是为使乘员及部分重要总成不受外界环境的干扰而设计的,且具有一定空气动力学特性的、构成汽车表面的板件,如发动机舱盖、翼子板、散热器罩、车顶板、门板及行李舱盖等。

(4)保安件。

保安件是指汽车上不易损坏的配件,如正时齿轮、扭转减振器、凸轮轴、油箱、离合器压盘、变速器壳体、操纵杆、转向节臂等。

4)按生产来源分类

按生产来源分类,汽车配件可分为原厂件、副厂件和自制件。

(1)原厂件。

原厂件是指经整车制造厂认可的与制造厂家配套的装配件,也被称为纯正件。其一般经过制造厂严格质量检验且与制造厂形成长期的供货关系,性能和质量完全能够满足车辆要求。原厂件服务体系完善,但价格高,一般由原厂售后服务部门进行区域调配,也对外销售。

(2)副厂件。

副厂件是指由专业配件厂家生产的,虽然不与整车制造厂配套安装在新车上,但它是按照制造厂标准生产的、达到制造厂技术指标要求的配件。

(3)自制件。

自制件是指配件厂家依据自己对汽车配件标准的理解自行生产的配件,其外观和使用效果与合格配件相似,但技术指标由配件制造厂自行保证,与整车制造厂无关的配件。自制件是否合格,主要取决于配件制造厂家的生产技术水平和质量保证措施。

当然这里说的原厂件、副厂件和自制件,无论副厂件还是自制件都必须达到指定的标准水平,都是合格的配件。那些不符合质量标准的伪劣配件,不属于上述范畴。

 想一想

如果你是有车一族,在你的汽车维修时是愿意使用原厂件还是副厂件?为什么?

5)按配件来源渠道分类

按配件来源渠道分类,汽车配件可分为纯正件、拆车件和翻新件、假冒件。

(1)纯正件。

纯正件是由汽车厂提供给用户维修车辆用的配件,但不一定是汽车厂自行生产的。

(2)拆车件和翻新件。

拆车件是指从报废车辆上拆下的零件,常用于使用时间长的进口车辆的修理。翻新件是指经过专业厂家重新修复或加工的旧件,一般能够满足汽车的使用性能,并有质量保障,如翻新的自动变速器、液力变矩器等。汽车报废后,有些配件是可以用的,如汽车前照灯、汽车座椅等,拆车件即回用件。这些配件在一些二手汽车配件市场中常见。但一些涉及汽车安全问题的配件绝对不能用回用件,如汽车制动片。

(3)假冒件。

有些配件商品在制造时冒用、伪造他人商标、标志;冒用他人特有的名称、包装、装潢、厂名厂址;冒用优质产品质量认证标志,伪造产品产地和生产许可证标识等,这些都被称为假冒配件。

6）按汽车配件隶属关系分类

按汽车配件隶属关系分类,汽车配件可分为发动机系统、传动系统、转向系统、制动系统、悬架系统、车身及附件系统、暖风和空调系统、电气系统、内饰件及附件、随车附件等,具体见表1-3。

汽车不同系统配件　　　　　　　　　　　表1-3

系　　统	系统配件	系统典型配件图片
发动机系统	机体组、配气机构、曲柄连杆机构、进排气系统、燃油系统、点火系统、冷却系统、润滑系统等	连杆
传动系统	飞轮、压盘、离合器摩擦片、变速器、传动轴、万向节等	传动轴
转向系统	转向盘、转向传动轴、转向器、转向拉杆、转向节、动力转向泵、动力转向油缸等	转向器
制动系统	制动踏板总成、真空助力器、制动主缸、制动油管、ABS泵、制动轮缸、制动盘、制动鼓等	真空助力器
行驶系统	车轮、轮毂等	车轮
悬架系统	前桥、后桥、减振器、螺旋弹簧、上下摆臂等	减振器
新能源汽车专用件	车载充电机、充电口壳体总成、驱动电机控制模块、动力电池总成等	车载充电机

续上表

系　统	系统配件	系统典型配件图片
车身及附件系统	车门、发动机舱盖、保险杠、门把手、玻璃升降器、中控门锁等	车门
暖风和空调系统	空调压缩机、冷凝器、干燥罐、蒸发器、鼓风机、加热器、风扇等	空调压缩机
电气系统	电器仪表类、灯具类、传感器类等	仪表总成
内饰件及附件	汽车精品等	汽车内饰件
随车附件	美容养护类、随车附件包等	随车附件包

7)按市场结构分类

按市场结构分类,可将汽车配件分为A类配件、B类配件、C类配件和D类配件。

(1)A类配件。A类配件是指维修市场件,即为汽车维修服务的配件。

(2)B类配件。B类配件是指通用配套件,即为两种或两种以上基本车型系列服务的零配件,面向全国市场。

(3) C类配件。C类配件是指专用配套件,即为单一基本车型系列服务的零配件,面向局部市场。

(4) D类配件。D类配件是指外向型配件,其主要产量是用于出口,面向国际市场。

8) 按品种分类

按品种分类,汽车配件可分为A类易耗件、B类非易耗件和C类基础总成件。

(1) A类易耗件。

A类易耗件占汽车配件品种的80%~90%,其中快速流转的品种有500~800种,经营部门应最低保持备有500种以上才能维持90%的供应率。

(2) B类非易耗件。

B类非易耗件占汽车配件品种的7%~15%,大部分可以列为商品经营,如各种齿轮、壳体、传动轴等,有60~100种。

(3) C类基础总成件。

C类基础总成件占汽车配件品种的1%左右,如汽缸体、桥壳等,现在经营部门多列为重点库存,随着维修制度和供应体制的改革,这类配件将逐渐失去常备商品的地位,从而变为紧急订货型商品。

4 汽车配件的特点

1) 品种多

一辆汽车由成千上万个配件组成。有一定规模的汽车综合修理厂或汽车4S店,其经营活动涉及的汽车配件种类与数量繁多,一般都有上万种,甚至更多,如图1-11所示。

2) 识别复杂

汽车配件一般都会有自己的原厂编号(或称原厂图号),即汽车配件编码,如图1-12所示。经营者通常为了仓库管理方便,还会为其配件进行自编号。

图1-11 汽车配件种类与数量繁多

图1-12 汽车机械零件编码示例

3) 价格多变

由于整车的价格经常变动,所以汽车配件的价格变动也跟着经常变化,并且汽车配件价格具有季节性。例如,空调系统组件(图1-13)就受季节的影响较大,炎热的夏天,相应的配件需求大,价格高。

4）代用性复杂

很多汽车配件可以在一定范围内代用，不同配件的代用性或互换性是不一样的。例如，车轮、灯泡（图 1-14）的代用性就很强，但是集成电路芯片、传感器等配件的代用性就不强。知道汽车配件的代用性，也是管理好汽车配件的重要条件。

图 1-13　空调系统组件　　　　　　　图 1-14　汽车灯泡

❺ 汽车配件常用材料

由于汽车配件种类很多，所用的材料与性能各异，所以对配件材料的识别能力专业性要求高，不仅要求有专业的手段和设备，还要有一定的经验。

汽车配件常用材料一般分为汽车常用金属材料、汽车常用非金属材料和汽车运行材料，它们具有不同的性能。

1）汽车配件常用金属材料

汽车配件常用金属材料的名称、性能及应用见表 1-4。

汽车配件常用金属材料的名称、性能及应用　　　　表 1-4

种类	名称	性能	典型零件举例
钢	碳素结构钢	塑性与焊接性能好	变速叉、曲轴、传动轴等
	碳素工具钢	硬度、耐磨性好	刀具、量具、工具等
	铸钢	可制造形状复杂的零件	拨叉、备胎升降器齿轮等
	低合金结构钢	性能比碳素结构钢好，质量轻，使用可靠	纵梁、横梁、吊耳等
	合金渗碳钢	表面硬度和耐磨性好，强度和韧性也较高	活塞销、变速器齿轮、差速器十字轴等
	合金调质钢	高的强度和韧性，淬火后表面耐磨性很高	半轴、连杆、万向节叉和变速器输出轴等
	合金弹簧钢	弹性与耐热性高	气门弹簧、钢板弹簧等
	滚动轴承钢	硬度和耐磨性高	滚动轴承的滚动体和内外圈、铰刀等

续上表

种 类	名 称	性 能	典型零件举例
铸铁	白口铸铁	硬度高,但比较脆	气门挺杆等
	灰铸铁	铸造性、切削性、加工性、润滑性、耐磨性和减振性好,但抗拉强度低,塑性和韧性差	汽缸盖、汽缸体、飞轮、变速器壳体等
	可锻铸铁	塑性与韧性好,强度、硬度及耐磨性也高	后桥壳、差速器壳、凸轮轴、摇臂等
	球墨铸铁	兼有铸铁和钢的理化性能、力学性能和工艺性能	连杆、行星齿轮、曲轴等
	合金铸铁	具有耐热、耐酸或耐磨、抗氧化能力强	进排气门、活塞环、汽缸套、曲轴等
铝及其合金	纯铝	导电性、导热性、抗氧化、抗腐蚀性好,但强度低,切削加工性差	汽车一般纯铝件很少
	形变铝合金	中等强度,塑性高,耐腐蚀性强	车辆装饰件、铆钉等
	铸造铝合金	铸造性、抗腐蚀性好	活塞、汽缸盖、汽缸体、变速器壳体等
铜及其合金	纯铜	导电性、导热性、塑性、耐腐蚀性好,但强度、硬度较低	汽缸垫、进排气歧管垫、高压油管等
	铜锌合金	力学性能好,强度、耐磨性高	散热器、齿轮啮合间隙调整垫片等
	青铜	具有良好的强度、硬度、耐腐蚀性和铸造性好	连杆衬套、摇臂衬套、轴承等
轴承合金	巴氏合金	耐磨性和韧性好	滚动轴承、轴承及内衬等

2)汽车配件常用非金属材料

(1)工程塑料。

常用工程塑料包括热塑性工程塑料(PE、PP、PVC、ABS、PS、PA、POM、PC等)、热固性工程塑料(酚醛树脂PF、氨基树脂UF、环氧树脂EP等)。新型高性能工程塑料引领汽车内饰发展方向,如图1-15所示。

(2)橡胶。

常用橡胶包括天然橡胶、合成橡胶(SBR、BR、CR、IR、IIR、NBR、ERM、EPRM、ACM、AUEU等)。其中,载货汽车的轮胎以天然橡胶为主,轿车轮胎则以合成橡胶为主。车用胶管(包括水、气、燃油、液压油等的输送管)通常采用丁腈橡胶、氯丁橡胶等材料制造。车用橡胶密封件(图1-16)多用丙烯酸酯橡胶、硅橡胶等材料制造。门窗玻璃密封件多采用乙丙橡胶制造。

图1-15 汽车内饰采用新型高性能工程塑料

图1-16 车用橡胶密封件

3) 汽车常用运行材料

汽车常用运行材料包括车用燃料（汽油和柴油）、发动机润滑油、车用齿轮油、车用润滑脂、车用制动液、自动变速器油、发动机冷却液、车用液压油、制冷剂、风窗玻璃洗涤剂、蓄电池电解液等。每种运行材料都有其性能要求，可通过颜色来识别。

以你们学校整车实训室一种常见车型为例，请分别列举采用金属材料和非金属材料的零件。

_____

_____。

❻ 汽车配件常用包装

1) 汽车配件外包装标志

汽车配件常用的外包装（图1-17）包括商品分类图示标志、供货号、货号、品名规格、数量、质量、生产日期、生产厂家、体积、有效期限、收货地点和单位、发货地点和单位、运输号码以及发运件数等，见表1-5。这些包装标识是为在物流过程中辨认货物而采用的必要标志，它对收发货、入库及装车配船等环节的管理有着重要的作用。

在外包装中，商品分类图示是表明汽车配件类别的特定符号，按照国家统计目录对汽车配件分类，可以用几何图形和简单的文字来表明汽车配件的类别，作为发货、收货之间识别的特定符号。

图1-17 汽车配件常用的外包装示例

汽车配件外包装标志　　表1-5

序号	代号	项目 中文	项目 英文	含义
1	FL	商品分类图示标志	CLASSIFICATION MARKS	表明商品类别的特定符号
2	GH	供货号	CONTRACT No.	该批货物的供货清单号码（出口商品用合同号码）
3	HH	货号	ART No.	商品顺序编号，以便出入库、收发货登记和核定商品价格
4	PG	品名规格	SPECIFICATIONS	商品名称或代码，标明单一商品的规格、型号、尺寸和花色等
5	SL	数量	QUANTITY	包装容器内含商品的数量
6	ZL	质量（毛重）（净重）	GROSS WT, NET WT	包装件的质量，包括毛重和净重

续上表

序号	项目			含义
	代号	中文	英文	
7	CQ	生产日期	DATE OF PRODUCTION	产品生产的年、月、日
8	CC	生产厂家	MANUFACTURER	生产该产品的工厂名称
9	TJ	体积	VOLUME	包装件的外部尺寸,长×宽×高=体积
10	XQ	有效期限	TERM OF VALIDITY	商品有效期至××年××月
11	SH	收货地点和单位	PLACE OF DESTINATION AND CONSIGNEE	货物到达站、港和某单位(人)收(可用贴签或涂写)
12	FH	发货地点和单位	CONSIGNOR	发货单位(人)
13	YH	运输号码	SHIPPING No.	运输单号码
14	JS	发运件数	SHIPPING PIECES	发运的件数

注:1. 分类标志一定要有,其他各项合理选用;
    2. 外贸出口商品根据国外客户要求,以中、外文对照,印制相应的标志和附加标志;
    3. 国内销售的商品包装上不填英文项目。

2)汽车配件包装材料

汽车配件常用包装材料有纸箱、木箱(图1-18)、EMS信封、缠绕气泡袋等。普通配件的运输包装通常采用纸箱,部分配件(如车身等超大件或异形备件)采用裸件运输,其中裸露部分如车身、排气管、消声器等严禁在转货或运输过程中受到挤压。易变形、易碎、橡胶、塑料、电子及电器配件应采用必要的保护措施,常见措施有固定和缓冲,其中保护材料为纸箱板或填充材料。配件如采用混合包装时,应用纸板分层,下重上轻,下层的配件为耐压配件,上层的配件为易碎、易变形配件。所有配件外包装纸箱上都会标有轻放、向上、防潮等提示信息,便于在物流转运装卸过程中识别和指导标准化作业。

图1-18 汽车配件木箱

二 任务活动——认识汽车配件作用、结构

1 活动描述

利用学校汽车配件功能室,从发动机、底盘、车身(或电器)及新能源汽车专用件中各选出5个配件,说出各个配件的作用及结构。

2 场景设置

(1)货架2个。
(2)发动机、底盘、车身(电器)及新能源汽车专用件配件各5个。
(3)配件推车、码货车、手套、工作台等。

项目一 汽车配件识别、编码和查询

3 活动实施

以小组形式展开,分工明确,并采用角色扮演法在课堂上展示,同时注意观察其他组展示情况,并对所见所闻进行记录。

4 活动评价

(1)通过本任务活动的学习,你认为自己是否已经掌握了相关知识。
(2)评价活动过程完成情况。
(3)在活动过程中,你和同学之间的协调能力是否得到了提升。
(4)通过本活动的学习,你认为自己在哪些方面还需要深化学习并提升岗位能力。

任务二 汽车配件编码

一 理论知识准备

1 概述

每个汽车品牌的每个车型都由成千上万个零件装配而成,每个车型必然需要一个庞大的配件体系支撑,而对如此多配件进行管理也必然要遵循一定的规则。同时,为了保证配件订购信息的准确性,提高配件管理人员的工作效率,汽车配件采用电子化或网络化管理系统是大势所趋。另外,不同生产厂家、车型和年款的汽车配件互换性非常复杂,只有通过计算机数据库技术,才能对配件的互换性匹配进行快速、准确的查找与对比。因此,为便于计算机管理,汽车制造厂家都对所生产的汽车配件实行编码分类,即每一个配件都用一组不定数量的数字和字母表示。

不同的制造厂对配件的编码方法都不同,每个汽车制造厂商均有自己的一套配件号码系统,不能相互通用。

汽车配件编码一般用10～15位数字或数字、字母组合而成,配件编码号是唯一的,一个配件对应一个号码。为便于识别配件所属总成或大类,有些制造厂商的配件编码分为若干段。

汽车配件为什么要编码?编码有哪些好处?

2 汽车配件编码规则

汽车的设计、生产是一项由许多部门和人员参与的、极其复杂的系统工程,因此,在配件的设计、生产中,必须遵循统一的标准和规范。国内外各大汽车厂商都制订了适合自己的汽车配件编号体系。由于历史原因,国产汽车厂商归属部委各不相同,采用的标准有一些区别,但它们的指导思想和基本原则是相同的。

1)国产汽车配件编码方法

为便于汽车零部件的检索、流通和供应,我国汽车行业有《汽车零部件编号规则》

(QC/T 265—2004),把汽车零部件分为64个大组,方法主要介绍如下。

完整的汽车零部件编号由企业名称代号、组号、分组号、源码、零部件顺序号和变更代号构成。零部件编号的构成形式可根据其隶属关系按照图1-19所示的3种方式进行选择。

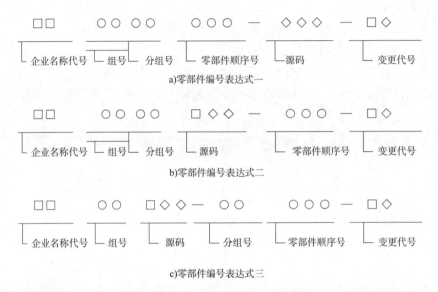

注:"□"表示字母,"○"表示数字,"◇"表示字母或数字。

图1-19 汽车零部件编号的构成形式

(1)企业名称代号。当汽车零部件图样使用涉及知识产权或产品研发过程中需要标注企业名称代号时,可在最前面标注经有关部门批准的企业名称代号。一般企业内部使用时,允许省略。企业名称代号由2位或3位汉语拼音字母表示。

(2)源码。源码用3位字母、数字或字母与数字混合表示,企业自定。

①描述设计来源:指设计管理部门或设计系列代码,由3位数字组成。

②描述车型中的构成:指车型代号或车型系列代号,由3位字母与数字混合组成。

③描述产品系列:指大总成系列代号,由3位字母组成。

(3)组号。用2位数字表示汽车各功能系统分类代号,按顺序排列。

(4)分组号。用4位数字表示各功能系统内分系统的分类顺序代号,按顺序排列。

(5)零部件顺序号。用3位数字表示功能系统内总成、分总成、子总成、单元体、零件等顺序代号,零部件顺序号表述应符合下列规则:

①总成的第3位应为零;

②零件第3位不得为零;

③3位数字为001~009,表示功能图、供应商图、装置图、原理图、布置图、系统图等为了技术、制造和管理的需要而编制的产品号和管理号;

④对称零件其上、前、左件应先编号为奇数,下、后、右件后编号且为偶数;

⑤共用图(包括表格图)的零部件顺序号一般应连续。

(6)变更代号。变更代号为2位,可由字母、数字或字母与数字混合组成,由企业自定。

请通过网上查询,写出 2~3 个国产品牌汽车制造商的部分汽车配件编码。

_____
_____
_____

2)丰田汽车配件编码方法

丰田汽车零部件编号通常由 10~12 位数字组成,零件编号不是数字和字母符号的简单排列,每个编号都有其特定的意义。一般来说前 5 位表示零件种类,中间 5 位表示发动机或汽车的类型,最后 2 位一般表示零件的颜色和(或)尺寸。每个配件编号由基本号、设计号和辅助号三部分组成,如图 1-20 所示。

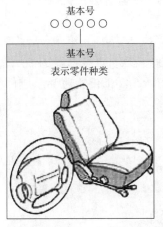
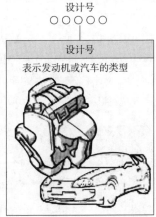
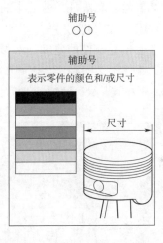

图 1-20 丰田汽车配件编号组成

(1)配件号的第 1 位规律。配件号的第 1 位规律,见表 1-6。

配件号的第一位规律　　　　　表 1-6

数 字 代 号	表示的内容
1,2	发动机和燃油系统
3,4	传动系统和底盘
5,6,7	车身零件(车外板、车内饰件)
8	电器零件
9	标准件与半标准件

(2)配件的第 2 位规律。在第 1 位号码之上,零件编号的第 2 位用以进一步区分零件的类型。

(3)普通件编号。普通件分为单一件、半总成件和总成件。

①普通单一件。普通单一件是指以最小单位供应的单个零件。

单一件的配件基本号(品名编号)各位都没有零,例如 16271-50010 表示冷却液泵垫片；88471-30370表示空调系统的储液干燥器；13568-49035表示发动机的正时传动带等。图1-21所示为丰田汽车零部件单一件的配件基本号。

图1-21　丰田汽车零部件单一件的配件基本号示例

②普通半总成件。普通半总成件是指通过焊接、铆接、热压配合等方法把两个以上的单个零件组合在一起的零件。

普通半总成件的零件基本号中的第3位数或第4位数为零，或者第3、第4位数都为零，但是第5位不为零。例如13405-46040表示飞轮；35013-30300表示自动变速器的油尺套管；67002-30730表示右前门的嵌（饰）板等。图1-22所示为丰田汽车零部件普通半总成件的配件基本号。

图1-22　丰田汽车零部件普通半总成件的配件基本号示例

③普通总成件。普通总成件是指两个以上零件或半总成件装配而成的组合件。

普通总成件的零件基本号中的第5位为零，当组成件数较多时，则第3、第4位数也为零。例如16110-49146表示冷却液泵总成（不带耦合器）；16100-49835表示冷却液泵总成（带耦合器）；19000-46100表示发动机总成等。图1-23所示为丰田汽车零部件普通总成件的配件基本号。

（4）标准件与半标准件编号。标准件是指那些材料质量、形状、尺寸等按照丰田汽车公司标准标准化后的零件。例如：六角头螺栓、螺母、垫圈、螺钉等。标准件的第2位为非"0"数字，图1-24所示为标准件编号。

半标准件是指那些类似于标准件的非标准件，它们也经常被采用。例如：特殊螺钉、轴承、油封等。非标准件的第2位为"0"，图1-25所示为半标准件编号。

图1-23　丰田汽车零部件普通总成件的配件基本号示例

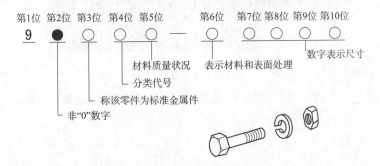

图1-24　标准件编号

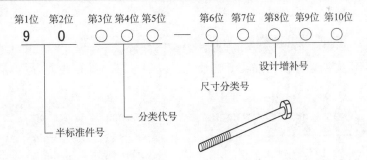

图1-25　半标准件编号

(5)组件编号。组件一般由一个中心件和其他几个小零件组成。为了便于修理,由一个主要的零件与几个小零件组成一个组件。

组件的设计号第2位用9或者前两位用80表示,第10位用5~9的数字,如图1-26所示。例如:83320-80266表示燃油传感器。

图1-26　组件编号

(6)修理包编号。修理包是指在修理中应同时全部更换的一组零件,其由两个以上的中心件组成。修理包的配件基本号中的前两位总是用04表示,例如04111-46030表示发动机的大修包;04351-30150表示变速器的大修包;04993-33090表示制动主缸修理包等。图1-27所示为修理包的基本号。

图1-27　修理包基本号示例

(7)工具编号。工具编号一般以09开头,如图1-28所示。但是,部分随车工具除外。

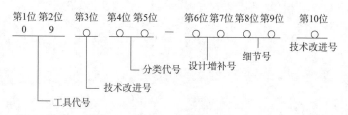

图1-28　工具编号

(8)精品与矿物油编号。精品与矿物油一般以08开头,图1-29所示为精品和矿物油的编号。

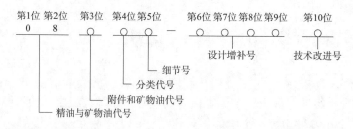

图1-29　精品与矿物油编号

用5位或6位数表示品名编码,一个品名编码代表一个零件名称。通常品名编码就是零件号的前5位(用六位数时,最末位总是字母,这种情况用于标准件和半标准件中)。

比如发动机大修包的前5位是04111,也就是我们经常说的头号。就算不同车型的同一品种零件前5位号都是相同的,仍以发动机大修包为例,它的固定编码号就是04111,所以丰田汽车的配件编码只要记住前5位就可以了。

多总结常用的品名编码,如维护零件的品名编码,这对零件管理部门的工作是很有帮助的。

后面的5位主要是代表这个零件的适配车型,也就是说什么车能用的。这里面也是有固定的规律,前2位代表车系,后3位更详细的代表车型。比如国产皇冠号一般是0N、00等。后面的5位数可以确定该零件适用的车型,其中第4、第5位一般代表车型,第10位数一般来说是涉及变更码,初始时是0以后发生变更会更改为1、2、3等。

有些零件名后面还附加了2位数,这个通常用来表示颜色或者其他属性,最后的2位表示颜色,根据车辆的配置选择颜色就靠这2位数字确定。如A0:白色;B0:银色;C0:黑色。

请通过网上查询,写出丰田汽车制造商对汽车配件进行编码的规定。

_____

_____。

3)大众汽车配件编码方法

在德国大众配件管理体系中,配件编码由阿拉伯数字和26个英文字母组合而成。每一个配件只对应一个号码,每组数字、每个字母都表示这个配件的某种性质,只要找出这个号码,就可以从几万个或几十万个库存品种中找出所需要的配件。

(1)普通配件编码。

德国大众普通配件编码一般由18位(含空格)编码组成,并可分为5部分,国内一汽大众、上海大众均采用了原德国大众的配件编号规则,如图1-30所示。

①车型或机组型号。前3位为第一部分,表示车型或机组型号,用来说明这些配件最初是哪些车型、哪种发动机和变速器设计和使用。车型或机组号的第3位数字,是用来区别是左驾驶还是右驾驶。一般规定单数为左驾驶,双数为右驾驶。

图1-30 大众汽车配件编号规则

②大类及小类。配件号的第4~6位为第二部分,用于表示配件的类别,其中第4位是表示组号(总成),第5、6位表示分组号。根据配件在汽车结构中的差异及性能的不同,德国大众配件号码系统将配件分成10大类即10个主组,见表1-7。每大类(主组)又分为若干分组,分组的数目和大小因结构不同而不同,分组只有跟大类组合在一起才有意义。

大众汽车配件分类　　　　　　　　　表1-7

类别	表示含义	类别	表示含义
1大类	发动机,燃油喷射系统	6大类	车轮,制动系统
2大类	燃油箱、排气系统、空调制冷部件	7大类	驻车制动、行车制动操作机构
3大类	变速器	8大类	车身及装饰件、空调壳体、前后保险杠
4大类	前轴、前轮驱动差速器、转向系统、前减振器	9大类	电器、仪表
5大类	后轴、后轮驱动差速器、后减振器	10大类	附件(千斤顶、天线、收音机、油漆)

举例:在配件号3C5 839 431 D 5AP中,其中"8"为大类,在电子目录中称为"主组";"39"为小类,在电子目录中称为"子组",两者合起来839表示玻璃导槽。其他如105表示曲

轴,107表示活塞等。

③配件编号。配件编号简称件号,按照其结构顺序排列的配件号由三位数(001~999)组成。如果配件不分左右,既可在左边又可在右边使用,最后一位数字为单数;如果配件分左右件,一般单数为左边件,双数为右边件。

④设计变更号。设计变更号由一个或两个字母组成,表示该件的技术曾经变更过,如配件的材料、外形或结构、技术要求及不同的外厂配件货源等发生变化,可通过这部分字母的变化看出。

(2)标准件及类似标准件编码。

标准件的配件号一般由字母"N"及两组各为三位数的数字(或带有一个或两个数字)组成,在德国可从《标准件》目录中查找所需的标准件。在一汽大众电子配件目录系统中,可根据标准件所属的总成在电子目录中的组和分组进行查找。类似标准件的配件号一般由字母"N"及第一组为9××的数字组成,其他部分与标准件相同,在德国其也可以从《标准件》目录中查找。部分标准件及类似标准件见表1-8。

部分标准件及类似标准件　　　　　　　　　　　　　　　表1-8

标准件编号	名　　称	类似标准件编号	名　　称
N 017 732 2	转向灯灯泡	N 903 237 03	带自锁凸肩的六角螺母
N 017 753 2	牌照灯灯泡	N 903 544 01	带凸肩的六角头螺栓
N 011 008 8	保险杠支架上的六角螺母	N 905 618 01	卡箍(进气软管)
N 104 187 01	第3缸点火高压线	N 902 809 01	水泵上的组合六角头螺栓

请通过网上查询,写出宝马汽车制造商对汽车配件进行编码的方法。

_____
_____。

3 汽车配件行业将统一编码和标识

多年来,汽车行业使用的编码十分繁杂。编码作为汽车行业一种统一的语言,不仅是贸易促进、商务活动的一种标识,现在更延伸到防伪、追溯、检测、评价等方面。对汽车配件行业进行统一编码是非常有价值的、革命性的举措,能为汽车配件生产、流通和使用带来直接的经济效益,提高流通、交易和管理能力。

1)统一编码是汽车配件市场发展和行业转型升级的需要

我国汽车后市场发展不够规范,配件质量问题频发,因假冒伪劣配件导致的消费者维权事件也与日俱增。2014年9月18日,交通运输部、国家发展和改革委员会、教育部等十部委联合签发《关于促进汽车维修业转型升级提升服务质量的指导意见》(以下简称《指导意见》)。

为了进一步落实《指导意见》,中国物品编码中心与中国汽车维修行业协会合作"汽车维修行业全球统一编码与标识应用服务项目"。《指导意见》的出台及未来汽车配件市场规范化、网络化的发展，都将促使企业采用统一的编码。采用统一编码与标识的自动识别技术，可减少人为错误的发生及降低人工成本，提高行业管理、市场流通、商品交易及大数据、物联应用的效率。同时，国家标准的制定和发布将为汽车配件生产、流通、维修，后市场电子商务，移动互联，质量保障体系和云服务平台的建立提供有力支撑。

2）统一编码是唯一"身份证"

为贯彻落实《指导意见》，针对配件市场的规范管理、配件产品质量的可追溯、后市场质量保证体系的建立，加快汽车维修行业从生产服务型向社会服务型转变，以及未来汽车行业大数据、物联网的应用，中国物品编码中心与中国汽车维修行业协会经过多次实地调研和共同研究，决定在汽车后市场领域采用统一编码与标识。

配件产品唯一编码在全球贸易与信息交换、共享中是唯一辨识依据，是增强供应链管理的有效手段，能有效提升供应链管理水平。产品编码与企业的位置码绑定应用，为配件产品质量追溯、品牌化发展、维修企业服务质量评价与维修质量责任界定，消费者满意度调查与投诉受理、保险理赔、金融服务、政府监管、云平台服务等提供标准化数据依据。

想一想

汽车零部件统一编码和标记有哪些现实意义？

任务活动——汽车配件编码

1 活动描述

利用汽车配件室材料，收集10个以上不同类型的配件，找到配件的编码，说明其编号方法。

2 场景设置

(1) 货架2个。

(2) 发动机、底盘、车身（或电器）及新能源汽车专用件配件各5个。

(3) 配件标签、工作单据若干。

(4) 工作电脑、配件查询软件、配件推车、码货车、手套、工作台等。

3 活动实施

以小组形式展开，分工明确，并采用角色扮演法在课堂上展示，同时注意观察其他组展示情况，并对所见所闻进行记录。

4 活动评价

(1) 通过本任务活动的学习，你认为自己是否已经掌握了相关知识和基本操作技能。

(2) 评价活动过程完成情况。

(3) 在活动过程中，你和同学之间的协调能力是否得到了提升。

(4) 通过本活动的学习，你认为自己在哪些方面还需要深化学习并提升岗位能力。

任务三 汽车配件查询

一 理论知识准备

1. 汽车识别代号

汽车识别代号即 VIN(Vehicle Identification Number),是每辆汽车所特有的独一无二的代号,就像每个人的身份证号一样,图 1-31 所示为汽车 VIN 示例。

图 1-31 汽车 VIN 示例

 想一想

每个同学都有身份证,你知道身份证上一连串的数字表示的含义吗?

1) VIN 在汽车上的位置

VIN 一般以标牌的形式出现,装贴在汽车的不同部位。常见位置有仪表板左侧、前横梁、行李舱内、悬架支架上、纵梁上、翼子板内侧及直接标注在车辆铭牌上等。

图 1-32 所示为奥迪 A6 汽车 VIN 所在位置。

图 1-32 奥迪 A6 汽车 VIN 所在位置

 做一做

不同品牌的汽车 VIN 所在位置有所区别,请你写出你们汽车整车实训室两种常见车型 VIN 所在位置。

_____

_____

2)汽车 VIN 的含义

VIN 是由 17 位字母和阿拉伯数字组成,为了防止混淆,在 VIN 中不会包含 I、O、Q 三个英文字母,图 1-33 所示为中国第一汽车集团公司车辆 VIN 标牌示例。

图 1-33　中国第一汽车集团公司车辆 VIN 标牌示例

17 位编码经过排列组合,可以使车型生产代号在 30 年之内不会发生重号,故 VIN 又被形象地称为"汽车身份证",是识别一辆汽车不可缺少的工具。VIN 包含该车的生产厂家、车型系列、车身形式、发动机型号、车型年款、安全防护装置型号、检验数字、装配工厂名称和出厂顺序号码等信息。VIN 具有唯一性、通用性、可读性以及最大限度的信息承载量和可检索性。

3)汽车 VIN 的组成

图 1-34 所示为汽车 VIN 的组成示意图,其由三部分组成,即 WMI、VDS 和 VIS。世界制造厂识别代码(WMI)是 VIN 的第一部分,各个国家、各个地区无重复。车辆说明部分(VDS)是 VIN 的第二部分,它提供说明车辆一般特征的资料。车辆指示部分(VIS)是 VIN 的第三部分,是制造厂为区别不同车辆而指定的一组字码,这组字码连同 VDS 部分一起,足可以保证每个制造厂在 30 年之内生产的每辆车辆的识别代号具有唯一性。

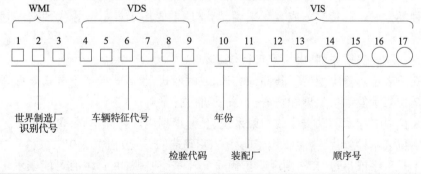

图 1-34　汽车 VIN 的组成示意图

(1) WMI 部分。

WMI 部分即世界制造厂识别代码。根据 ISO 管理规定,世界制造厂识别代码应包括 3 位字码,是由制造厂以外的组织预先指定的,其必须经过申请、批准和备案后方能使用。第 1 位为区域国别代码,常见区域国家及代码见表 1-9。

常见区域国家及代码　　　　　　　表 1-9

国家	中国	美国	德国	韩国	法国	意大利	墨西哥
代码	L	1,4	W	K	V	Z	3
国家	英国	瑞士	日本	瑞典	加拿大	澳大利亚	巴西
代码	S	T	J	Y	2	6	9

WMI 部分的 1~3 位:世界制造商识别代码(World Manufacturer Identifier),表明车辆是由谁生产的;全球所有汽车制造厂都拥有一个或多个 WMI,该代码由三位字符(字母和数字)组成,它包含以下信息:

①第 1 位表示地理区域,如非洲、亚洲、欧洲、大洋洲、北美洲和南美洲。由 1、2、3、4、5、6、7、8、9、0、A、B、C、D、E、F、G、H、J、K、L、M、N、P、R、S、T、U、V、W、X、Y、Z 组成。

例如:1~5 北美洲;S~Z 欧洲;A~H 非洲;J~R 亚洲;6 和 7 大洋洲;8、9 和 0 南美洲。

②第 2 位表示一个特定地区内的一个国家。美国汽车工程师协会(SAE)负责分配国家代码。

例如:10~19 美国;1A~1Z 美国;2A~2W 加拿大;3A~3W 墨西哥;W0~W9 德国;WA~WZ 德国;L0~L9 中国;LA~LZ 中国。

③第 3 位表示某个特定的制造厂,由各国的授权机构负责分配。

如果某制造厂的年产量少于 500 辆,其识别代码的第三个字码就是 9。

(2) VDS 部分。

VDS 部分即车辆说明部分。其由 6 位字母组成,如果制造厂不用其中的一位或几位字码,应在该位置填入制造厂选定的字母或数字占位。此部分能识别车辆的一般特性,其代号顺序由制造厂决定。

VDS(4~9 位):主要由车辆特征代号及检验代码组成。第 4~8 位为车辆特征代号用于表示汽车的种类、系列、车身、发动机类型等特征。

①第 4 位。对于不同类型的车辆表示的含义不同,对于轿车或 MPV、SUV 来说,第 4 位主要表示种类。对于载货汽车或客车来说,第 4 位主要用于表示型号或种类,如载货质量、载客数量等。

②第 5 位主要表示系列,由厂家自行规定。

③第 6 位表示车身类型特征条件,如三厢或两厢式、承载式或半承载式车身等。

④第 7 位表示发动机类型和特征,如发动机的排量等。

⑤第 8 位主要表示制动类型或约束系统,具体根据生产厂商不同,含义不同。

⑥第 9 位表示检验代码,主要用于防止 VIN 码造假,一般由"0~9"的数字或"X"表示。若第 9 位不是数字或字母"X",则说明车辆的 VIN 一定是假的,且也有可能表示车辆是偷来或抢来后改装的。

(3) VIS 部分。

VIS 部分即车辆指示部分。车辆指示部分由 8 位字码组成,其中最后 6 位字码应是数字。

VIS(10~17 位):主要由车辆生产年份、车辆的装配厂和车辆生产序号三部分组成,即车辆的出生年月日及祖籍等信息。

① 第 10 位表示汽车的生产年份,即厂家规定的年款。其不一定是实际生产的年份,但一般与实际生产的年份之差不超过 1 年,30 年为一个周期。车型年份对应的代码见表 1-10。

车型年份对应的代码 表 1-10

年 份	代 码	年 份	代 码
1997	V	2019	K
1998	W	2020	L
1999	X	2021	M
2000	Y	2022	N
2001	1	2023	P
2002	2	2024	R
2003	3	2025	S
2004	4	2026	T
2005	5	2027	V
2006	6	2028	W
2007	7	2029	X
2008	8	2030	Y
2009	9	2031	1
2010	A	2032	2
2011	B	2033	3
2012	C	2034	4
2013	D	2035	5
2014	E	2036	6
2015	F	2037	7
2016	G	2038	8
2017	H	2039	9
2018	J	2040	A

② 后续部分表示生产序号(对于年产量大于等于 500 辆的生产厂家)。如果年产量小于 500 辆,则生产厂家用第 12 位开始的后续部分表示生产厂家。具体数字或含义由生产厂商自行定制。

4) 汽车 VIN 的应用

(1) 车辆管理。可用于车辆登记注册、信息化管理。

(2)车辆防盗。可用于识别车辆,结合GPS(全球定位系统)建立盗抢数据库。

(3)车辆检测。可用于车辆年检和排放检测。

(4)车辆维修。汽车维修诊断、控制单元匹配、配件查询与订购、客户关系管理等。

(5)二手车交易。可用于查询车辆历史信息。

(6)汽车召回。可用于查询年代、车型、批次和数量。

(7)车辆保险。可用于保险登记、理赔、浮动费率的信息查询。

想一想

什么情况下,要用到汽车VIN？VIN能否更改？

❷ 国外汽车公司的VIN编制方式

1)美国通用公司雪佛兰轿车VIN编制方式

图1-35所示为美国通用公司雪佛兰轿车VIN编制方式。

图1-35　美国通用公司雪佛兰轿车VIN

2)德国大众公司高尔夫/捷达轿车VIN编制方式

图1-36所示为大众公司高尔夫/捷达轿车VIN编制方式。

图1-36　大众公司高尔夫/捷达轿车VIN

❸ 对VIN的基本要求

(1)每一辆汽车、挂车及其他需要标示VIN的车辆都必须具有VIN。

(2)VIN的第一部分WMI,用以标示车辆的制造厂。

(3)为了固定VIN,车辆制造厂可以在以下两种固定方式中进行选择:第一种方式,VIN可直接打刻在车架上,对于无车架车身,可以直接打刻在不易拆除或更换的车辆结构件上;第二种方式,VIN可打印在标牌上,但此标牌应同样是在永久固定在车架上或不易拆除、更换的车辆结构件上。

(4)每一辆车都必须具有唯一的VIN,并标示于车辆的指定位置。

(5)VIN应尽量标示在车辆右侧的前半部分、易于看到且能防止磨损或替换的车辆结构件上(玻璃除外)。如受结构限制,也可放在便于接近和观察的其他位置。

(6) VIN 还应标示在产品铭牌上。

(7) M1、N2 类车辆的 VIN 还应永久地标示在仪表板上靠近风窗立柱的位置,以便在白天不需移动任何部件就能从车外分辨出 VIN。

(8) 车辆制造厂至少应在一种随车文件中标示 VIN。

(9) VIN 的字码在任何情况下都应是字迹清楚、坚固耐久和不易替换的。

(10) VIN 的字码高度应不小于 7mm,深度应不小于 0.3mm;对于摩托车和轻便摩托车,若直接打刻在车辆结构件上,则字高应不小于 5mm,深度应不小于 0.2mm;其他情况字高应不小于 4mm。

(11) VIN 可采用人工可读码形式或机器可读的条码形式进行标示,若采用条码,应符合《车辆识别代号条码标签》(GB/T 18410—2001)的要求。

(12) VIN 标示在车辆或标牌上时,应尽量标示在一行,此时可不使用分隔符。

(13) VIN 在文件上标示时应标示在一行,不允许有空格,不允许使用分隔符。

(14) 在 VIN 中仅能采用下列阿拉伯数字和大写的罗马字母:1、2、3、4、5、6、7、8、9、0。

(15) 车辆制造厂应按照《道路车辆 车辆识别代号(VIN)》(GB/T 16735—2019)的规定制定本企业的 VIN 编制规则。

(16) 车辆制造厂的 VIN 编制规则应提交经国家汽车主管部门授权的备案机构审核和备案。

(17) 车辆制造厂应按照通过审核和备案的 VIN 编制规则为每一辆车标示 VIN。

(18) 在中华人民共和国境内的车辆制造厂生产的出口车辆,可按照车辆进口地的规定编制 VIN。

(19) 进口车辆制造商应符合(16)(17)和(18)的规定。

4 汽车铭牌、底盘号和发动机号标记

1) 汽车铭牌标记

铭牌相当于汽车的"身份证",通过它能准确无误地认定汽车的特征。铭牌上主要记载有汽车的发动机型号、排气量、VIN、车型代号、车架号、车身颜色代码、饰件代码、变速器代码和车轴代码等。图 1-37 所示为几种丰田车型的铭牌标识。

图 1-37 几种丰田车型的铭牌标记

2）汽车底盘号标记

对于汽车钥匙、发动机和变速器控制单元、线束等部分汽车配件,在进行配件查询时需要提供汽车底盘号。汽车底盘号也是由17位数字及字母组成的号码,是车型和年份的组合代码。目前生产的汽车都用VIN代替汽车底盘号,一般打印在汽车易见部位,如在车身前围面板下方驾驶人踏板上边沿、在车身发动机舱内挡泥板的铭牌上或者新车在前风窗左、右下角。

3）发动机号标记

发动机号包含发动机型号及出厂编号,又称引擎号,是汽车的重要标志之一,一般由8~9位数字与字母组成,如图1-38所示。按规定,发动机号应打印在汽缸体的易见且易拓印的部位,两端应打印起止标记。根据发动机号可以查询到发动机相关参数,如排量、输出功率、制造年月、应用车型、选装件号等相关信息。

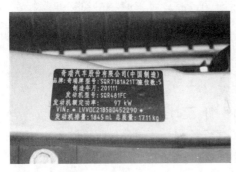

图1-38　发动机号标记

在确认好车辆信息以后,就可以在车辆信息的范围内查找客户需要的零件号码了。

以一汽大众生产的捷达车为例:汽车铭牌位于发动机舱右围板处或储气室右侧。汽车底盘号标在发动机舱前端围板处,通过排水槽盖上的小窗口即可看到底盘号。发动机号位于缸体和缸盖结合处的缸体前端。此外,齿形带罩上有一条形码不干胶标签,其上标出了发动机号码。整车数据不干胶标签贴在行李舱后围板左侧,其上有生产管理号、车辆管理号、车辆别号、车型代号、车型说明、发动机和变速器代码、油漆号/内饰代码、选装件号等数据。

请写出你所在学校的实训车辆当中一种国产汽车和一种国外汽车的底盘号和发动机号,并写出所在位置。

_____

_____。

5 汽车配件查询工具

1）汽车配件目录

(1)汽车配件目录的编制。

汽车配件目录一般是按照汽车的发动机、底盘、车身和电气设备四大组成部分顺序编排的。发动机按机体组、曲柄连杆机构、配气机构、供给系统、冷却系统、润滑系统、点火系统和起动系统排列;底盘按传动系统(离合器、变速器、万向传动装置、驱动桥)、行驶系统(车架、车桥、悬架、车轮)、转向系统、制动系统排列,接着是车身附件和电气系统。

(2)汽车配件目录的作用。

汽车配件目录的作用是准确地确定配件的名称、编码、适用车型等相关信息。

(3)汽车配件目录内容。

①配件插图。将配件以图的形式来表现。随着摄影技术的发展,插图越来越逼真。正确找出某一配件插图,理解其结构、原理、功用、是否易损件等含义,是正确订货的依据。

②配件编号。配件编号是配件唯一的、准确的编号,是配件订货和销售最准确的要素。

③配件名称。配件名称一般用于配件经销中做描述性说明和补充手段。

④全车用量。全车用量给出该零件在一辆车上的使用数量。

⑤备注。备注一般用来补充说明配件的参数、材料、颜色、适用车款、车型等。

⑥其他。厂家对该配件目录的适用范围、使用方法等说明,在使用之前应仔细阅读。

2)汽车配件查询工具的发展

汽车配件查询工具主要有书本配件目录、微缩胶片配件目录、CD 配件目录和网络电子目录 4 种形式。四者只是载体的形式不同,但内容是一样的。

(1)书本配件目录。

书本配件目录是人工查询汽车配件所用的工具。汽车制造厂根据每一种车型编辑一本配件手册,每车一本,内容包括该车型所有配件的名称、配件编号、单车用量及代用配件编号等详细信息,并附有多种查询方法,如按配件名称、配件编号、汽车总成分类及图形索引等方法查询,如图 1-39 所示。

图 1-39 书本配件目录示例

书本配件目录的特点是使用方便，但也存在一些缺点，如查找效率低，资料无法及时更新；体积大，需要较大的存放空间；易污损，资料完整性难以保证等。

（2）微缩胶片配件目录。

按照汽车名称，将零件号记录在缩微胶片上。

微缩胶片配件目录的特点是节省存储空间、保存时间长、容易更新、方便查阅、设备昂贵、胶片质量随时间下降，目前已逐步淘汰。

（3）CD 配件目录。

零件号信息写在 CD 中。当将所需的汽车信息输入时，可以很方便地从这个目录中找到零件号和其他信息。

CD 配件目录的特点是信息承载量大、查询简单、更新方便、成本低。

（4）网络电子目录。

网络电子目录是帮助配件管理人员应用计算机管理系统正确查询和检索配件的图号、名称、数量、件号及装配位置、立体形状、库存信息、价格等技术资料的工具。其系统查询方式灵活多样，非常方便，并且随着汽车维修和汽车配件经营企业计算机管理的普及，其应用越来越广泛。网络电子目录通过互联网随时随地进行查询，可以很方便地从网页目录中找到零件号和其他信息，如图 1-40 所示。

图 1-40　网络电子目录的应用

目前，各大厂商都根据自身的需要开发了相应的汽车配件服务系统，其结构和功能之间有较大的差异,但实际内容是一致的,均包含了所有车辆配件的相关信息。使用网络电子目录系统后,配件以立体装配图等方式显示出来,可以通过计算机很方便地查询到,并且通过定期和厂家修改技术资料的同步升级,使查询更准确、方便和快捷。而且,目前配件的检索与显示已经做到了三维立体视图,立体视图中的插图号与网络电子目录中的配件号、配件名称、备注说明、每车件数、车型匹配,形成一一对应关系。

网络电子目录功能较传统微缩胶片配件目录相比,功能有所增加,配件号的查询与检索更加灵活,可快捷查询车型代码、发动机代码、变速器代码及装备代码,增加了配件订单功能,并且查询配件时,能同时显示相关的配件替代信息,部分配件增加了价格的显示。

配件目录网络化的优点:突破了存储内容的限制,降低了对计算机配置的要求,更重要的是可以及时更新,让使用者获得最准确的配件信息。

①大众 ETKA 查询特点。

a. 电子化目录。

b. 方便的检索、视图功能。

c. 智能的在线升级功能。

d. 提供多种接口,可以和 DMS 相连,让查询和订单一体化;ETKA 的 Support Web 和 Infoline 提供了与配件专家直接交流的平台,使服务更加专业。

②丰田 EPC 查询特点。

a. 更新速度快。

b. 制作成本低。

c. 记载容量大。

d. 保管运输方便。

e. 查询效率高。

6 汽车配件的查询步骤

1)确认配件号的有关参数

确认配件号的有关参数如下:

(1)车型、款式、规格;

(2)明确配件名称;

(3)底盘号;

(4)发动机型号、输出功率、发动机字母标记;

(5)发动机、变速器规格;

(6)制造厂家代码及生产日期;

(7)选装件(如中央门锁),内部装备材料及基本色调(如座椅);

(8)车身外部颜色。

2)查找配件号的步骤

查找配件号的步骤如下:

(1)零件必需的基本参数;

(2)确定零件所在的大类和小类;

(3)确定显示配件的图号;

(4)根据配件名称找到插图,确认配件号,或根据车型、款式、备注说明,确认配件号。根据车辆参数确定配件号并记录下来。

注意:

①确定所查阅的配件为车辆的原有目录,否则,将无法保证所购配件是否适用。

②查阅前,必须确定汽车型号、发动机型号、发动机编号、底盘编号、出厂日期等参数。

7 汽车配件的查询方法

如何根据客户的描述去查询和确认客户所需配件呢?汽车配件电子目录查询软件一般均提供了多种查询检索方法与途径,配件管理人员可根据客户的描述,结合具体情况选择不同的查询方法去查询和确认客户所需配件的相关信息。常用检索方法有按配件图示索引检索、按配件号索引检索、按配件名称索引检索、按总成分类索引检索等。现分别进行介绍。

1)按配件图示索引检索

把汽车整车分解成若干个模块,采用图表相结合的方式,如图1-41所示,用爆炸图(即立体装配关系展开图)能直观、清楚地显示出各个配件的形状、安装位置及其装配关系,并在对应的表中列出配件名称、配件号、单车用量等详细信息。这种索引查询方法的特点是能直观、准确、方便、迅速地确定所需配件。

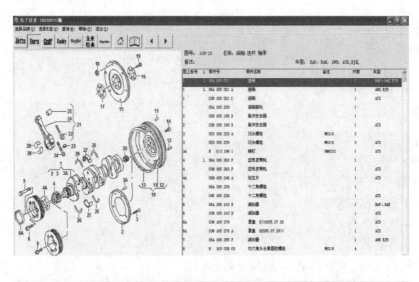

图1-41 按配件图示索引检索

2)按配件号索引检索

一般汽车配件上均有该配件的编号,即配件号。如果配件号已知,如图1-42所示,则可直接输入配件号进行查询,以便准确、迅速地查询到该配件的有关信息。一个配件的名称可能因翻译、方言等原因叫法不同,但配件号是唯一的。配件号索引是根据配件号大小顺序排列的,根据已知的配件号,可以查出该配件的地址编码或所在页码,然后查询其详细信息。

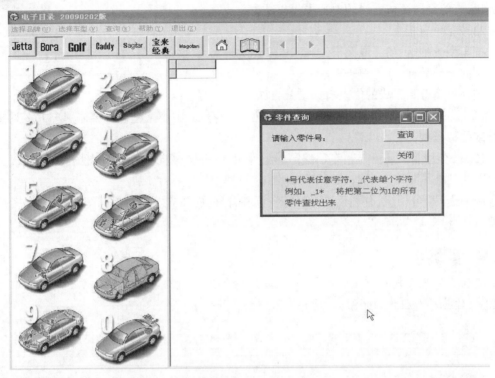

图1-42 按配件号索引检索

3)按配件名称索引检索

进口汽车配件手册中,一般均附有按配件名称字母顺序排列的索引,如果知道所需配件的英文名称,即使缺乏专业知识的人员,采用此种方法也能较快地查找该配件的有关信息。

4)按总成分类索引检索

汽车配件按总成分类,如发动机、传动系统、电气设备、转向系统、制动系统、车身附件等列表,根据配件所属总成,查出对应的地址编号或模块编号,再根据编号查询出该配件的有关详细信息。不同的汽车公司车系分法也有所不同,因此,汽车总成分类索引适用于对汽车配件结构较熟悉的专业人员使用,知道某一个配件属于哪个总成部分,才能够快速查询和确认客户所需要的配件。

❽ 汽车配件自制号编制的基本原则

1)按品种系列分柜组

按品种系列分柜组是指经营的所有配件,不分车型,而是按部、系、品名分柜组存放。这种柜组分工方式的优点有如下几方面:

(1)比较适合专业化分工的要求。

(2)汽车配件品种繁多,对于经营人员来说,学会本人经营的那部分配件品种的商品知识,比学会某一车型全部配件的商品知识要容易得多。

(3)某些配件的通用互换比较复杂,哪些品种可以与国产车型的配件通用,往往需要用户提供,有的则需要从实物的对比中得出结论。

2)按车型分柜组

按车型分柜组,如分成桑塔纳、捷达、奥迪、东风、解放柜组等。每个柜组经营一个或两个车型的全部品种。

这种柜组分工方式的优点有如下几方面:

(1)一些专业运输企业及厂矿拥有的车型种类不多,中小型企业及个体用户大多只拥有一种或几种车型。

(2)按车型分工还可与整车厂编印的配件目录一致,当向整车厂提出要货时,经营企业可以很便利地编制以车型划分的进货计划。

(3)按车型分柜组,有利于进行经济核算和管理,而孤立地经营不同车型的,难以考核经济效益。

 想一想

假设你毕业后成为某汽车品牌4S店的配件管理人员,当有客户想具体了解某种配件的信息时,你将从哪些方面介绍配件?

_____

_____。

二 任务活动——汽车配件查询

❶ 活动描述

利用学校汽车配件功能室材料,收集10个以上不同类型的配件,并查询配件目录,说明其查询方法。

❷ 场景设置

(1)货架2个。

(2)发动机、底盘、车身(或电器)及新能源汽车专用件配件各5个。

(3)工作单据若干。

(4)工作电脑、配件查询软件、配件推车、码货车、手套、工作台等。

❸ 活动实施

以小组形式展开,分工明确,并采用角色扮演法在课堂上展示,同时注意观察其他组展示情况,并对所见所闻进行记录。

❹ 活动评价

(1)通过本任务活动的学习,你认为自己是否已经掌握了相关知识和基本操作技能。

(2)评价活动过程完成情况。

(3)在活动过程中,你和同学之间的协调能力是否得到了提升。

(4)通过本活动的学习,你认为自己在哪些方面还需要深化学习并提升岗位能力。

 思考与练习

一、选择题

1.在对汽车进行二级维护、总成大修和整车大修时,易损坏且消耗量大的部件称为(　　)。
    A.易耗件　　　　B.标准件　　　　C.车身覆盖件　　　　D.保安件

2.按国家标准设计与制造的,并具有通用互换性的零部件称为(　　)。
    A.易耗件　　　　B.标准件　　　　C.车身覆盖件　　　　D.保安件

3.为使乘员及部分重要总成不受外界环境的干扰而设计的,且具有一定的空气动力学特性的构成汽车表面的板件,称为(　　)。
    A.易耗件　　　　B.标准件　　　　C.车身覆盖件　　　　D.保安件

4.汽车正常行驶所必需的备件称为(　　)。
    A.必装件　　　　B.选装件　　　　C.装饰件　　　　D.消耗件

5.非汽车正常行驶必需的备件,但是可以由车主选择安装以提高汽车性能或功能的备件称为(　　)。
    A.必装件　　　　B.选装件　　　　C.装饰件　　　　D.消耗件

6.为了汽车的舒适和美观加装的配件,如头枕等称为(　　)。
    A.必装件　　　　B.选装件　　　　C.装饰件　　　　D.消耗件

7.汽车使用过程中容易发生损耗、老旧,需要经常更换的备件,如润滑油等称为(　　)。
    A.必装件　　　　B.选装件　　　　C.装饰件　　　　D.消耗件

8.汽车识别代码(VIN)又称(　　)位编码。
    A.16　　　　B.17　　　　C.18　　　　D.13

9.以下属于汽车运行材料的是(　　)。
    A.汽车零部件　　B.汽车标准件　　C.汽车轮胎　　D.汽车美容材料

10.车辆识别代码由三部分组成,以下不属于车辆识别代码的组成内容的是(　　)。
    A.WMI　　　　B.VDS　　　　C.VIS　　　　D.VIN

11.汽车零部件的编号表达式错误的是(　　)。
    A.企业名称代号—组号—源码—零部件顺序号—分组号—变更代号
    B.企业名称代号—组号—分组号—零部件顺序号—源码—变更代号
    C.企业名称代号—组号—分组号—源码—零部件顺序号—变更代号
    D.企业名称代号—组号—源码—分组号—零部件顺序号—变更代号

12.汽车早期故障的特点是故障率(　　)。
    A.低　　　　　　　　　　　　B.高
    C.随使用时间延长迅速上升　　D.与使用时间无关

13.一般的汽车配件电子目录查询软件的常用检索方法有(　　)种。
    A.一　　　　B.二　　　　C.三　　　　D.四

14.汽车早期故障的特点是故障率随时间的增加会迅速（　　　）。
　　A.下降　　　　　　B.上升　　　　　　C.先上升后下降　　D.先下降后上升

二、判断题

1.配件目录的内容通常包含配件插图、编号和名称。　　　　　　　　　　（　　）
2.汽车配件按标准化分类为总成、分总成和零件。　　　　　　　　　　　（　　）
3.汽车配件按实用性分类为易耗件、标准件、车身覆盖件三类。　　　　　（　　）
4.一般的汽车配件电子目录查询只能按汽车零件名称索引查找。　　　　　（　　）
5.国内汽车大都没有统一的零件编号,都是厂家自定。　　　　　　　　　（　　）
6.汽车配件还可以按照材质分为金属备件、电子备件、塑料备件、橡胶备件和组合备件等。　　　　　　　　　　　　　　　　　　　　　　　　　　　　　　　（　　）
7.丰田将汽车配件分为维修零件、汽车精品、油类和化学品三种类型。　　（　　）
8.不论是副厂件还是自制件都是必须达到指定标准水平的。　　　　　　　（　　）
9.汽车的VIN,是由17位字母、数字组成的编码,它是通用的车辆的唯一性标识。（　　）

三、问答题

1.汽车配件常用分类方法有哪些？

2.汽车配件常用材料有哪些？

3.汽车识别代码(VIN)的组成如何？

4.汽车配件查询工具有哪些？

5.汽车配件的查询方法有哪些？

项目二
汽车配件订货和采购

知识目标

1. 知道汽车配件市场调查的作用、市场预测种类和方法、配件订货意义、配件订单的种类和特点;
2. 知道汽车配件采购的目的和意义、销售的财务术语、转账结算类型。

技能目标

1. 能分析汽车配件市场;
2. 能根据企业需求科学制订采购计划;
3. 能正确操作汽车配件管理系统进行订货;
4. 能制订汽车配件采购合同;
5. 能正确进行汽车配件验收,并对验收结果做出合理的处理;
6. 能运用简单的方法鉴别汽车配件质量,区分假冒伪劣配件;
7. 能正确进行汽车配件货款结算。

素养目标

1. 培养一丝不苟、小心谨慎的工作作风;
2. 树立团队意识、岗位职责意识;
3. 养成良好的职业素养和科学的态度。

建议学时

24学时。

任务一　汽车配件市场调查与预测

一　理论知识准备

1 汽车配件市场调查的概念和作用

1）汽车配件市场调查的概念

汽车配件市场调查就是运用科学的方法,有计划、目的、系统地收集有关汽车配件市场营销方面的信息,并对这些信息进行整理、分析,得出调查结论,提出解决问题的建议,供汽车配件有关营销管理人员了解营销环境,发现机会与问题,作为市场预测和营销决策的依据。

具体来说,汽车配件市场调查是汽车配件生产企业、经销商对汽车配件的各种商品或某种商品的产、供、销及其影响因素,企业销售量,用户及潜在用户的结构、购买力、购买习惯、购买欲望等情况进行全面或局部的调查研究。

2）汽车配件市场调查的作用

市场调查是汽车配件企业营销活动的出发点。汽车配件的市场调查工作对汽车配件企业的发展至关重要,其作用主要表现在以下几个方面：

(1) 为配件企业提供市场信息。

市场需求是变化的,汽车配件采购与仓储也需要随着市场需求的变化而变化。通过调查获取大量的第一手信息,可以为汽车配件采购与仓储计划提供科学依据。

(2) 有利于配件企业在竞争中占据有利地位。

汽车配件企业之间竞争非常激烈,如果能够准确地获得市场需求的真实信息,就能在企业竞争中立于不败之地。

(3) 有利于开拓新的市场。

开发新的市场,有利于扩大销量,增加利润。

(4) 为提高企业资金使用效率与效益提供强力支撑。

汽车配件管理的使命是最大限度地及时满足用户需求和优化库存带来的低库存金额,以获得良好的营业收益。汽车配件占用汽车服务企业流动资金相当大的一部分,对于汽车配件销售公司来说,汽车配件占用了流动资金的大部分;而对于汽车4S店,存货主要包括新车和汽车配件两部分,汽车配件占用了汽车4S店的大部分流动资金。因此,优化库存对提高企业的资金使用效率与效益有重要的作用,而要做到这些必须要进行汽车配件市场调查。

2 汽车配件市场分析

中国的汽车及汽车配件已经成为全球生产、全球供应体系中的重要一环。几乎所有的世界著名汽车配件巨头都已经进入中国市场,而中国企业生产的汽车轮胎、汽车玻璃、汽车音响等零部件也大量销往海外。但随着全球汽车配件供应商市场集中度的提高,一级供应商的数量不断减少,导致金字塔结构中整车制造商与一级供应商的结构发生变化,少数企业垄断某领域配件的生产,从而向多家整车制造商供货。

与国际主流的汽车配件厂商相比,我国汽车配件企业的规模还有很大的上升空间。截至2018年,仅有潍柴动力与华域汽车两个企业的年收入达到了200亿美元以上的级别,其余企业年收入均处于100亿美元以下;我国汽车零部件企业尚处于成长期,依旧与国际一流零部件厂商存在一定差距。

中国作为汽车配件全球生产和采购的重要一环,贸易顺差逐步提高。我国汽车配件净出口额从2014年的3037亿元上升到2017年的3346亿元。同时,中国汽车零部件出口相对进口的比重逐年增加,到2017年已经达到了39.07%。一方面由于金融危机以来,以美国为首的成熟市场和以俄罗斯为首的新兴市场,汽车销量正在恢复;另一方面,后危机时代进一步控制成本的要求,也迫使通用、大众等欧美整车厂寻求加大对新兴市场零部件采购的比例。而中国较为低廉的人工费用及场地费用,都使得汽车零部件企业在国际上具备价格优势。

本土汽车配件企业的自主研发能力较国际一线配件企业依旧存在着较大的差距,特别是对于整车主要总成和关键零部件的核心技术尤为缺乏。虽然截至2017年,我国汽车零部件行业的研发投入占营业总收入相比2011年提升了很多,达到了4.32%(2011年为1.4%);但是,相对于国际平均占比(6.6%)还存在着一定的提升空间;如果这种状况得以改变,那么本土汽车配件企业的整体技术和研发能力也将会得到大幅改观。

上网查询我国汽车配件市场的未来发展趋势,调查你所在的区域汽车配件市场的需求量。

_____

_____。

3 汽车配件的市场调查对象

1)汽车配件产品调查

汽车配件产品调查包括对汽车配件新产品的设计、开发和试销,对现有汽车配件产品进行改良,对目标顾客在产品款式、性能、质量、包装等方面的偏好趋势进行预测,以及对产品定价、供需形势及其他因素变化趋势进行调查,如图2-1所示。

2)顾客调查

顾客调查包括对消费心理、消费行为的特征进行调查分析,研究社会、经济、文化等因素对购买决策的影响及其影响的具体环节和领域,了解潜在顾客的需求情况,影响需求的各因素变化情况,消费者的品牌偏好及其对企业产品的满意程度等。

3)销售调查

销售调查是对企业销售活动进行全面的审查,包括销售量、范围、分销渠道等方面的调查,顾客的需求情况,产品的市场潜量和销售潜量,市场占有

图2-1 汽车配件产品调查

率的变化情况等内容。

销售调查还应就本企业相对于主要竞争对手的优势、劣势进行评估。

4) 促销调查

促销调查主要是对企业在产品或服务的促销活动中所采用的各种促销方法的有效性进行测试和评价。例如：广告目标（图2-2）、设计效果和媒体影响力，公共关系的效果，企业形象设计和塑造等，都需要有目的地调查。

图2-2 广告目标示例

5) 竞争对手调查

竞争对手调查主要是对竞争对手的营销组合、产品的市场占有率和企业实力等进行调查，以了解竞争对手的情况。

6) 汽车配件市场营销环境调查

汽车配件市场营销环境调查主要是对汽车配件市场营销的宏观环境和微观环境因素进行调查，以掌握环境的变化对市场营销的影响，从而指导企业市场营销策略的制定和调整。

在汽车配件市场调查的策划及实施过程中，市场调查的内容和方法的确定是首要环节。

4 汽车配件市场调研的类型和内容

1) 市场调研的类型

市场调研是市场调查与市场研究的统称，它是个人或组织根据特定的决策问题而系统地设计、搜集、记录、整理、分析及研究市场各类信息资料、报告调研结果的工作过程。市场调研是市场预测和经营决策过程中必不可少的组成部分。市场调查需要运用科学的方法，有目的、系统地搜集、记录、整理有关市场营销信息和资料，分析市场情况，了解市场的现状及其发展趋势，为市场预测和营销决策提供客观的、正确的资料。为了解汽车配件的销售状况，预测销售前景，从而指导企业制定正确的营销方向和营销策略，就必须将长期有效的市场调查贯彻到日常工作中去，要求所有销售员要时刻注意对市场信息的采集，保持对市场状况的敏感性。

市场调研按调研方法不同，分为定性调研和定量调研：

（1）定性调研。定性调研是对被调查事务的性质的描述，它获取资料的途径都是以行为科学为基础的，在调查动机、态度、信仰、倾向等方面特别有用。

（2）定量调研。定量调研是基于数量分析的一种调查方式，它通过获取样本的定量资料得出样本的某些数字特征，并据此推断总体的数字特征。

市场调研按调研性质不同，分为探测性调研、描述性调研、因果性调研和预测性调研：

（1）探测性调研。探测性调研主要用于帮助澄清或辨明一个问题，而不是寻求问题的解决方法。它往往是在大规模的正式调研之前开展的小规模定性研究。

（2）描述性调研。描述性调研是通过详细的调研和分析，对市场营销活动的某个特定方面进行客观的描述,以说明它的性质与特征。

(3)因果性调研。因果性调研的目的是证明一种变量的变化能够引起另一种变量发生变化。

(4)预测性调研。预测性调研是为了预测所需要的有关未来的信息而进行的调研活动。

2)市场调研的内容

市场调研包括以下内容:

(1)环境调研;

(2)技术发展水平调研;

(3)需求容量调研;

(4)消费者及其消费行为调研;

(5)商品调研;

(6)价格调研;

(7)销售方式和服务调研;

(8)销售渠道调研;

(9)竞争对手调研。

5 汽车配件市场调查的步骤

汽车配件市场的调查过程通常由以下三个步骤来完成:调查准备阶段、调查实施阶段和调查结果处理阶段。

1)调查准备阶段

(1)确定调查目标。

调查目标主要有进行此次调查的原因;具体调查内容;新产品的市场前景;产品市场占有率的下降原因;调查目的等。只有确定了调查目标,才能采取正确的方法,制订好调查计划,而且调查人员在以后的调查活动中应始终围绕本次调查的总体目标开展工作。

(2)制订调查计划。

开始调查工作之前,还应制订调查计划,包括确定调查项目、确定调查方法、确定调查时间地点、估算费用(表2-1)、安排调查进度等,然后,综合这些内容编写调查计划书,指导调查工作的进行。

调查费用估算单   表2-1

项 目	数 量	单 价	金 额	备 注
检索费				
资料费				
文件费				
交通费				
统计费				
交际费				
调查费				
劳务费				

续上表

项 目	数 量	单 价	金 额	备 注
杂费				
其他				
合计				

(3)设计调查表。

市场调查表通常有三部分内容:被调查者项目、调查项目和调查者项目。

常见市场调查表格有以下3种类型:

①单一表格;

②一览表;

③问卷。

2)调查实施阶段

(1)实施试验调查。

根据实施计划进行一次小规模的试验调查,目的是检验或改进实施计划,确保调查计划的顺利进行。实施试验调查可以检查问卷格式是否合适,求证抽样是否适当,收集和取得有关调查费用的资料,监督检查调查组织的工作效率以及计划的适应性等。

(2)正式调查。

正式调查计划在实施试验调查、弄清所需时间和经费后才能确定。实施试验计划是对正式调查计划的一个求证补充,只有这样才能保证调查计划的实施并取得较好的效果。所有项目组成员应该严格按照既定的目标、计划和方法去实施调查。

(3)监控改善。

为了确保调查的效果,必须对整个调查进行有效的监控。监控中如发现问题,应该及时调整、整改并向所有成员通报。只有持续地跟踪,才能保证调查的顺利进行,为后续的分析提供有效的样本信息。

3)调查结果处理阶段

(1)资料整理分析。第一步,鉴别资料;第二步,整理资料;第三步,统计分析;第四步,定性研究。

(2)编写调查报告。调查报告包括封面、目录、前言、正文、结论和建议、附录。

6 汽车配件市场调查的方法

汽车配件市场常用的调查方法有文案调查法和实地调查法。

1)文案调查法

文案调查法是指通过搜集各种历史和现实的动态统计资料(第二手资料),从中摘取与市场调查课题有关的情报,在办公室内进行统计分析的调查方法。

文案调查法是一种间接调查方法,主要用来搜集企业内部和外部经他人搜集、记录和整理所积累起来的现成的二手信息。这些信息以文献性信息为主,具体形式有印刷型信息、视听型信息、计算机信息库和计算机网络信息等。

(1)文案调查法的特点。

文案调查法节省时间和费用,资料来源广,保密性强,实施容易。因此,文案调查法往往被用作首选的市场调查方式。只有当搜集到的第二手资料不能满足需要时,才去实施实地调查。

(2)文案调查资料的来源途径。

文案调查资料的来源途径主要有汽车平面媒体、汽车网站、汽车行业协会报告和国家统计局公布的数据。归纳起来,可以分为企业内部资料和企业外部资料两个方面。

随着互联网的迅猛发展,网络成为文案调查重要的外部信息来源。网络信息具有丰富性、共享性、方便性和时效性特点。

2)实地调查法

实地调查法是一种直接调查方法,由调查人员直接同受访者接触去搜集未被加工的来自调查对象的原始信息。对于汽车配件市场调查,要获取一手资料,来源途径主要有汽车生产商、汽车交易市场、汽车专卖店、汽车租赁市场、二手车市场、汽车行业协会、车辆管理机构、保险公司、税务机构、洗车厂、停车场、汽车修配厂、已购车用户、欲购车用户等。

实地调查法具体又分为观察法、询问法和试验法。

(1)观察法。

观察法是由调查人员到现场观察和记录的一种调查方法。

运用观察法时,调查员既可以耳闻目睹现场情况,也可以利用照相机、录音机、摄像机等设备对现场情况做间接观察,从而获取真实的信息。

适用范围:顾客动作调查,交通量调查,店铺调查。

(2)询问法。

询问法主要有面谈调查法、电话调查法和邮寄调查法3种。

面谈调查法是指调查人员和被调查对象面对面进行交流,通过问答的形式获取真实的信息,如图2-3所示。

电话调查法是指选取一个被调查者的样本,然后拨通电话询问一系列的问题,调查员做问卷电话记录的方法。

邮寄调查法是指调查人员将预先设计好的问卷或表格邮寄给被调查者,请他们按照要求填好后再回寄的一种调查方式。

图2-3 面谈调查

(3)试验法。

试验法是指先在一定小范围内进行试验,然后再研究是否大规模推广的市场调查方法。

对于汽车配件产品,在改变产品品质、设计、价格、广告、陈列方法等因素时,可应用试验法先作小规模的试验性改变,以调查顾客的反应。

试验法的特点是具有客观性、科学性,但是试验的时间较长、成本高。

想一想

哪些信息适合采用文案调查法获取?哪些信息适合采用实地调查法获取?

7 汽车配件市场预测概念、种类和方法

1)汽车配件市场预测概念

汽车配件市场预测是指在汽车配件市场调查的基础上,运用预测理论与方法,对未来一定时期内汽车配件市场供求变化和决策者关心的变量变化趋势作出估计与测算。能否做好市场预测,直接关系到汽车配件企业经营的成败。

市场预测与市场调查既有联系又有区别。市场预测必须建立在市场调查的基础上,没有市场调查研究也就无从预测,所以市场调查是市场预测的前提和基础。

2)市场预测的种类

(1)按市场预测的范围划分,可分为宏观市场预测和微观市场预测。

(2)按市场预测的期限划分,可分为长期预测、中期预测和短期预测。

(3)按市场预测的方法划分,可分为定性预测、定量预测和综合预测。

(4)按市场预测的空间层次划分,可分为全国性市场预测、地区性市场预测。

3)汽车配件市场预测方法

汽车配件市场预测方法分为两大类。一是定性预测方法,即质的预测方法;二是定量预测方法,即量的预测方法。

前者容易把握事物的发展方向,对数字要求不高,能节省时间,费用低,便于推广,但往往带有主观片面性,数量不明确;后者则相反。人们在实际预测中,往往结合运用两种方法,即定量预测结论必须接受定性预测的指导,唯有如此,才能更好地把握汽车配件市场的变动趋势。

(1)定性预测方法。

定性预测方法又称判断分析预测法,它是由预测者根据所拥有的历史资料和现实资料,依据个人经验、知识和综合分析能力,对未来的市场发展趋势作出估计和测算的预测方法。从本质上来讲,它属于质的分析的预测方法。

定性预测方法比较适合用来对预测对象未来的性质、发展趋势和发展转折点进行预测,适合于数据缺乏的预测场合,如技术发展预测、处于萌芽阶段的产业预测、长期预测等。定性预测的方法易学易用,便于普及推广,但它有赖于预测人员本身的经验、知识和技能素质。

常见的定性预测方法如下。

①德尔菲法。德尔菲法是在20世纪40年代末由美国兰德公司(LAND)首创并使用的,在西方发达国家盛行的一种预测方法。至今,这种方法已成为国内外广为应用的预测方法,用于技术预测和经济预测、短期预测和长期预测。尤其是对于缺乏统计数据而又需要对很多相关因素的影响作出判断的领域,以及事物的发展在很大程度上受政策影响的领域,德尔菲法更适合用来进行预测,如图2-4所示。

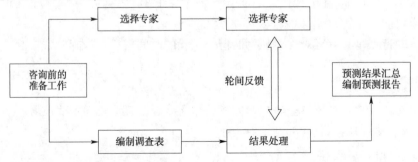

图2-4 德尔菲法

通过查询其他资料了解德尔菲法。

②集合意见法。集合意见法是集合企业内部经营人员、业务人员等人的意见,并凭借他们的经验和判断共同讨论市场趋势而进行市场预测的方法。

该方法首先由预测者根据企业经营管理的要求,向研究问题的有关人员提出预测项目和预测期限的要求,并尽可能提供有关资料。然后,有关人员根据预测的要求及所掌握的资料,凭个人经验和分析判断能力,提出各自的预测方案。接下来,预测的组织者计算有关人员预测方案的预测值,并将参与预测的有关人员进行分类,计算各类综合期望值,最后确定最终的预测值。

(2)定量预测方法。

定量预测方法是利用过去几个月发生的经营统计数据,运用一定的数学模型,通过计算与分析来确定市场未来发展趋势在数量上变动的预测方法。

常用的定量预测方法如下。

①算术平均法。算术平均法是将过去几个月的实际观察数据相加求其平均值来进行预测的方法。例如,某汽车配件经营店7—11月的实际销售额如图2-5所示,则12月的预测销售额为:

$$(11+14+9+7+9) \div 5 = 10(万元)$$

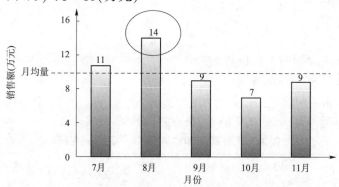

图2-5 某汽车配件经营店7—11月的实际销售额

某汽车配件经销店前10个月离合器片的销售量依次为56、68、49、58、61、72、58、64、57、67件。利用算术平均法预测第11个月销售量。

②加权平均法。算术平均法无法反映经济形势对预测值的影响。从上例可知,由于受市场实际需求的影响,某汽车配件经营店7—11月的汽车配件销售额波动较大。为了使预测值更加接近实际,必须考虑每个时期观察值的重要程度对预测值的影响。加权平均法就是根据每个时期观察值的重要程度,分别给予不同的权数,求出加权平均值作为预测值。其计算公式为:

$$Y_i = \frac{W_1X_1 + W_2X_2 + L + W_nX_n}{W_1 + W_2 + L + W_n} = \frac{\sum_{i=1}^{n}W_iX_i}{\sum_{i=1}^{n}W_i} \tag{2-1}$$

式中:Y_i——第 i 期的预测值;

X_i——第 i 期实际值;

W_i——第 i 期的权数;

n——期数。

仍以上例资料为例,设7月的销售额权数为1,以后各月的权数分别为2、3、4、5,则按加权平均法,求得12月的销售额预测值为:

$Y_{12} = (11 \times 1 + 14 \times 2 + 9 \times 3 + 7 \times 4 + 9 \times 5) \div (1 + 2 + 3 + 4 + 5) = 9.27(万元)$

③移动平均法。移动平均法是根据已有的时间序列统计数据加以平均化,以此预测未来发展变化趋势的方法。

移动平均法可分为一次移动平均法、二次移动平均法和加权移动平均法3种。前面已介绍了加权平均法,加权移动平均法与之有共同之处,故不再赘述。这里主要介绍前面两种。

a.一次移动平均法。一次移动平均法是通过一次移动平均进行预测,它按选定段的大小,对已有的时间序列数据逐段平均,每次移动一个时段。具体做法就是把最后一期的移动平均值作为下一期的预测值。其计算公式为:

$$Y'_{n+1} = \frac{1}{k} \sum_{i=n-k+1}^{n} Y_i \tag{2-2}$$

式中:Y'_{n+1}——($n+1$)期的一次移动平均值;

Y_i——第 i 期的实际值;

k——移动跨期。

例如:某汽车配件商店2012年前11个月的销售额,见表2-2。

某汽车配件商店2012年前11个月的销售额 表2-2

期数	实际销售额（万元）	5期移动平均值（万元）($k=5$)	7期移动平均值（万元）($k=7$)	期数	实际销售额（万元）	5期移动平均值（万元）($k=5$)	7期移动平均值（万元）($k=7$)
1	46			7	48	50.8	
2	52			8	51	50	49.71
3	50			9	57	50.2	50.43
4	47			10	55	52.2	51.14
5	53			11	58	52.6	51.86
6	52	49.6		12		53.8	53.43

现分别以5个月和7个月作为移动跨期,预测第12个月的销售额。计算结果列于

表2-2中。当 $k=5$ 时,第12个月的预测值为53.8万元;当 $k=7$ 时,第12个月的预测值为53.43万元。

比较两个移动跨期所得曲线可知:k 取值大时,预测值的趋势性较为平稳;k 取值小时,预测值反映的实际趋势较敏感且预测值的起伏比较大。因此,k 的取值应视经营实际情况确定。

b. 二次移动平均法。二次移动平均法是在一次移动平均法的基础上,采用相同的 k 值,对一次移动平均值再做一次平均移动,从而获得时间序列数据的明显线性趋势。

二次移动平均法的计算公式为:

$$Y''_{n+1} = \frac{1}{k}\sum_{i=n-k+2}^{n+1}Y'_i \tag{2-3}$$

式中:Y''_{n+1}——$n+1$ 期的二次移动平均值;

Y'_i——第 i 期的一次移动平均值;

k——移动跨期。

仍以上例列表的数据为例,设 $k=3$,用二次移动平均法进行预测,结果见表2-3。

从表2-3得知,用一次移动平均法预测的数值有较大的起伏,而二次移动平均法预测的数值起伏较小,呈现出明显的线性趋势。

用二次移动平均法进行预测　　　　　　　　　　　　　表2-3

期数	实际销售额（万元）	一次移动平均值（万元）($k=3$)	二次移动平均值（万元）($k=3$)	期数	实际销售额（万元）	一次移动平均值（万元）($k=3$)	二次移动平均值（万元）($k=3$)
1	46			7	48	50.7	49.67
2	52			8	51	51	50.13
3	50			9	57	50.3	50.57
4	47	49.3		10	55	52	50.67
5	53	49.7		11	58	54.3	51.10
6	52	50		12		56.7	52.20

上述方法为预测汽车配件市场需求提供了基本的方法。但是,从几种方法的运用情况来看,与实际发生的销售额仍有一定的偏差。因此,使用时应根据影响市场的多种因素对预测值进行必要的调整。

想一想

定量预测法的优点有哪些?

二　任务活动——汽车配件市场调查

❶ 活动描述

寒暑假社会实践期间利用市场调查法收集资料,分析市场情况。通过实施汽车配件市场调查,说明各种调查方法的优缺点。要求有文字记录和相关影像资料。

2 活动实施

以小组形式展开,分工明确,并采用角色扮演法在课堂上展示。同时,注意观察其他组展示情况,并对所见所闻进行记录。

3 活动评价

(1)通过本任务活动的学习,你认为自己是否已经掌握了相关知识和基本操作技能。

(2)评价活动过程完成情况。

(3)在活动过程中,你和同学之间的协调能力是否得到了提升。

(4)通过本活动的学习,你认为自己在哪些方面还需要深化学习并提升岗位能力。

任务二　汽车配件订货

一 理论知识准备

1 汽车配件订货概述和意义

1)配件订货概述

订货业务在汽车配件营销中随时可能出现,尤其在4S店的配件供应中更为常见,它是4S店进行正常售后服务的必备条件。4S店由汽车制造厂家直接供应配件,作为订货人员应该了解汽车制造厂家的订货流程,熟悉订货业务,能够制订配件订货计划。

2)配件订货的意义

在顾客需要的时候及时供应零部件,以最合理的库存,获取最大的经营收益。配件订货最终的目的是提高顾客满意度。

2 汽车配件的流通等级

汽车配件的流通等级是指汽车配件在流通过程中的周转速度。零件的流动具有偏向性,最大的销量往往只集中在较少的品种当中,图2-6所示为流通等级坐标图。

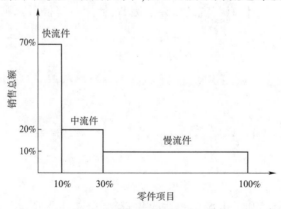

图2-6　流通等级坐标图

1)按销量分类

汽车配件按销量分为快流件、中流件和慢流件。

(1)快流件。

快流件是指连续3个月经常使用的消耗性零件及周转性较高的产品。

快流件的特点:每个月销售额占销售总额的70%,占零件项总数的6%~15%。

(2)中流件。

中流件是指连续6个月内所发生但又属于周转性次高的产品。

中流件的特点:每个月销售额占销售总额的20%,占零件项总数的15%~40%。

(3)慢流件。

慢流件是指一年内属偶发性产品或产品库存金额单价过高不利于周转的产品。

慢流件的特点:每个月销售额占销售总额的10%,占零件项总数40%以上。

2)零件流通等级

(1)零件流通等级的划分。

零件流通等级分为H、G、F、E、D、C、B、A级。

(2)零件流通等级的内容。

零件流通等级的内容见表2-4。

零件流通等级的内容 表2-4

等级	特点和注意事项	销售额占有率(%)	项目占有率(%)
A	数量多,销售额大。不能让其发生缺货或库存过剩的现象	40	5
B	数量多,销售额一般。因价格便宜,可大量库存,重视供货率	20	16
C	数量多,销售额小。为了扩大销售注意库存的均衡性	8	15
D	数量少,销售额大。只库存一个月,每月检查其销售减少倾向	8	15
E	数量少,销售额小。只库存一个月,每月少检查其销售减少倾向	20	20

(3)零件流通级别的确定。

零件流通级别的确定见表2-5。

零件流通级别的确定 表2-5

推荐级别	零件使用和更换情况	
A	需要定期更换的零件,在一年内更换的零件,如空气滤清器	
B	需要定期更换的零件,在两年内更换的零件,如制动蹄	
C	碰撞时首当其冲的零件	在第二年内需要更换的零件,如保险杠
D		各种灯具、反光镜等零件
E		其他零件
F		如油封
G	易磨损件	高速的相对运动零件
H		表面接触应力很高的相对运动零件
I	不易磨损件	在汽车生命周期内不用更换的零件

零件流通级别的确定在不同公司有不同的划分方法,见表2-6。

零件流通级别的确定在不同公司的划分方法 表2-6

公司名称	流通级别		
	快流件	中流件	慢流件
丰田公司	订货项目90%集中在30万个零件中的3万个零件	7%集中在7万个零件	3%订货项目集中在20万个无库存零件
雪铁龙公司	连续3个月经常使用的零件及周转性较高的产品(A类件)	连续6个月内发生,但又属于周转性次高的产品(B类件)	1年内偶发性的产品或由于各种原因不利于周转的产品(C类件)

(4)影响配件流通级别的因素。

影响配件流通级别的因素有使用周期、制造设计问题、使用方式、燃油机油选择问题或油质问题、道路状况和季节性等。

①使用周期因素。一般车辆使用寿命10年,前2~3年零件更换少,中间4~5年是更换高峰期,最后1~2年更换又逐渐减少。

②制造设计问题。材料选择与设计不当,如三菱公司的帕杰罗V31型越野车因制动器油管的设计问题,导致不少交通事故。

③使用方式。如某种汽车设计是用于寒冷地区,如果把它用于热带地区就容易出现故障,造成相关零件损坏。

④燃油机油选择问题或油质问题。如使用不洁燃油易使三元催化器损坏失效,会影响零件寿命。

⑤道路状况。如地处山区、丘陵,则制动系统、行驶系统配件的库存量应有所提高;位于矿区,则空气滤清器、活塞、活塞环等发动机配件库存量应适当提高。

⑥季节性。夏季来临时,冷却和空调制冷系统配件应多储备;冬季来临前,点火、起动系统配件要准备充足。

请你填写以下零部件分别属于哪种流通级别。在相应栏打"√",见表2-7。

以下零部件分别属于哪种流通级别 表2-7

零部件	A 类	B 类	C 类
发动机体			
风窗玻璃刮水器			
整体车身			
变速器			
垫圈和垫片			
发动机润滑油			
前照灯			

续上表

零部件	A 类	B 类	C 类
翼子板			
转向盘			
车门外面板			
车内照明灯泡			
收音机天线			
发动机控制模块			
燃油加注口盖			

❸ 汽车配件订单的种类和特点

1）库存订单和特点

库存订单是通过补充存货来保证配件供应的订单。

库存订单的特点：以 A、B 类配件为主要对象；从订货到收货所花的时间最长；订货成本最低；需要周密的计划。

2）计划订单

计划订单是根据工厂的生产计划或客户的库存需求而制订的库存订单。

计划订单的特点：包括 C 类配件在内，降低订货成本；有明确的客户，对到货时间没有要求；需要收取预付金。

3）紧急订单

紧急订单是为满足客户对非库存配件的临时需求而采取的订货形式，是对库存的补充。

紧急订单的特点：以 C、D 类配件为主；对订货时间有较高要求；到货速度较库存订单快，但订货成本高。

4）特别紧急订单

特别紧急订单是专门应对由于车辆故障无法继续使用的紧急需求。

特别紧急订单的特点：以 C、D 类配件为主；到货周期最短；由于特殊处理，订货成本极高。

❹ 汽车配件订货流程

汽车配件订货根据用途不同，可分为常规订货与紧急订货。常规订货又有库存补充件订货和客户订购件订货两种形式。紧急订货一般为维修厂由于缺件导致修理工作无法进行的急需件订货。汽车配件订货员应提高常规订货的准确率，尽可能减少紧急订货的次数，这样才能有效降低配件的订购成本。不同形式的配件订货可按图 2-7 所示流程进行。

❺ 汽车配件订货员工作职责

汽车配件订货是汽车配件订货员的工作任务，要求订货员具有高度的责任感及敬业精神，熟悉配件订货流程，精通订货业务知识，并具备配件订货的丰富经验，最终保证配件及时供货。配件订货员的工作职责如下：

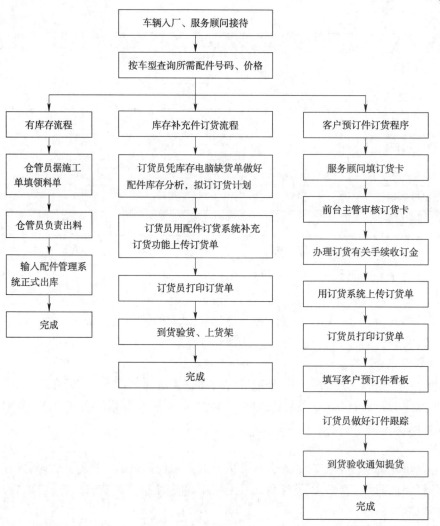

图 2-7　不同形式的配件订货流程

（1）与配件经理配合完成厂家或公司下达的配件销售及利润指标任务。

（2）与配件供应商保持良好的供求关系，及时了解掌握配件市场信息并做好预测。

①借助外部媒体及内部资料，掌握企业经营区域内品牌车辆的整车保有量变化、用户类型、车辆使用状况等市场情况。

②通过内部销售数据，掌握企业自身销售能力与销售趋势、售后维修客户的实际保有量及车型分布等维修技术信息。

③熟悉具有季节性销售特征的配件信息变化、关注厂家有关配件质量信息反馈等。

④及时搜集汇总各品牌公司配件的编号、技术革新、价格等相关更改信息，并及时反馈给配件经理。

（3）科学制订配件采购计划，并及时向厂商发出配件订单，完成配件订货相关工作。

（4）认真完成配件的入库工作，以实际入库数量为准，打印入库单，做好入库验收工作。

（5）协助配件经理贯彻执行配件仓库管理制度，完成领导交办的其他任务。

6 汽车配件订货信息收集与计划制订

1）收集订货信息

（1）配件订货员制订配件订货计划，同时需要先做好企业自身配件销售能力及配件相关信息的搜集，为科学制订配件订货计划提供依据。

①配件销售部门的销售能力、销售特点和销售趋势。

②企业经营区域内的品牌车辆的市场占有情况。

③售后维修客户的实际保有量、客户流失率、车型分布、使用年限和行驶里程数、维修技术特点。

④配件库存结构、销售历史、销售趋势及缺件情况。

⑤厂家最新的维修技术要求。

⑥是否是新零件、停产件、常用件、易损件。

⑦是否具有季节性特点，当月是否有促销合同。

⑧配件的质量信息，配件是否有替换件、是否有缺件。

⑨配件的供货周期及节假日的影响。

⑩配件交货时间、交货品种、交货数量误差等。

（2）分析相关信息，确定库存策略。搜集信息后需要对信息进行汇总与分析，对配件属性作出正确的判断。

①确定汽车配件流通等级。

②确定配件库存策略。

相关统计结果表明，占配件总数仅 10% 的快流件的销售收入占销售总额的 70%，占配件总数 20% 的中流件的销售收入占销售总额的 20%，而占配件总数 70% 的慢流件的销售收入占销售总额的 10%。可见，企业库存零配件的 30%，就可以保证获得 90% 的销售收入。所以，库存快流件和中流件，特别是快流件不能缺货，需要有安全库存。

2）制订订货计划

（1）确定订货品种。

配件订货品种的确定也就是确定库存的最大项目数，它可以通过查询配件需求的历史记录，发现配件需求的规律，最终确定需要库存的配件范围。要确定库存的配件范围，首先需要了解配件各生命周期的特点。任何配件都包含有增长、平稳、衰退三个阶段的生命周期，如图 2-8 所示。

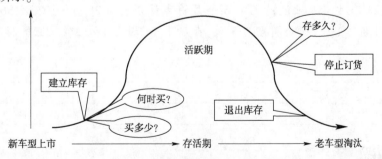

图 2-8 配件生命周期坐标图

结合配件生命周期不同阶段的特点,有目的性地做好库存管理,对不同状态的配件应采取不同的管理原则,最终实现保证配件最大供应率、降低库存金额的目标。

(2)确定订货数量。

订货数量的确定取决于库存的深度。库存深度也称零件的标准库存量,是针对每个配件件号,在考虑订货周期、在途零件和安全库存的前提下,保证配件及时供应的最大库存数量 MIP,也称为配件的标准库存量 SSQ,因此,库存深度的确定是决定库存多少的问题,依据此确定订货量。

①确定标准库存量(SSQ)(Standard Stock Quantity)。推荐标准库存量计算公式如下:

$$SSQ = MAD \times \left(\frac{O}{C} + \frac{L}{T} + \frac{S}{S}\right) \tag{2-4}$$

式中:SSQ——标准库存量;

MAD——某配件月均需求;

O/C——订货周期;

L/T——到货周期;

S/S——安全库存周期,根据到货周期和市场波动设定。

②确定订货量(SOQ)。推荐订货计算公式如下:

$$\begin{aligned}SOQ &= MAD \times \left(\frac{O}{C} + \frac{L}{T} + \frac{S}{S}\right) - \left(\frac{O}{H} + \frac{O}{O}\right) + \frac{B}{O}\\ &= SSQ - \left(\frac{O}{H} + \frac{O}{O}\right) + \frac{B}{O}\end{aligned} \tag{2-5}$$

式中:O/H——在库数,指订货时的现有库存数量;

O/O——在途数,指已订货尚未到货的配件数;

B/O——客户预订数,指无库存、客户预订的配件数。

每个月实际订货根据配件实际库存量、半年内销售量及安全库存量等信息,再根据经验或其他有效依据(如去年同期的销售量、修理车间目前修理的项目、竞争者的销售情况、配件供应商新车销售计划及国产化计划等)对订货数量进行适当修正。

某经销店对某型号机油滤清器前 6 个月销售量分别为 28、32、30、28、36、26 件,订货周期和到货周期为 1 天,安全周期为 3 天,在途 1 个,现存 1 个,确定它的标准库存。(答案 5 个)

某经销店对某型号机油滤清器前 6 个月销售量分别为 28、32、30、28、36、26 件,订货周期和

到货周期为1天,安全周期为3天,在途1个,现存1个,确定它的建议订货量。(答案3个)

_____

_____。

某备件月均需求为11个,每月订货两次,到货期为1个月,在途10个,在库12个,顾客预订5个,该备件订货数是多少?(答案11个)

_____

_____。

7 汽车配件的订货方式

汽车配件订货随着订货数量、订货地点及订货市场的不同,分为电话订货、书面订货及网上订货等多种方式,每种方式均有相应的特点和适用范围,见表2-8。

汽车配件订货方式 表2-8

类型	特征	优点	缺点	适用范围
电话订货	靠电话订货	便捷、快速、高效,反馈迅速	没有凭据,表达不清容易出错	一般适宜短途,且限于少量急需配件订货
书面订货	靠书面订货单订货	订货信息可靠无误,不易出错	传递信息慢,且不宜汇总统计	用于短途采购或多方配件市场订货
网上订货	靠计算机配件订货系统订货	便捷可靠,并可实时查询相关信息	要有互联网及管理软件支持	广泛用于各经销商与汽车配件制造厂订货

8 汽车配件的订货管理

配件部门的使命就是要通过最大限度地及时满足客户需求(高供应率)和优化库存带来的低库存金额,以获得良好的营业收益。

只有通过对市场和日常销售数据的详细统计与分析,才可以实现稳定、合理、高效的库存,进而提高配件部门的整体工作效率,最终实现最大的目标。

丰田所开创的物流管理方式——世界闻名的"Just In Time"理论(即在需要时间内提供需要数量的所需物品)是在科学配件管理领域的具体体现。现在国内外许多企业都在学习和应用这一理论。

1)建立库存

建立库存指伴随新车型的上市,原非库存零件开始进行库存管理的时点。

2)报废

报废指伴随老车型逐渐从市场中淘汰,原库存零件不再进行库存管理的时点。

3)建立库存和报废时点的确定

各经销店可以通过从零件需求的历史记录中统计出来的月均需求(MAD)和需求频度,

发现零件需求的规律,从而确定需要库存的零件范围,见表 2-9。

根据月均需求和需求频度来确定库存状态　　　　　表 2-9

项　目	时　　　期					
	增长期		平稳期		衰退期	
月均需求	少	较多	较多	多	少(短期)	少(长期)
需求频度	低	低	较高	高	低(短期)	低(长期)
库存状态	无库存	不一定	建立库存	库存管理	停止库存试验	报废

4)库存状态的对应管理原则

不同状态的配件项目应采取不同的配件管理原则:配件在增长期的项目属非库存项目,应采取"需一买一"的原则;配件在平稳期的项目属库存管理项目,应采取"卖一买一"的原则;配件在衰退期的项目属非库存管理项目,应采取"只卖不买"的原则,如图 2-9 所示,这样才能在保证最大配件供应率的同时,降低库存金额。

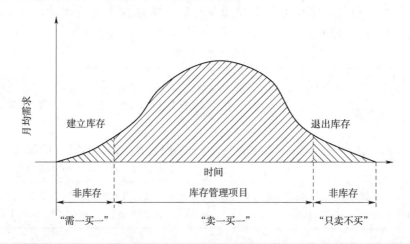

图 2-9　库存状态的对应管理原则

5)影响最低安全库存量的因素

影响最低安全库存量的因素如下。

(1)订货周期。

国外订货周期一般为 2~3 个月(水路运输期货 3 个月,航空运输订货 15 天左右),但航空运输件的价格是水路运输的 2 倍;国内订货周期则因地而异。

(2)月平均销量。

必须掌握某种配件近 6 个月的销量情况。

(3)配件流通级别。

如丰田公司建议快流件的最低安全库存量为前 6 个月销量,中流件和慢流件的最低安全库存量为前 3 个月销量。

配件订货是配件管理的重要一环。配件订货追求的目标是"良性库存",即以最合理的库存最大限度地满足用户的需求。具体来说,良性库存就是在一定时间段内以最经济合理的成本,取得合理的配件库存结构,保证向用户提供最高的备件满足率。

想一想

配件库存过高会造成什么影响？过低有什么影响？如何实现良性库存？

配件订货注意事项如下：

（1）运用配件管理系统进行配件订货时，有时无法生成订货申请单，主要原因有订货信贷限制、订货次数限制、订货权限限制及其他方面限制。

（2）订货申请单一定要核对准确无误后上传，上传后将不能浏览或修改。同时，上传后不用打电话上报订单号，订单处理后也不能加减配件，订单一般要求提前24h上传。

❾ 汽车配件的运输方式

物流运输系统的目标是实现物品迅速、完全和低成本的运输。不同的运输方式在运输速度、运输能力、可靠性等方面有着不同的特点。

根据运输设备和运输工具的不同，按照汽车配件种类、使用特点和对运输设备等的要求，配件运输的主要方式有铁路运输、公路运输、水路运输、航空运输等。这些运输方式各有特点和适用条件，选择运输方式的主要依据是各种运输方式的成本、运输的及时性、安全性、灵活性和运距等。

1）铁路运输

铁路运输的特点是能远距离运输大批量货物，费用较为低廉，而且较少受气象、季节等自然条件的影响，所以，其适用于大宗配件的长距离运输，如图2-10所示。

2）公路运输

公路运输的特点是机动灵活，送达速度快，投资少，运输面广，能够运送配件到家，不需转运或反复装卸搬运，如图2-11所示。

图2-10 铁路运输

图2-11 公路运输

3）水路运输

水路运输包括内河运输和海上运输。水路运输具有载运量大、运价低的优点，是国际贸易和运输的主要方式，如图2-12所示。

4）航空运输

航空运输特点是速度快，灵活性大，可飞越各种天然障碍，但航空运输成本高，运载量小，而且在一定程度上还受气候条件的限制，如图2-13所示。

图2-12　水路运输

图2-13　航空运输

❿ 影响汽车配件合理运输的因素

对运输合理化起关键作用的主要有以下五大因素。

1）运输距离

在运输时，运输时间、运输工具的配备、运费等运输的若干技术经济指标，都与运输距离有一定比例关系，运输距离长短是运输是否合理的一个最基本因素。

2）运输环节

运输是物流活动的一个重要环节，需要进行装卸、搬运、包装等工作，多一道环节，就会多增加劳动，多增加成本。

3）运输时间

为了更好地为顾客服务，及时满足顾客的需要，运输时间是一个决定性因素。

4）运输工具

各种运输工具都有其使用的优势领域，对运输工具进行优化选择，要根据不同的配件的特点，分别利用铁路运输、水路运输、公路运输等不同的运输方式，选择最佳的运输线路，合理使用运力，以最大限度地发挥运输工具的效用。

5）运输费用

运输费用在全部物流费用中占很大比例，是衡量物流经济效益的重要指标，也是组织合理运输的主要目的之一。

作为汽车配件运输不同其他货物运输的显著特征，考虑到各种运输方式自身特点和可供服务的内容及范围，结合上述五大因素，在选择运输方式时，配件运输一般应考虑下列因素：

(1) 供需双方的地理位置、交通条件和当时的气候、季节条件。

(2) 运送配件的特征，如包装、外形尺寸及其物理化学特性（如易碎性等）。

(3) 配件的价值，如贵重、量小、件轻的配件一般可空运；价低、笨重或运送数量大时，则适于铁路运输或水路运输。

(4) 配件需求上的特点。对急需的配件，应采用运输速度快的运输方式；对批量大、批次多的、要求供货连续性强的配件，则应选择不易受气候影响、运送时间准确、及时的运输方式。

项目二 汽车配件订货和采购

二 任务活动——汽车配件订货

1 活动描述

利用企业实地调查法或其他途径,收集2家以上企业配件订货信息,制订一份订货计划表。要求有文字记录和相关影像资料。

2 场景设置

(1)货架2个。
(2)配件标签、工作单据若干。
(3)工作电脑、配件查询软件、配件推车、码货车、手套、工作台等。

3 活动实施

以小组形式展开,分工明确,并采用角色扮演法在课堂上展示。同时,注意观察其他组展示情况,并对所见所闻进行记录。

4 活动评价

(1)通过本任务活动的学习,你认为自己是否已经掌握了相关知识和基本操作技能。
(2)评价活动过程完成情况。
(3)在活动过程中,你和同学之间的协调能力是否得到了提升。
(4)通过本活动的学习,你认为自己在哪些方面还需要深化学习并提升岗位能力。

任务三 汽车配件采购

一 理论知识准备

1 汽车配件采购的概念、目的和意义

1)采购的概念

汽车配件销售企业处于生产—流通—消费这个社会再生产总过程中的中介位置,是一类流通企业。它和所有流通企业(如商业、外贸企业、物资供销企业等)一样,存在着企业内部的3大主要环节——进、销、存,即购进、销售、保管。

采购是一种具体的业务活动,有选择和购买两层基本含义。即从许多对象中选择若干个,通过商品交易的手段把所选对象从对方手中转移到自己手中。采购,是流通企业的第一个工作环节。

2)采购的目的

采购商进行采购的目的是满足生产需要。采购的另一个目的是要科学地确定采购数量,在采购中要防止超量采购和少量采购。

61

3）采购的意义

（1）只有质优价廉、适销对路的商品源源不断地进入经销企业,才有可能提高为用户服务的质量,满足用户的需要。

（2）搞好采购是搞好销售的前提和保证。

（3）只有把配件采购组织好,把适销产品购进到经营企业,才能促使生产企业发展生产。

2 汽车配件采购人员的基本要求

1）配件采购人员的岗位职责

（1）负责编制购货计划。

（2）负责按车型、品种的需求量计划,积极组织订购优质、价格适宜的产品,保证销售需要。

（3）负责组织开展商品的代销、试销业务,开拓新产品市场。

（4）负责改善库存结构,积极处理库存超储积压商品。

（5）负责开展工贸联营、联销工作。

（6）负责日常急需商品的催调合同或组织临时购货,满足市场需求,并根据市场变化及库存结构情况,对订货合同进行调整。

（7）认真搞好资金定额管理,在保证购货需要的前提下,最大限度地压缩资金占用,加速资金周转。

（8）认真执行费用开支规定,在保证工作需要的前提下,努力节省购货费用。

（9）经常主动地深入营业门市部和仓库了解产品质量状况,走访客户了解市场需求。

（10）认真执行工商、税务、物价、计量等方面的法令、法规,遵守企业规章制度。

2）配件采购人员的素质要求

（1）要有一定的政策、法律知识水平和政治觉悟。汽车配件采购人员一方面要熟悉国家与本地区的有关政策、法律法规,同时还要熟知本企业、本部门的各项规章制度,使采购工作在国家政策允许的范围内进行。

（2）要具备必要的专业知识。汽车配件采购人员不仅要熟知汽车配件的名称、规格、型号、性能、商标和包装等知识,还要懂得汽车配件的结构、使用原理、安装部位、使用寿命及互换性等知识;不仅要精通采购业务的各个环节,还要知道购进、销售、运输、检验、入库保管等各业务环节相互间的关系。

（3）要善于进行市场调查和分类整理有关资料。汽车配件采购人员要有市场调查能力,掌握本地区车型数量、道路情况、配件消耗情况、主要用户进货渠道和对配件的需求情况、竞争对手的进货情况等信息。多种信息获取后要进行分类整理,需要时随时可以调取。

（4）要有对市场进行正确预测的能力。汽车配件采购人员通过市场调查,在分析的基础上,能预测出一定时期内当地配件市场的发展趋势。

（5）能编制好采购计划。汽车配件采购人员要根据自己掌握的资料,结合本地区配件销售市场的预测、用户的购买意向、商品的库存、销售计划等相关因素,合理编制采购计划。

（6）能根据市场情况,及时修订订货合同。尽管配件采购人员对市场进行了预测,编制了比较合适的采购计划，但常常会遇到难以预料的情况，仍然需要采购人员能根据变化及时修订采购合同，争取减少长线商品，增加短线商品。

(7)要有一定的社交能力和择优能力。汽车配件采购人员要求具有一定的社交能力，协调好各方面的关系，要尽最大努力争取供货方在价格、付款方式、运费等方面的优惠。同时，汽车配件品种繁杂，假冒伪劣产品防不胜防，配件采购人员要依靠对进货厂家的产品质量和标记的了解，择优采购。

(8)要善于动脑筋、有吃苦耐劳的精神。汽车配件采购人员不仅要善于动脑筋，及时摸清配件生产和销售市场的商情，而且要随时根据市场情况组织货源，在竞争中以快取胜。同时为使企业获得良好的经济效益，需要有吃苦耐劳、精益求精的工作作风。

3 汽车配件采购渠道和手续

按照本书项目一中汽车配件分类，在进货时可按A类厂、B类厂、C类厂顺序选择进货渠道。

A类厂是主机配套厂，这些厂知名度高，产品质量优，大多是名牌产品，这类厂应是进货的重点渠道。合同签订形式可采取先签订全年需要量的意向协议，以便于厂家安排生产，具体按每季度、每月签订供需合同。

B类厂生产规模和知名度不如A类厂，但配件质量有保证，配件价格也比较适中。订货方法与A类厂不同，一般签订较短期的供需合同。

C类厂是一般生产厂，配件质量尚可，价格较前两类厂家低，这类厂的配件可作为进货中的补充。订货方式也与A、B类厂有别，可以采取电话、电子邮件或网上订货的办法，如需签订供需合同，合同期应更短一些。

必须注意，绝对不能向那些没有进行工商注册，生产"三无"及假冒伪劣产品的厂家订货和采购。

4 汽车配件采购方式与进货量

汽车配件经销商一般都会根据自身的经营特点，选择合理的采购方式。常用的采购方式有以下几种。

1) 汽车配件采购方式

(1)集中进货。

由专职的采购人员汇总所有销售需求后，向配件生产厂家或上游配件商进货，然后按照销售预期分配给各销售点（或连锁店）进行销售。由于采用集团整体进货的方式，优势十分明显，通过大批量可以获得较好的价格和售后服务，在信息不畅的情况下，灵活性相对会差一些，但是随着计算机技术在配件营销行业的广泛应用，这种劣势已经不复存在。譬如有些汽车配件，它在全球的所有配件连锁店都是联网的，任何一个连锁店卖出一件商品，在世界任何一个角落都能马上通过网络了解到这笔交易的信息，信息沟通的快捷准确完全弥补了集中进货的缺陷，配合日益完善的物流体系，集中进货正向人们展示着蓬勃的生命力。

(2)分散进货。

将配件订购的权限下放到每个营销单位，使其直接面对市场，采购适销对路的产品。这种管理形式在配件经销商中很少见到,一般仅限于部分货源比较紧张的商品,用来消除由于临时断货或缺货等情况所带来的影响。

(3) 集中与分散相结合。

各销售部门提出采购计划,业务部门汇总审核后集中采购。外地采购及非固定进货关系采取集中进货,本地采购及有固定进货关系采取分散进货。

(4) 联购合销。

为节约成本,降低费用,以获得更好的价格折扣和售后服务,一些中小配件经销商可以联合起来,共同向配件生产厂家或大批发商进货,这也是中小配件经销商的获利之道。由于它涉及多家配件经销商的具体利益,故而组织工作相对复杂。

2) 汽车配件进货量

对于进货量,需要综合考虑企业资金状况、销售状况、衡量采购和库存成本之后才能确定。要从如何在现有资金情况下,遵循市场供求规律,订购最经济的批量,获得最佳的利润回报方面去考虑问题。

配件经销商常用的是采用经济批量法确定进货量,其中意图就是在一定时期内进货总量不变的前提下,计算出每批次进货多少,才能使进货费用和库存费用之和降至最低。

在固定订货数量制中,每次是以固定的订货批量订货的。订货批量的大小直接关系库存的水平和库存总成本的高低。为了降低企业的库存总成本,企业通常按照经济批量(Economic Order Quantity,EOQ)进行订货。

所谓经济批量是指使年库存总成本最低的订货量,经济批量公式如下:

$$EOQ = \sqrt{\frac{2RC}{H}} = \sqrt{\frac{2RC}{PF}} \tag{2-6}$$

式中:R——一年需求量;

P——单位购进成本;

C——每次的订购成本;

F——年储存成本率;

H——单位商品每年的储存成本(PF)。

由经济批量公式可以得出以下结论:经济批量与商品的单位购进成本和商品的储存成本成反比,与商品的订购成本成正比。对于单位购进成本或储存成本相对订购成本较高的商品,经济批量倾向于较小,可降低商品的储存成本。相反,对于单位购进成本较低、储存成本相对订购成本较低的商品,经济批量倾向于较大,以减少订购次数,降低订购成本。

由于配件市场的价格变化较为频繁,如何订购还需结合市场行情和销售趋势具体确定,不可死搬硬套书本教条的计算结果,造成不必要的损失,也就是说要在保证"经济性"这一大前提下,相信"科学性",保持"灵活性"。

5 汽车配件采购的原则

从社会再生产的角度看,采购就是商品从生产领域进入流通领域,是价值生产阶段开始转变为价值实现阶段;从企业经营的角度看,采购就是为了销售这个目的向生产企业(或其代理商、批发商)取得资源。因此,采购还不是经营的目的,销售并获得利润才是目的;从资金运动的角度看,采购就是货币资金转化为商品资金,是企业的流动资金(指银行存款、现金等)转化为库存资金,开始了流通企业的资金周转过程。采购是企业经营活动的关键环节,其理由是:

(1)只有质优价廉、适销对路的商品源源不断地进入经销企业,才有可能提高为用户服务的质量,满足用户的需要。

(2)做好进货是做好销售的前提和保证,只有进得好,才能销得快,才有可能提高企业经济效益。

(3)只有把商品采购组织好,把适销商品购进到经营企业,才能促使生产企业发展生产。由此可见,商品购进是直接关系生产企业能否得到发展、消费者需求能否得到满足、企业经营状况能否改善的关键问题。

1)配件采购的五大原则

(1)适价。大量使用与少量使用,长期使用与短期使用价格往往有差别,决定一个合适的价格要经过以下几个步骤:

①多渠道询价。

②比价。

③自行估价。

④议价。

(2)适时。采购计划的制订要非常准确,该进的物料不依时进来,会造成停工待料,增加管理费用,影响销售和信誉;太早采购囤积物料,又会造成资金的积压、场地的浪费、物料的变质,所以依据生产计划制订采购计划,按采购计划适时地进料,既能使生产、销售顺畅,又能节约成本,提高市场竞争力。

(3)适质。采购材料的成本是直接的,所以每个公司领导层非常重视,而品质成本是间接的,所以就被许多公司领导层忽略了,"价廉物美"才是最佳的选择,偏重任何一头都会造成最终产品成本的增加。

(4)适量。采购量多,价格就便宜,但不是采购越多越好,资金的周转率、储存成本都直接影响采购成本,应根据资金的周转率、储存成本、物料需求计划等综合计算出最经济的采购量。

(5)适地。供应商离自己公司越近,运输费用就越低,机动性就越高,协调沟通就越方便,成本自然就越低。

2)贯彻"五进、四不进、三坚持"的原则

"五进"即所购进配件要符合"优、廉、新、缺、特"。

"四不进"指凡属下列情况之一者,均不符合进货要求:一是进货成本加上费用、税金后,价格高于本地零售价的不进;二是倒流的配件不进;三是搭配配件、质次价高或滞销而大量积压的配件不进;四是本地批发企业同时向同地大批量购进的配件不进。

"三坚持"即坚持看样选购,坚持签订购销合同,坚持验收后支付货款的原则。

3)合理库存的原则

合理库存即只能限于确保供应和满足需要的程度上。任何过多的库存只能增加成本和市场风险,销售缺货又会给企业自身带来经济损失。

想一想

为什么要降低库存周转率？

4) 配件采购管理原则

(1) 勤进快销原则。勤进快销是指零售企业进货时坚持小批量、多品种、短周期的原则,这是由零售企业的性质和经济效益决定的。因为零售企业规模有一定限制,周转资金也有限,且商品储存条件较差。为了扩大经营品种,就要压缩每种商品的进货量,尽量增加品种数,以勤进促快销,以快销促勤进。

(2) 以销定进原则。以销定进的原则,是按照销售状况决定进货。通常计算订货量,主要有以下参数：

① 日平均销售量(DMS) = 昨日的 $DMS \times 0.9$ + 当日销售量 $\times 0.1$。

② 建议订货量 = 日平均销售 $\times$ (距下次订货量天数 + 下次交货天数 + 厂商交货前置期 + 商品安全天数 + 内部交货天数) – 已订货未交量 – 库存量。

③ 最小安全库存量 = 陈列量 + 日平均销售量 $\times$ 商品运送天数。

订货量是一个动态的数据,根据销售状态的变化(季节性变化,促销活动变化,供货厂商生产状况变化,客观环境变化)决定订货量的多少,才能使商品适销对路、供应及时、库存合理。

(3) 以进促销原则。以进促销是指零售企业采购商品时,广开进货门路,扩大进货渠道,购进新商品、新品种,以商品来促进、拉动顾客消费。以进促销原则要求零售企业必须事先做好市场需求调查工作,在此基础上决定进货品种和数量。

(4) 储存保销。储存保销是指零售企业要保持一定的商品库存量,以保证商品的及时供给,防止脱销而影响企业的正常经营,尤其是对一些季节性生产、常年性消费的商品,要及时采购,保证商品销售不脱销、断档。储存保销要求零售企业随时调查商品经营和库存比例,通过销售量来决定相应合理的库存量,充分发挥库存保销的作用。

(5) 积极合理地组织货源,保证商品适合用户的需要,坚持数量、质量、规格、型号、价格全面考虑的购进原则。

(6) 购进商品必须贯彻按质论价的政策,优质优价,不抬价、不压价,合理确定商品的采购价格;坚持按需进货、以销定进;坚持"钱出去、货进来,钱货两清"的原则。

(7) 购进的商品必须加强质量的监督和检查,防止假冒伪劣商品进入企业,流入市场。在商品收购工作中,不能只重数量而忽视质量,只强调工厂"三包"而忽视产品质量的检查,对不符合质量标准的商品应拒绝收购。

(8) 购进的商品必须有产品合格证及商标。实行生产认证制的产品,购进时必须附有生产许可证、产品技术标准和使用说明。

(9) 购进的商品必须有完整的内、外包装,外包装必须有厂名、厂址、产品名称、规格型号、数量、出厂日期等标志。

(10) 要求供货单位按合同规定按时发货,以防应季不到或过季到货,造成商品缺货或积压。

❻ 签订汽车配件采购合同

汽车配件买卖合同、运输合同、保险合同等是关于汽车配件的常见合同,其中最主要的是汽车配件买卖合同即采购合同。

采购合同是供需双方的法律依据,是约束双方的权利与义务的法律文书,必须按《中华人民共和国合同法》规定的要求签订。合同的内容要简明,文字要清晰,字意要确切;品种、型号、规格、单价、数量、交货时间、交货地点、交货方式、质量要求、验收条件、双方职责、权利都要明确规定。

1)签订合同应遵循的原则

合同是当事人双方真实意愿的体现,签订合同时,必须符合国家法律、法令、政策的规定,否则,即使合同双方自愿,在法律上也不能认为合法有效。合同双方的法律行为,不是单方的行为,任何一方不得享有特权,必须贯彻"平等互利、协商一致、等价有偿、诚实守信"的原则。

2)采购合同的关键条款

(1)标的。标的是合同中权利与义务关系所指的对象,在汽车配件采购合同中,主要指汽车配件的品种、品牌、规格、型号。

(2)质量。由于产品质量问题往往引起合同纠纷,所以此条款至关重要。

(3)数量。数量必须明确、具体。

(4)包装。包装的主要作用是保护产品在运输和储存中保持完好,并起到美化产品和防锈、防腐蚀的作用。

(5)价格。产品的价格是指双方议定的汽车配件单件(或单位)价格。

(6)履行的期限。合同必须有履行的期限,这对安排生产和销售都是十分重要的。

(7)履行的地点和交货方式。这实际上是产品由生产者(或一方)向消费者(或另一方)转移的过程中双方的权利义务,它的选择前提是迅速和廉价。

(8)费用负担的分摊。这是签订购销合同时容易忽视的一点。

(9)结算方式。

①已经付清而重复托收的货款。

②供方托收的货款,不是合同中所订购的货物。

③价格高于合同中规定的部分。

④质量高于合同中规定而又未经需方同意所提价的那部分货款。

⑤未经双方同意,发货量超过合同中规定的部分的货款。

⑥未经双方同意,提前交货部分的货款。

⑦托收金额计算错误而多计算部分的货款。

⑧经检查,货物与发货单不符部分的货款。

(10)违约责任。这是对不按合同履行义务的制裁条款。

(11)合同担保。合同担保是当事人双方为了确保合同的切实履行,经共同协商采取具有法律效力的保证措施。

①罚款违约金。

②定金。

③留置权。

④抵押。

(12)合同的变更与解除。合同依法成立,即具有法律约束力,任何一方不得擅自变更与解除。

遇到以下情况之一的,可解除合同:

①当事人双方经协商同意变更或解除合同,但并不因此损害国家利益,也不损害社会公共利益。

②由于不可抗力因素,致使合同的全部义务不能履行。

③由于另一方在合同约定期限内没有履行合同。

(13)未尽事宜。未尽事宜包括双方签约时没有写明,但在合同履行中产生了问题,为了弥补且不致引起纠纷特别列出的条款,一般采取协商解决。

采购合同举例:

甲方:　　　　　　　　　　　　　　协议编号:

乙方:

为方便甲乙双方长期业务往来,经双方协商,就乙方与甲方采购汽车零件的有关事宜,达成以下协议:

(1)购货。

①甲方保证向乙方提供纯牌零件(除乙方有书面说明或其他要求外)。

②乙方向甲方采购汽车零件,享有甲方提供的购货优惠,采用先挂账,后集中结算方式购货。

③以本协议方式到甲方采购汽车零件,限于乙方与本协议授权指定的采购人员,授权有效期等同合同有效期。若乙方对本协议指定的授权采购人员有变动或临时授权提货时,应及时以公函书面通知甲方,否则由此而引起的一切后果,由乙方自行负责(另附授权采购员名单、身份证复印件及签名)。

乙方在甲方门市部采购自提:甲方凭乙方授权采购人员在甲方的发票附单或发货清单上签名挂账发货。

乙方以传真方式采购:甲方凭乙方传真的有乙方授权采购人员签名的采购清单挂账发货。

乙方以电话、电子邮件或网上订单的方式采购,甲方收到乙方的订单后,通知乙方确认结果,并对每一结算期内的电子邮件及网上订单进行保存备查。

④甲方开出的发票附单或发货清单及乙方传真的采购清单,经乙方签名确认后,即成为乙方向甲方购货的依据(如乙方电话通知确认发货,则以甲方发货后的运单为乙方确认凭据),同时是甲方向乙方收取货款,乙方应向甲方结算的凭证。

(2)结算。

①甲乙双方集中结算(　　)次。

②甲乙双方的集中结算日为　日。甲方在当日发出对账清单,乙方应于收到甲方的对账清单次日算起的(　　)天(工作日)内,以现金、支票或电汇方式付清该期所采购汽车零件的全部货款。

③甲方规定乙方结算最高限额为( )万元,每一挂账期内,不论采购金额是否达到最高限额,均应结算。但对每一挂账期内达到此最高限额的则应结算货款后才予以发货。甲方有权根据乙方承付货款的信誉及经营需要,调整每期挂账结算的最高限额。

(3)提货(发运)及货物验收。

①乙方在甲方门市自提:由乙方提货人验收提货,如有差错,乙方自行负责。

②乙方委托甲方代办发运,运费和保险费由乙方承担。甲方负责按发票附单验明货物打好包装,按乙方要求代买保险和发运。在运输或装卸过程中如有损坏(包括破损、破漏、箱数不足),乙方可凭随货同行的提单和保险单向运输公司或保险公司查询索赔,甲方应做出相应协助。

③在未保全额的情况下,如出现货物遗失或损坏,货运公司赔偿额会不足货额,此类情况由乙方自行负责,乙方不得因此而拖欠或拒付货款。

④如乙方未在运输公司人员在场的情况下验货,而之后反映货物遗失或损坏,此类情况由乙方自行负责,乙方不得因此而拖欠或拒付货款。

(4)退货。

对于乙方在甲方所采购的汽车零件,有下列情形之一的,均不予以退货,乙方不得因此而拖欠或拒付货款。

①零件发货之日起,超过7天。

②零件属电器部分,或零件属修理包已打开包装,或零件已安装过。

③零件的外包装已损坏。

④经乙方确认的外采购零件。(具体条款详见附件《退货须知》)

(5)协议终止。

在以下情况下,可终止本协议,或本协议自动终止。

①若乙方未能按本协议在规定期限内结清货款,甲方有权停止供货。乙方如遇特殊情况未能按时结算时,应提前通知甲方,甲方同意后可议定临时延期结算。乙方长期不能按期结算,或经营状况不能符合甲方要求,甲方有权终止本协议。

②甲方不得贿赂乙方采购员,做出损害乙方利益的事,否则甲方赔偿乙方10倍损失,乙方有权终止本协议。

③本协议终止时,乙方必须无条件向甲方结清所有欠款及因为欠款超期而产生的利息。

(6)其他事项。

①本协议未尽事宜,甲乙双方协商解决。如协商未果,向当地仲裁机关申请仲裁解决。

②本协议一式两份,双方各执一份,具同等法律效力,自签字盖章之日起生效,有效期自 年 月 日至 年 月 日,到期双方协议续签。

甲方: 乙方:
代表: 代表:
日期: 年 月 日 日期: 年 月 日

3)采购合同签订的注意事项

(1)尽可能了解对方,确认合同签订代表相关信息是否合法。对方是否具有签订经济合同的主体资格,社会组织必须具有法人资格,个体工商户必须经过核准登记,领有营业执照。

合同主体是否具有权利能力和行为能力,是否具备履行合同的条件。法定代表人是否具有合法的身份证明,代理人签订合同其是否有委托证明。代签单位是否具有委托单位的委托证明等。

(2)签订合同必须遵守国家法律、法规的要求。

(3)合同的主要条款必须齐备。经济合同必须具备明确、具体、齐备的条款,文字表达必须简练、清楚、准确,切不可用含混不清、模棱两可和一语双关的词汇。

(4)明确双方违约责任。合同的违约责任,是合同法律约束力的具体表现,是对双方履行合同的约束。其规定不明确或没有,合同就失去了约束力,将导致发生合同纠纷时,缺少解决纠纷的依据。

(5)合同的变更与解除。经济合同依法签订后,即具有法律约束力,任何一方不得擅自变更或解除。但在特定条件下,可通过协商在双方均同意情况下变更或解除合同。

4)处理经济合同的争议与纠纷

解决和处理经济合同中的纠纷是很重要的。一般处理纠纷的方法有协商、调解、仲裁或诉讼。

(1)协商。

合同纠纷的协商是指当事人在履行合同中,对所产生的合同纠纷,互相主动接触、商量,取得一致意见,从而解决合同纠纷的一种方法。

(2)调解。

合同纠纷的调解是指在第三者参与的条件下,由第三者查明真相,分清责任,通过说服,促使双方互相谅解,从而依法解决合同纠纷的一种方法。

(3)仲裁。

合同纠纷的仲裁是指合同当事人之间发生争议,经双方协商不成,而调解又达不成协议时,根据合同当事人一方申请,由合同仲裁机关依法作出裁决。

(4)诉讼。

当协商不成、调解无效,或对仲裁不服时,可向人民法院起诉,通过审理判决解决。

❼ 汽车配件采购的环节控制

采购是企业商务活动的起点,是企业获取经营利润的一个重大因素,采购管理在企业管理中的重要作用也逐步突出显露出来。采购成本是企业成本管理中的主体和核心部分,采购是企业管理中"最有价值"的部分,它具有一定的价值地位。从供应的角度来说,采购是整体供应链管理中"上游控制"的主导力量。配件采购是汽车配件销售的第一个阶段,采购的配件价格高低、质量好坏以及是否适销对路,直接关系企业的生存与发展。搞好采购工作和做好采购管理极为重要,它是企业物料供应的保证,是企业在激烈的市场竞争中发展的基本条件。因此汽车经营环节中,配件采购的管理能力是一门基本的技能。

1)进货点的选择

目前汽车配件经营企业选择进货时大多采用进货点法。确定进货点一般要考虑三个因素:

(1)进货期时间。进货期时间是指从配件采购到做好销售准备时的间隔时间。

(2)平均销售量。平均销售量是指每天平均销售数量。

(3)安全存量。安全存量是为了防止产、销情况变化而增加的额外储存天数。

按照以上因素,可以根据不同情况确定不同的进货计算方法。

在销售和进货期时间固定不变的情况下,进货点的计算公式如下:

$$进货点 = 日平均销售量 \times 进货期时间$$

在销售和进货时间有变化的情况下,进货点的计算公式如下:

$$进货点 = (日平均销售量 \times 进货期时间) + 安全存量$$

进货点可以根据库存量来控制,当库存汽车配件下降到进货点时就组织进货。

2)进货量的控制

(1)用定性分析法确定进货量。

①摸清市场情况,找出销售规律,确定进货重点。

②遵循供求规律,合理确定进货数量。

③按照配件的产销特点,确定进货数量。

④按照供货单位的远近,确定进货数量。

⑤按进货周期确定进货时间。

(2)用定量分析法确定进货量。采购汽车配件既要支付采购费用,又要支付保管费用。每次采购量越少,采购的次数越多,采购费用支出也就越多。反之每次采购量越少,保管费用就越少。由此可以看出,采购批量与采购费用成反比,与保管费用成正比。在实际运用中,经济批量法又可细分为列表法、图示法和公式法三种。

❽ 汽车配件的验收步骤

1)清点箱数

(1)接收送货单(或货运单):货运公司送货到门口时,首先接收送货单(或货运单,一式两联),做收货准备。

(2)确认送货单(或货运单)内容:确认送货单(或货运单)上收货单位为本公司名称,确认本次收货的日期和收货箱数,准备收货。

(3)清点数量:按一个包装标签为一个箱头(件数)进行清点。

清点时确认零件包装标签上的公司名称是本公司的名称,确认包装标签下的发货日期与送货单(或货运单)相符,清点后确认收到的件数(符合上述要求的箱头)与送货单(或货运单)上的一致。

2)检查包装

对收到的零件逐一检查外包装的完好性,收到的零件外包装不良时,应打开不良的包装对所装零件进行检查。内装零件破损时,在货运单上必须注明,拍照后向供货商申请索赔。

3)签收

必须按以上流程验收后,才能签署送货单(或货运单),签署样本如图2-14所示。

(1)货物无异常时,签收字样为"实收××件,签收人×××,收货日期×年×月×日"。

(2)货物数量不符时,签收字样为"实收××件,欠××件,签收人×××,收货日期×年×月×日"。

送货单(或货运单)签署后一联DLR留存做申请索赔备用,一联交物流公司带回。

送 货 单

货号	名称及规格	单位	数量	单位	金　　额									备注
					十万	万	千	百	十	元	角	分		
	实收捌件，欠贰件													
合计	佰 拾 万 仟 佰 拾 元 角 分									¥				

收货单位：　　　　　　　　　　　　　　　　　年　月　日
地　址：　　　　　　电话：

收货单位及经手人（盖章）　　　送货单位及经手人（盖章）

图2-14　签署送货单

4）明细验收

（1）取出发票清单。在包装箱上找到标有"内附清单"字样的箱头，打开发票清单，准备验货。

（2）准备验收工具。准备手推车，将到货清单平整夹好，准备开箱验货。

（3）确认发票清单为本公司清单。确认全部待验收的发票清单客户名称为本公司的名称。

（4）根据发票清单逐一验收零件。根据发票清单验收零件，逐一核对零件编码、数量，确认零件是否属于开箱检查的范围。

（5）以下零件必须开箱检查：

①零件包装不良。

②易损件。

③高价值零件，零件单价在1000元以上的零件。

在验收过程中，经常会出现一些不良验收的情况。

5）填验收表

经过以上步骤以后，验收人员可以填写配件验收表，见表2-10。

配件验收表　　　　　　　　　　　　　　　　　表2-10

月　　　日　　　　　　　编号

采购单号		零件名称		料号													
供应商				数量													
检验项目	标准	抽样结果记录															
		1	2	3	4	5	6	7	8	9	10	11	12	13	14	15	16
结果	及格 不及格	审核								检验者							

9 汽车配件的检验内容

1）外包装

一般原装进口配件的外包装,木箱多为7层胶合板或选材较好、做工精细、封装牢固的木板箱。纸箱则质地细密、坚挺,不易弯折、变形,封签完好。外表面印有用英文注明的产品名称、零件编号、数量、产品商标、生产国别、公司名称。有的则在外包装箱上贴有反映上述数据的产品标签。

2）小包装

国外产品的小包装盒(指每个配件的单个小包装盒),一般都用印有表示该公司商标图案的专用包装盒。例如,日本五十铃汽车配件公司的原厂件,均用白底红色"纯正部品"字样和白色的有"ISUZU"字样及五十铃标志图案的小包装盒包装配件;日本日野汽车配件公司的原厂件,则用棕红底白色"Hino"字样的包装盒;日产柴油机机器公司(日产)的原厂件上,用蓝底、红色圆内有白色"UD"两字母或橘黄底、红色圆内有橘黄色"UD"两字母的专用包装盒。

3）产品标签

日本的日野、五十铃、三菱、日产等汽车配件公司的原厂件的标签,一般为印有本公司商标、中英文纯正部品字样及中英文生产公司名称、英文或日文配件名称及配件编号,并印有英文"MADE IN JAPAN"及数量的长方形或正方形标签。

4）包装封签

早期的进口配件小包装盒的封口封签,一般用透明胶带封口。目前大多用印有本公司商标或检验合格字样的专用封签封口。例如:五十铃汽车公司原厂件的小包装封签;大同金属株式会社的曲轴轴承的小包装盒的封签;日产公司的原厂件的小包装盒的封签;德国ZF公司的齿轮、同步器等配件的小包装盒的封签。也有一些公司的配件小包装盒直接用配件标签作为小包装盒的封签,一举两得。

5）内包装纸

日本的日野、五十铃、三菱、日产等汽车公司的原厂件及配套厂生产的配件的内包装纸,均印有本公司标志,并且一面带有防潮塑料薄膜。例如:日野汽车公司原厂件的背面带有防潮塑料薄膜的内包装纸;五十铃汽车公司原厂件的背面带有防潮塑料薄膜的内包装纸;三菱汽车公司原厂件的正面带防潮塑料薄膜的内包装纸;日本活塞环株式会社(NPR)生产的缸套活塞组件的背面带防潮塑料薄膜的内包装纸;德国奔驰汽车公司生产的金属配件一般用带防锈油的网状包装布进行包裹。

6）配件外观质量和产品上的永久性标记

从德国、日本进口的原厂件及配套厂的配件和大的专业厂生产的配件,外观做工精细、铸铁或铸铝零件表面光滑、致密、无飞边,油漆均匀光亮。而假冒产品则铸件粗糙,不光滑,不平整,有飞边,喷漆不均匀,无光泽。真假两种配件在一起对比,差别比较明显。

10 汽车配件的质量鉴别

1）汽车配件鉴别方法——五看

(1) 看商标。

要认真查看商标,上面的厂名、厂址、等级和防伪标记是否真实。因为对有短期行为的仿冒制假者来说,防伪标志的制作不是一件容易的事,需要一笔不小的支出。

在商品制作上,正规的厂商在零配件表面有硬印和化学印记,注明了零件的编号、型号、出厂日期,一般采用自动打印,字母排列整齐,字迹清楚,小厂和小作坊一般是做不到的。

(2)看包装。

汽车零配件互换性很强,精度很高,为了能较长时间存放、不变质、不锈蚀,需在产品出厂前用低度酸性油脂涂抹。

正规的生产厂家,对包装盒的要求也十分严格,要求无酸性物质,不产生化学反应,有的采用硬型透明塑料抽真空包装。考究的包装能提高产品的附加值和身价,箱、盒大都采用防伪标记,常用的有激光、条码、暗印等。在采购配件时,这些很重要。

(3)看文件资料。

首先要查看汽车配件的产品说明书,产品说明书是生产厂进一步向用户宣传产品,为用户做某些提示,帮助用户正确使用产品的资料。通过产品说明书可增强用户对产品的信任感。一般来说,每个配件都应配一份产品说明书。如果交易量相当大,还必须查询技术鉴定资料。

进口配件还要查询海关进口报关资料。国家规定,进口商品应配有中文说明,一些假冒进口配件一般没有中文说明,且包装上的外文,有的文法不通,写错单词,一看便能分辨真伪。

(4)看表面处理。

鉴别金属机械配件,可以查看表面处理。国际和国内的名牌大厂在利用先进工艺上投入的资金是很大的,特别对后道工艺更为重视,投入资金少则几百万元,多则上千万元。

生产假冒伪劣产品的小工厂和手工作坊有一个共同特点,就是采取低投入、掠夺式的短期经营行为,没有资金能力投入在产品的后道工艺上。

所谓表面处理,即电镀工艺、油漆工艺、电焊工艺、高频热处理工艺。

①电镀工艺。汽车配件的表面处理,镀锌工艺占的比例较大。一般铸铁件、锻铸件、铸钢件、冷热板材冲压件等大都采用表面镀锌。质量不过关的镀锌,表面一致性很差;镀锌工艺过关的,表面一致性好,而且批量之间一致性也没有变化,有持续稳定性。明眼人一看,就能分辨真伪优劣。

电镀的其他方面,如镀黑、镀黄等,大工厂在镀前处理的除锈酸洗工艺比较严格,清酸比较彻底,这些工艺要看其是否有泛底现象。镀钼、镀铬、镀镍可看其镀层、镀量和镀面是否均匀,以此来分辨真伪优劣。

②油漆工艺。现在一般都采用电浸漆、静电喷漆,有的还采用真空手段和高等级静电漆房喷漆。

采用先进工艺生产的零部件表面,与采用陈旧落后工艺生产出的零部件表面有很大差异。

目测时可以看出:前者表面细腻、有光泽、色质鲜明;后者则色泽暗淡、无光亮,表面有气泡和"拖鼻涕"现象,用手抚摸有砂粒感觉。相比之下,真假非常分明。

③电焊工艺。在汽车配件中,减振器、轮辋、前后桥、大梁、车身等均有电焊焊接工序。

汽车厂的专业化程度很高的配套厂,它们的电焊工艺技术大都采用自动化焊接,能定量、定温、定速,有的还使用低温焊接法等先进工艺。

产品焊缝整齐、厚度均匀,表面无波纹形、直线性好,即使是点焊,焊点、焊距也很规则,这一点即使再好的手工操作也无法做到。

④高频热处理工艺。汽车配件产品经过精加工以后才进行高频淬火处理,因此淬火后各种颜色都原封不动地留在产品上。如汽车万向节内、外球笼经淬火后,就有明显的黑色、青色、黄色和白色,其中白色面是受摩擦面,也是硬度最高的面。目测时,凡是全黑色和无色的,肯定不是高频淬火。

工厂要配备一套高频淬火成套设备,其中包括硬度、金相分析测试仪器和仪表的配套,它的难度高,投入资金多,还要具备供电、输电、变电设备条件,供电电源在3万V以上。小工厂、手工作坊是不具备这些设备条件的。

(5)看非使用面的表面伤痕。

非使用面的表面伤痕是在中间工艺环节由于产品相互碰撞留下的。凡在产品不接触面留下伤痕的产品,肯定是小厂、小作坊生产的劣质品。

优质的产品是靠先进科学的管理和先进的工艺技术制造出来的。生产一个零件要经过几十道甚至上百道工序,而每道工序都要配备工艺装备,其中包括工序运输设备和工序安放的工位器具。高质量的产品由很高的工艺装备系数作保障,所以高水平工厂的产品是不可能在中间工艺过程中互相碰撞的。

2)汽车配件鉴别方法——四法

(1)检视法。

检视法主要看配件表面硬度是否达标、结合部位是否平整、几何尺寸有无变形、总成部件有无缺件、转动部件是否灵活、装配记号是否清晰、结合零件有无松动和配合表面有无磨损。

①表面硬度是否达标。配件表面硬度都有规定的要求,在征得厂家同意后,可用钢锯条的断茬去试划(注意试划时不要划伤工作面)。

划时打滑无划痕的,说明硬度高;划后稍有浅痕的说明硬度较高;划后有明显划痕的说明硬度低。

②结合部位是否平整。零配件在搬运、存放过程中,由于振动、磕碰,常会在结合部位产生毛刺、压痕、破损,影响零件使用,选购和检验时要特别注意。

③几何尺寸有无变形。有些零件因制造、运输、存放不当,易产生变形。

检查时,可将轴类零件沿玻璃板滚动一圈,看零件与玻璃板贴合处有无漏光来判断是否弯曲。

选购离合器从动盘钢片或摩擦片时,可将钢片、摩擦片举在眼前,观察其是否翘曲。

选购油封时,带骨架的油封端面应呈正圆形,能与平板玻璃贴合无挠曲。

无骨架油封外缘应端正,用手握使其变形,松手后应能恢复原状。

选购各类衬垫时,也应注意检查其几何尺寸及形状。

④总成部件有无缺件。正规的总成部件必须齐全完好,才能保证顺利装配和正常运行。一些总成件上的个别小零件若漏装,将使总成部件无法工作,甚至报废。

⑤转动部件是否灵活。在检验机油泵等转动部件时,用手转动泵轴,应感到灵活无卡滞。

检验滚动轴承时,一手支撑轴承内环,另一手打转外环,外环应能快速自如转动,然后逐渐停转。若转动零件发卡、转动不灵,说明内部锈蚀或产生变形。

⑥装配记号是否清晰。为保证配合件的装配关系符合技术要求,有一些零件,如正时齿轮表面均刻有装配记号。若无记号或记号模糊无法辨认,将给装配带来很大的困难,甚至装错。

⑦结合零件有无松动。由两个或两个以上的零件组合成的配件,零件之间是通过压装、胶接或焊接的,它们之间不允许有松动现象。

如油泵柱塞与调节臂是通过压装组合的;离合器从动毂与钢片是铆接结合的;摩擦片与钢片是铆接或胶接的;纸质滤清器滤芯骨架与滤纸是胶接而成的;电气设备是焊接而成的。检验时,若发现松动应予以调换。

⑧配合表面有无磨损。配合零件表面有磨损痕迹,或涂漆配件拨开表面油漆后发现旧漆,则多为旧件翻新。

当表面磨损、烧蚀,橡胶材料变质时,在目测看不清楚的情况下,可借助放大镜观察。

(2)敲击法。

判定部分壳体和盘形零件是否有裂纹、用铆钉连接的零件有无松动以及轴承合金与钢片的结合是否良好时,可用小锤轻轻敲击并听其声音。

如果发出清脆的金属声音,说明零件状况良好;如果发出的声音沙哑,可以判定零件有裂纹、松动或结合不良。

浸油锤击是一种探测零件隐蔽裂纹最简便的方法。检查时,先将零件浸入煤油或柴油中片刻,取出后将表面擦干,撒上一层白粉(滑石粉或石灰),然后用小锤轻轻敲击零件的非工作面,如果零件有裂纹,通过振动会使浸入裂纹的油渍溅出,裂纹处的白粉呈现黄色油迹,从而看出裂纹所在。

(3)比较法。

用标准零件与被检零件作比较,可从中鉴别被检零件的技术状况。

例如气门弹簧、离合器弹簧、制动主缸弹簧和制动轮缸弹簧等,可以用被检弹簧与同型号的标准弹簧(最好用原厂件)比较长短,即可判断被检弹簧是否符合要求。

(4)测量法。

①检查结合平面的翘曲。采取平板或钢直尺作基准,将其放置在工作面上,然后用塞尺测量被测件与基准面之间的间隙。检查时应按照纵向、横向、斜向等各方向测量,以确定变形量。图2-15所示为检查缸盖平面度。

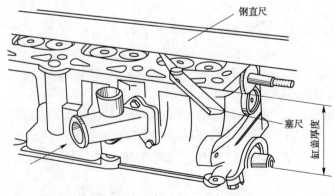

图2-15 检查缸盖平面度

②检查轴类零件。

a. 检查弯曲。将轴两端用 V 形架水平支撑,用百分表触针抵在中间轴颈上,转动轴一周,表针摆差的最大值反映了轴弯曲程度(摆差的 1/2 即为实际弯曲度)。图 2-16 所示为测量凸轮轴的弯曲度。

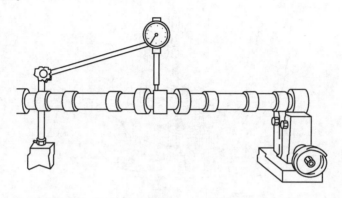

图 2-16　测量凸轮轴的弯曲度

b. 测量曲轴轴颈尺寸的误差。如图 2-17 所示,一般用外径千分尺测量,除测量外径,还需测量其圆度和圆柱度。测量时,先在轴颈油孔两侧测量,然后转 90°再测量。轴颈同一横断面上差数最大值的 1/2 为圆度误差。轴颈不同纵断面上差数最大值的 1/2 为圆柱度误差。

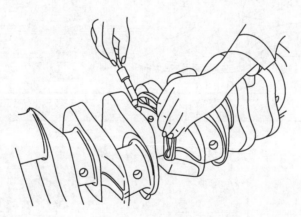

图 2-17　测量曲轴轴颈尺寸

③检验滚动轴承。

a. 检验轴向间隙。如图 2-18 所示,将轴承外圈放置在两垫块上,并使内圈悬空,再在内圈上放一块小平板,将百分表触针抵在平板的中央,然后上下推动内圈,百分表指示的最大值与最小值之差,即它的轴向间隙。轴向间隙的最大允许值为 0.20 ~ 0.25mm。

b. 检验径向间隙。如图 2-19 所示,将轴承放在一个平面上,使百分表的顶针抵住轴承外圈,然后一手压紧轴承内圈,另一手往复推动轴承外圈,表针所摆动的数字即为轴承径向间隙。径向间隙的最大允许值为 0.10 ~ 0.15mm。

④检验螺旋弹簧。汽车上应用的压缩弹簧如气门弹簧、离合器弹簧、制动主缸弹簧和制

动轮缸弹簧；拉伸弹簧如制动蹄片复位弹簧等。弹簧的自由长度可用钢直尺或游标卡尺测量；弹力的大小可用弹簧试验器检测。弹簧歪斜可用直角尺检查，如图 2-20 所示，歪斜不得超过 2°。

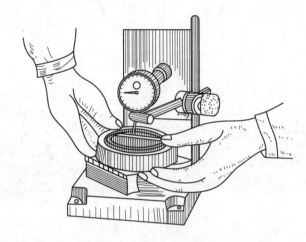

图 2-18　测量轴承轴向间隙

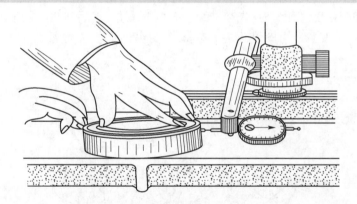

图 2-19　测量轴承径向间隙

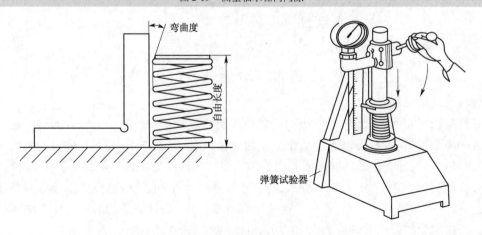

图 2-20　检查弹簧状态

11 进口汽车配件的订购

1) 掌握各类车型的技术情况

采购员必须认真掌握进口汽车各类不同车型的技术情况。国外汽车多是按系列化生产的,每个系列有多种车型,每种车型又有它特定的底盘号和发动机号,每个车型系列都有固定的发动机型号,而且大部分车型(尤其是轻型车及轿车)为适应世界各地的地理、气候条件以及顾客的需要,对散热系统、变速器及制动方式等采取不同的装置,这些装置形式一般在汽车进口成交合约的附件——技术说明书中有详细记载。

2) 建立进口车辆的技术档案

只有建立了进口车辆的技术档案才能掌握各类车型的变化动态。由于我国进口汽车的品牌车型繁多,其中有的虽为同一车型,但生产年份不同,很多部件设计已经变更,新老车型不能互换,故必须分厂、分车型、分年型将各自的技术情况以档案形式分别记载。技术档案主要包括具体的车型和该车型的底盘号、发动机号。它们代表着该车型的具体生产年月,因此极为重要。

3) 正确使用原厂配件编号

有了各种车型的技术档案,便可为编制进口配件计划提供依据。在正式订购单上,应正确填写原厂的零部件编号,这些编号来自原零件目录,每个零件编号代表着所需要的零件。按照车辆技术档案记载的情况,在有关车型的零件目录中都可查到相应的零件编号。甚至原厂零件编号比零件名称更为重要,稍有疏忽写错了零件编号,将导致订货错误。

12 进口汽车配件的鉴别

由于进口汽车的车牌、车型复杂,而某一具体车型的实际保有量又不多,所以,除正常渠道进口的配件外,各种赝品、水货也大量涌现,鱼目混珠,转卖伪劣汽车配件以牟取暴利的现象屡见不鲜。汽车维修和配件销售企业采购人员只有了解并熟悉国外汽车配件市场中的配套件、纯正件、专厂件的商标、包装、标记及相应的检测方法和数据,才能做到有的放矢,保护好自身和客户的正当权益。配件到货后,一般应遵循"由外到里,由大包装到小包装,由外包装到内包装,由包装到产品标签,由标签到封签,由零件编号到实物,由产品外观质量到内在质量"的原则,逐步进行详细检查验收,具体检查方法如下。

1) 根据包装进行识别

根据包装进行识别,是检验进口配件真伪的重要程序。

一般原装进口配件的外部包装多为7层胶合板或选材较好、做工精细、封装牢固的木板箱,纸箱质地细密、坚挺、不易弯曲变形、封签完好;外表印有用英文注明的产品名称、零件编号、数量、产品商标、生产国别、公司名称,有的则在外包装箱上贴有反映上述数据的产品标签。

国外产品的内部包装(指每个配件的单个小包装盒),一般都用印有该公司商标图案的专用包装盒。

2) 从产品质量鉴别

从产品质量鉴别,从产品质量辨别汽车配件,是识别纯正部件真伪的最关键的环节。

(1) 从外观上进行检查。看其产品外表的加工是否精细、颜色是否正常。如果有纯正部件的样品,可进行对照检查,一般仿制品表面都比较粗糙,产品颜色也不正。

(2)检查产品上的标识。纯正进口零件上都打印有品牌标记、零件编号和特定代码等。有些产品上还铭刻有制造厂及生产国。如日本三菱柴油发动机的活塞,在其顶部刻有零件编号、分组号标记A、B、C和UP↑方向标记;活塞裙部内侧铸有机型和三菱标识,并有配套厂的IZUMI标识,铸字清楚,容易辨认。仿制品不是漏铸就是字迹模糊不清,很难达到正品的效果。如:检查活塞的标识,活塞上均有品名、零件编号、生产厂等标记。以日本三菱柴油发动机为例,活塞裙部内侧铸有机型8DC8、8DC9、6D22等,在机型上面铸有"三菱"标记;在活塞裙部的另一侧铸有活塞生产厂标识IZUMI,所铸标识为凸出状,工整精确,容易辨认。活塞顶端刻有零件编号,如三菱ME××××××,根据外径的尺寸不同,刻有分组号(A、B或C),标准活塞刻有STD字样,加大活塞刻有0.25、0.50、0.75或1.00数字;活塞顶部还刻有安装方向的标记UP↑,活塞顶部所有的刻印标记都很清晰、规则。

(3)检查表面粗糙度。纯正活塞的加工工艺精细,无任何疵点,而仿制活塞却加工粗糙。从活塞裙部表面和活塞孔部分比较容易区分出活塞加工工艺的好坏。

(4)尺寸测量。对于尺寸要求比较严格的零件,测量其尺寸是否符合要求,也是一种较简单的检查方法。例如活塞的顶部为正圆形,直径最小,从第一道压缩环槽以下开始呈椭圆形,椭圆形逐渐加大至油环槽处为最大,从油环槽向下又逐渐减小,至裙部下方处则略呈椭圆形,活塞裙部的中间部位的直径为最大。如不符合上述标准,则不是纯正品。虽然每种型号的活塞都不一样,但其规律是相同的。

(5)称质量。对于质量有要求的零件,称量其质量是否符合要求,也是一种较简单的检查方法。例如,对同机型的一组活塞,纯正的活塞其质量应该基本一致,并且满足质量差要求。有些活塞顶部刻有质量参数,检查时如与同组的几只活塞不符,则不是正品。

(6)分析购货渠道。根据购货渠道进行分析,目前购货渠道较多,一般包括两个方面:一是直接从国外进口,二是从经销商处购买。直接从国外整机厂和零部件配套厂进口的配件,质量都有保障。如果是从经销商处购买或从香港、澳门特别行政区转口进来的配件,就要根据上述方法加以鉴别。此外,所有直接从国外进口的机械配件,均有订购合同、提单、运单、装箱单及发票。如果从进口公司采购配件,可让其出示上述手续,否则,可判断为非进口正品。

3)看配件编号

配件编号是签订合同和配件验收的重要内容,各大专业生产厂都有本厂生产的配件与汽车厂配件编号的对应关系资料。配件编号一般都刻印或铸造在配件上(如德国奔驰原厂件),有的标明在产品的标牌上,而假冒配件一般无刻印或铸造的配件编号。在配件验收时,应根据合同要求的配件编号或对应资料进行认真核对。

二 任务活动——汽车配件验收

1 活动描述

实地调查周边汽车客户,了解维护修理时使用的汽车配件质量问题,或查找资料,搜集历年"3·15晚会"有关汽车配件打假事件。

❷ 场景设置

(1) 货架2个。
(2) 发动机、底盘、车身(电器)及新能源汽车专用件配件各5个。
(3) 配件标签、工作单据若干。
(4) 工作电脑、配件查询软件、配件推车、码货车、手套、工作台等。

❸ 活动实施

以小组形式展开,分工明确,并采用角色扮演法在课堂上展示。同时,注意观察其他组展示情况,并对所见所闻进行记录。

❹ 活动评价

(1) 通过本任务活动的学习,你认为自己是否已经掌握了相关知识和基本操作技能。
(2) 评价活动过程完成情况。
(3) 在活动过程中,你和同学之间的协调能力是否得到了提升。
(4) 通过本活动的学习,你认为自己在哪些方面还需要深化学习并提升岗位能力。

任务四 汽车配件财务结算

一 理论知识准备

❶ 汽车配件销售的财务术语

销售的最终成果是通过财务来体现的,企业往往通过投资回报率、每股收益率等指标来评估销售成果。作为销售管理人员,在工作过程中,不可避免会遇到支付、结算等与财务有关的知识。因此,具有一定的财务知识能够有助于销售管理人员开展销售工作。

与销售相关的财务术语主要有成本、销售成本、销售费用、市场占有率、盈亏平衡点、毛利率、销售成本率等。

1) 成本

成本包括变动成本和固定成本两部分。

变动成本是指那些成本的总发生额在相关范围内随着业务量的变动而呈线性变动的成本,如原材料、包装、销售人员的佣金就是变动成本。

固定成本是指在一定的范围内不随产品产量或商品流转量变动的那部分成本,除佣金外的所有营销成本都被视为固定成本。

单位产品的成本由上述两种成本共同决定,分清哪些成本是变动成本、哪些成本是固定成本很重要。

2) 销售成本

销售成本指已销售产品的生产成本或已提供劳务的劳务成本以及其他销售的业务成本,包括主营业务成本和其他业务支出两部分。

主营业务成本是企业销售产品、半成品以及提供工业性劳务等业务所形成的成本。
其他业务支出是企业销售材料、出租包装物、出租固定资产等业务所形成的成本。

3) 销售费用

销售费用指企业在销售产品、自制半成品和提供劳务等过程中发生的费用,包括由企业负担的包装费、运输费、广告费、装卸费、保险费、委托代销手续费、展览费、租赁费(不含融资租赁费)和销售服务费、销售部门人员工资、职工福利费、差旅费、办公费、折旧费、修理费、物料消耗、低值易耗品摊销以及其他经费等。差旅费、低值易耗品摊销是包括在管理费用里面的。

4) 市场占有率

市场占有率指一个公司的产品销售量占该类产品整个市场销售总量的比例。市场占有率的公式为:市场占有率=公司销售总量/市场总量。假设某一配件的市场总量为32万件,盈亏平衡销售水平为5万件,那么,盈亏平衡所要达到的市场占有率=50000/320000=15.6%。

5) 盈亏平衡点

在确定为补偿所有相关固定成本而必须销售的数量或金额时,这样的销售水平被称为盈亏平衡点。以数量表示的盈亏平衡点=总固定成本/单位贡献毛利;以金额表示的盈亏平衡点=总固定成本/[1-(单位变动成本/单位销售价格)]。

6) 毛利率

企业成本价与售价之间的差额称为毛利或加价,即:销售价格=成本+毛利。在营销中,通常将毛利率表示为售价的百分比,即:毛利率=(销售收入-销售成本)/销售收入×100%。

7) 销售成本率

与毛利率相对应,销售成本率是用以反映企业每元销售收入所需的成本支出。销售成本率=销售成本/销售收入净额×100%。

8) 销售利润率

销售利润率是指一定时期的销售利润总额与销售收入总额的比率。

9) 资金利润率

资金利润率是指一定时期的销售利润总额与资金平均占用额的比率。

10) 销售净收入

销售净收入是指扣除销售折让、销售折扣和销售退回之后的销售净额。

11) 成本利润率

成本利润率是指一定时期的销售利润总额与销售成本总额之比。

❷ 配件财务支付、结算的方式

财务结算按货币支付方式的不同,分为现金结算和转账结算。

现金结算是购销双方直接使用现金进行财务结算;转账结算则是购销双方使用银行规定的票据和结算凭证,通过银行划账的方式进行财务结算。除小额配件销售采用现金结算以外,配件经营企业大多采用转账结算的方式。

转账结算的方式包括票据结算、信用卡结算及其他结算方式。其中,票据结算方式又包括银行汇票、银行本票、支票、商业汇票,其他结算方式包括汇兑、委托收款、托收承付。

1）汇票

汇票是出票人签发的，委托付款人在见票时或者在指定日期无条件支付确定的金额给收款人或者持票人的票据。汇票分为银行汇票和商业汇票。

（1）银行汇票。

银行汇票是出票银行签发的，由其在见票时按照实际结算金额无条件支付给收款人或者持票人的票据。银行汇票的出票银行为银行汇票的付款人。单位和个人各种款项结算，均可使用银行汇票。银行汇票可以用于转账，注明"现金"字样的银行汇票也可以用于支取现金。

银行汇票的特点：

①无起点金额。

②无地域限制。

③企业和个人均可申请。

④收、付款人均为个人时，可申请现金银行汇票。

⑤一般有效期自出票日起1个月。

⑥现金银行汇票可以挂失。

⑦见票即付，在票据有效期内可以办理退票。

（2）商业汇票。

商业汇票是出票人签发的，委托付款人在指定日期无条件支付确定的金额给收款人或者持票人的票据。

商业汇票分为商业承兑汇票和银行承兑汇票。由于我国各商业银行的具体规定不同，银行承兑汇票分为手写体和打印体两种，分别如图2-21a）、图2-21b）所示。

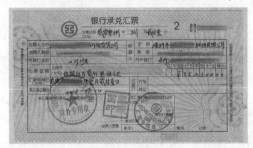　　　

a）银行承兑汇票手写　　　　　　　　b）银行承兑汇票打印

图2-21　商业汇票

商业汇票的付款期限，最长不得超过6个月。商业汇票的提示付款期限为自汇票到期日起10日。

商业承兑汇票由银行以外的付款人承兑。银行承兑汇票由银行承兑。商业汇票的付款人为承兑人。

在银行开立存款账户的法人以及其他组织之间，必须具有真实的交易关系或债权债务关系，才能使用商业汇票。个人不能用商业汇票。

2）银行本票

如图2-22所示，银行本票是银行签发的，承诺自己在见票时无条件支付确定的金额给收款人或者持票人的票据。单位和个人在同一票据交换区域需要支付各种款项,均可以使用银行本票。

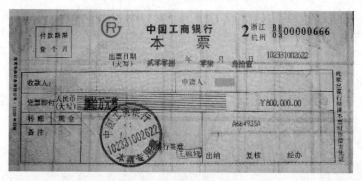

图 2-22 银行本票

银行本票可以用于转账,注明"现金"字样的银行本票可以用于支取现金。银行本票按照其金额是否固定可分为不定额和定额两种。不定额银行本票是指凭证上金额栏是空白的,签发时根据实际需要填写金额(起点金额为 5000 元),并用压数机压印金额的银行本票;定额银行本票是指凭证上预先印有固定面额的银行本票,一般其面额为 1000 元、5000 元、10000 元和 50000 元,其提示付款期限自出票日起最长不得超过 2 个月。

银行本票结算特点:

(1)使用方便。

(2)信誉度高,支付能力强。

(3)不定额银行本票无起点金额限制,银行本票见票即付。

3)支票

支票是出票人签发的,委托办理支票存款业务的银行或者其他金融机构在见票时无条件支付确定的金额给收款人或者持票人的票据。

支票上印有"现金"字样的为现金支票,现金支票(图 2-23)只能用于支取现金。支票上印有"转账"字样的为转账支票,转账支票(图 2-24)只能用于转账。支票上未印有"现金"或"转账"字样的为普通支票,普通支票可以用于支取现金,也可以用于转账。在普通支票左上角画两条平行线的,为画线支票,画线支票只能用于转账,不得支取现金。

图 2-23 现金支票

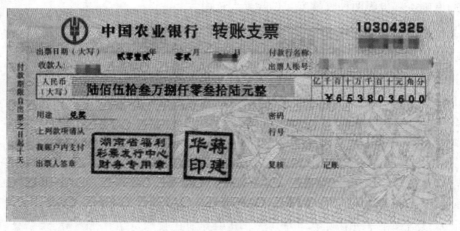

图 2-24 转账支票

汇票、本票和支票的三种票据结算方式的比较与区别见表 2-11。

汇票、本票和支票的三种票据结算方式的比较与区别　　　　表 2-11

名　称	汇款人	出票人	付款人	收款人	使用范围
银行汇票	单位或个人（缴纳保证金）	银行	银行		异地转账、结算或支取现金
商业汇票（银行承兑）		企事业单位	银行	销货方	同城或异地（可贴现、背书转让）
商业汇票（商业承兑）		企事业单位	企事业单位	销货方	同城或异地（可贴现、背书转让）
银行本票		银行	银行		同一票据交换区内转账和支取现金（可背书转让）
支票		单位或个人	银行		同一票据交换区内转账和支取现金

4）汇兑

汇兑是汇款人委托银行将款项支付给收款人的一种结算方式，单位和个人进行各种款项结算均可使用这种结算方式。汇兑业务主要具有以下两个特点：

(1) 汇兑分电汇、信汇两种，由汇款人选择使用。

(2) 汇兑不受金额起点限制。

5）委托收款

委托收款是收款人委托银行向付款人收取款项的一种结算方式，单位和个人凭承兑商业汇票、债券、存单等付款人债务证明办理款项结算均可使用委托收款的结算方式。委托收款业务主要具有以下三个特点：

(1) 无起点金额限制。

(2) 同城、异地均可办理。

(3)有邮寄和电汇两种收款方式供收款人选用。

❸ 配件转账结算类型

按交易双方所处的地理位置不同,配件转账结算分为同城结算和异地结算两种类型。

1)同城结算

同城结算指同一城镇内各结算单位之间发生经济往来而要求办理的转账结算。同城结算有支票结算、委托付款结算、托收无承付结算和同城托收承付结算等方法。其中支票结算是最常用的同城结算方法。

2)异地结算

异地结算指不同城镇的各结算单位之间发生经济往来而要求办理的转账结算。异地结算有异地托收承付结算、信用证结算、委托收款结算、汇兑结算、银行汇票结算、商业汇票结算、银行本票结算和异地限额结算等方法。其中异地托收承付结算、银行汇票结算、商业汇票结算、银行本票结算和汇兑结算是最常用的异地结算手段。

❹ 配件财务票据的使用

在财务往来中,使用和接触较多的票据主要有发票和税票。

1)发票

发票是单位和个人在购销商品、提供或者接受服务以及从事其他经营活动中,开具、取得的收付款凭证。发票根据其作用、内容及使用范围的不同,分为普通发票和增值税专用发票两大类。

(1)普通发票。

普通发票是购销商品、提供或接受服务以及从事其他经营活动中收付款的凭证,使用范围比较广泛。普通发票只开具交易数量、价格等内容,不开具税金。

①普通发票开具规定。

a. 发票限于领购单位和个人自己填用,不准买卖、转借、转让、代开。

b. 开具发票要按照规定的时限、顺序、逐栏、全部联次一次性如实开具,并加盖单位财务印章或者发票专用章。

c. 填开发票的单位和个人必须在发生经营业务确认营业收入时开具发票,未发生经营业务一律不准开具发票。

d. 开具发票应当使用中文。

②普通发票使用登记、缴销和保管的规定。

a. 开具发票的单位和个人,应建立发票使用登记制度,设置发票登记簿,并定期向主管税务机关报告发票使用情况。

b. 开具发票的单位和个人,发生转业、改组、分设,以及改变主管税务机关的情况,在办理变更或注销税务登记的同时,要办理发票和发票领购簿的变更、缴销手续。

c. 开具发票的单位和个人,都应建立健全发票保管制度,设专人负责,定期进行盘点,保证账实相符。

d. 实行"验旧换新"制度的用票单位和个人,领购新发票时,要向税务机关缴销已经填用完毕的发票存根。

(2)增值税专用发票。

图2-25所示增值税专用发票是根据增值税的特点而设计,专供增值税一般纳税人销售货物或应税劳务使用的一种特殊发票。增值税专用发票只限于经税务机关认定的增值税一般纳税人领购使用。增值税一般纳税人销售货物或者应税劳务,应当向购买方开具增值税专用发票。

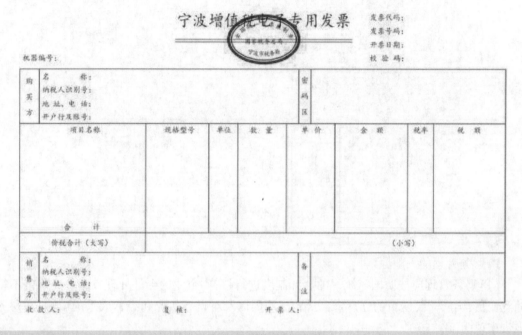

图2-25 增值税专用发票

①增值税专用发票的使用和管理规定。

a.增值税专用发票统一由国家税务总局委托中国人民银行印钞铸币总公司印制,其他任何单位和个人都不得私制。

b.增值税专用发票只限于增值税一般纳税人领购使用。

c.纳税人在申请领购增值税专用发票时,应提供经办人身份证明、《增值税纳税人税务登记证》、财务印章或发票专用章的印模,经主管税务机关审查后,核对《专用发票领购簿》。

②增值税专用发票的开具时限规定。

a.采用预收货款、托收承付、委托银行收款结算方式销售货物的,专用发票的开具时间为货物发出的当天。

b.采用交款提货结算方式销售货物的,专用发票的开具时间为收到货款的当天。

c.采取赊销、分期付款结算方式销售货物的,专用发票开具时间为合同约定收款日期的当天。

d.采取其他方式销售货物、应税劳务或按税法规定其他视同销售货物的行为应当开具专用发票的,应在货物出库、移送或劳务提供的当天填开专用发票。

2)税票

税票即完税凭证,如图2-26所示,是税务机关征收税款时依照税法规定给纳税人开具的专用凭证。税票是一种可以无偿收取货币资金的凭证,税票填用后成为征纳双方会计核算的原始凭证,是纳税人履行纳税义务的唯一合法凭证。

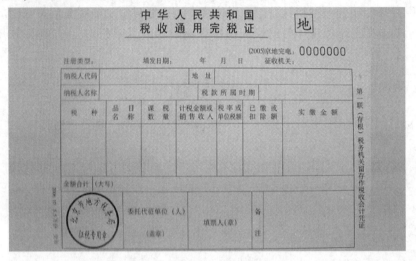

图2-26 税票

❺ 配件销售中的财务运用

1)财务管理的一般原则

(1)财务管理应按照国家统一的会计制度进行核算,企业的会计处理方法一经确定不得随意变更,确实需要变更的,应将变更情况、原因以及对财务状况和经营成果的影响,在财务报告中说明。

(2)应以实际发生的经济业务及能证明经济业务发生的凭证为依据,如实反映财务状况和经营成果。

(3)提供的会计信息应能满足各方面了解公司财务状况和经营成果的需要,满足公司内部经营管理的需要。

(4)应在发生经济业务时及时进行会计处理,讲求时效。

(5)会计记录和会计报表应简明易懂地反映财务状况和经营成果。

(6)在全面反映财务状况和经营成果的同时,对影响决策的重要经济业务,应单独反映,重点列报。

(7)正确确定公司的收益、成本、费用,依法合理核算可能发生的损失和费用。

(8)各项资产应按其取得时所发生的实际成本记账。

2)财务在销售管理中的运用

(1)维持良好的资金流。

企业在销售产品的过程中一方面表现为产品流,另一方面又伴随着资金流(资金地流进和流出)。企业的销售活动与资金流密切相关,销售管理人员必须正确规划资金流量,用好、用活资金,从而提高资金使用效率。

(2)应收账款管理。

不难看出,应收账款的投资收益与投资风险是客观并存的,它既是流通顺利实现的保

证,又是流通顺利实现的障碍。有效地管理应收账款,通常遵循以下几条原则:

①通过票据加强商业信誉约束力,以提高交易效率,减少应收账款的发生。

②建立、健全应收账款管理,建立坏账准备金制度,以防不测。

③贯彻"促销与收回"并重的原则,财务应根据调查资料正确评判客户的偿债能力和信用程度,在此基础上合理确定信用期限,避免盲目赊销。

④确定应收账款政策时,应在"赊销"收益与"赊销成本"及损失之间进行权衡。

⑤可以运用现金折扣来减少应收账款。

(3)财务与销售。

财务为销售服务,但它不依附于销售。有时,销售部门为了开拓市场,提高市场占有率,可能会在某种程度上不计成本,但财务人员需认真核算每笔业务的经营成本和最终成果。比如,客户在货款不足的情况下还想多提货时,销售人员处于与客户发展关系的目的可能会答应对方的要求,而财务人员则可能以"无欠款销售"等原则予以拒绝,财务和销售双方就会形成矛盾。为了解决这个矛盾,企业须制定客户欠款相关规定,并加强销售部门与其他职能部门之间的沟通。

另外,销售管理中的财务工作并不是个狭义上的会计观念,财务工作应体现出对经营活动的反映和监督,销售人员应当以实现所有者权益最大化为己任。因此,销售部门应编制销售报表并按时上报,以便于公司有关部门随时了解销售状况,进而有计划地调整库存结构,使库存管理处于最佳状态,这样可减少库存管理成本,统一调配资金,使资金安全、高效运转。

6 汽车配件货款结算

1)计算货款

计算货款的基本要求是"一准、二快、三清"。也就是说,销售人员在计算货款时要准确、迅速,并将计算结果清晰地报给客户。客户一次购买几种汽车配件或者按米、按个、按质量计价的汽车配件,需要销售人员用心算或珠算或计算器准确地计算货款。为了避免误会,计价的整个过程都要当着客户的面进行。如果客户对货款计价有疑问,销售人员要耐心地重算一遍,并有礼貌地做好必要的说明和解释。

2)正确填写发票

(1)字迹端正、清楚,不能涂改。

(2)填写栏目不得颠倒或漏填。

(3)价格计算要准确。

(4)要全面复核,尤其销售数额大的,可由另一销售人员复核。

(5)填写前垫好复写纸,一次写透,不得一联一联分开填写。

3)识别现金及支票真伪

(1)识别现金真伪。

现金真伪最简便的鉴别方法是观察法,即用眼识别现金的颜色、图案,检查是否有印鉴(水印);用手摸现金的质感、厚薄;用耳朵听抖动现金的声音。

(2)识别支票真伪。

现在经常使用的支票有转账支票和现金支票两种。

①检查支票号码,是否是丢失单位挂失的(销售人员应随时注意当地报纸有关挂失的声明或上网查询挂失信息)支票。

②检验支票是否有效,要防止购货单位填写空头支票、过期支票或借入支票等。

③了解购货用途是否正常。

④检查支票上的印鉴是否齐全、清晰。

⑤必要时,可要求购货单位的经办人出具身份证、介绍信等。

❼ 汽车配件的质押结算

为缓解经销商配件采购的资金压力,鼓励经销商建立合理的配件储备,汽车制造厂对配件采购一般要求采用质押结算,不直接收取现金,也不接受任何第三方的垫付款。定额周转质押(即银行承兑汇票质押)是指经销商将其办理的银行承兑汇票以质押物的形式交付给汽车制造厂,作为汽车制造厂向经销商提供定额周转配件的结算保证。配件定额质押也是配件订购查询与财务结算需要了解的相关内容。下面以一汽大众为例介绍定额周转质押相关知识。

1)质押额定确定

定额周转质押额度的制定一般根据经销商 2 个月为周期的配件订货计划、经销商的维修、销售、索赔状况、经销商的信誉等级与信贷能力、市场变化对经销商销售状况的影响程度、经销商的库存量、库存周转速度及资金周转速度等来综合确定经销商的质押额度。当经销商配件采购可用资金低于规定的定额时,将不能在网上进行配件订购。

2)配件质押结算相关规定

(1)经销商必须建立独立的银行账号。

(2)在配件经营管理中,必须有单独的财务进出明细账目。

(3)当经销商的账号和开户行等信息变更时,应填写《信息通知单》提前通知一汽大众配件管理部销售计划组及财务部会计科配件业务负责人员。

(4)一汽大众有权审计经销商的配件经营账目,经销商应主动配合一汽大众的巡访检查工作。

(5)经销商售后索赔款及首保款将直接转作配件款。

二、**任务活动——普通发票和增值税专用发票的区分**

❶ 活动描述

利用购物机会或其他方法搜集发票,了解普通发票和增值税专用发票的不同。

❷ 活动实施

以小组形式展开,分工明确,并采用角色扮演法在课堂上展示。同时,注意观察其他组展示情况,并对所见所闻进行记录。

❸ 活动评价

(1)通过本任务活动的学习,你认为自己是否已经掌握了相关知识和基本操作技能。

(2)评价活动过程完成情况。

(3)在活动过程中,你和同学之间的协调能力是否得到了提升。

(4)通过本活动的学习,你认为自己在哪些方面还需要深化学习并提升岗位能力。

思考与练习

一、选择题

1.目标市场营销是(　　)观念的体现。
　　A.市场营销　　　　B.销售　　　　　　C.产品　　　　　　D.生产

2.过了(　　),市场需求趋向饱和,潜在的顾客已经很少,销售额增长缓慢直至下降。
　　A.介绍期　　　　　B.成熟期　　　　　C.成长期　　　　　D.衰退期

3.(　　)就是服务人员在工作岗位上,通过言谈、举止、行为等,对客户表示尊重和友好的行为规范和惯例。
　　A.商务礼仪　　　　B.国际礼仪　　　　C.服务礼仪　　　　D.社交礼仪

4.汽车配件市场按人口特点细分的标准有(　　)。
　　A.家庭类型、收入水平、受教育程度等　　B.生活态度、个性等
　　C.购买能力、购买目的、方式等　　　　　D.居住的地理特点

5.只要某个品牌的配件,不必经过挑选与比较,购买迅速的消费者属于(　　)。
　　A.习惯型消费者　　　　　　　　　　　　B.理智型消费者
　　C.不定型消费者　　　　　　　　　　　　D.情感型消费者

6.汽车配件广告按照目标不同可分为三种,以下不在三种之内的是(　　)。
　　A.劝购性广告　　　B.通知性广告　　　C.说服性广告　　　D.提醒性广告

7.以下关于汽车配件订货管理的描述,正确的是(　　)。
　　A.进货的原则只有一个要求,那就是保质保量
　　B.经营企业不需要设专职检验部门或人员,采购员会负责购进商品的检验工作
　　C.购进还应遵循的原则是:慢进快销、以销定进、以进促销、储存保销
　　D.采购要选择能使采购费用、保管费用最省的采购批量和采购时间

8.确定进货点要考虑的因素不包括(　　)。
　　A.进货期时间　　　B.平均销售量　　　C.安全库存量　　　D.订货周期

9.以下不属于进货要贯彻的"三坚持"原则的是(　　)。
　　A.坚持看样选购
　　B.坚持所进配件要符合优廉新、缺特原则
　　C.坚持签订购销合同
　　D.坚持先验收后付款

10.以下关于进货员的说法,不正确的是(　　)。
　　A.进货员负责按照车型、品种的需求量编制进货计划
　　B.进货员不需要进行市场调查,做好分类整理有关资料即可
　　C.要认真执行费用开支规定,搞好资金定额管理
　　D.要有一定的政策、法律知识水平、政治觉悟

11.签订买卖合同应遵循的原则是(　　)。
　　A.双方要贯彻平等互惠、协商一致的原则
　　B.双方必须贯彻等价有偿、诚实守信的原则
　　C.合同必须符合国家法律、政策的规定
　　D.以上都是
12.竞争是市场经济最基本的运行机制,竞争的基本作用就是给经营者以动力和压力,竞争的结果则是(　　)。
　　A.拓宽了市场　　B.双赢　　C.优胜劣汰　　D.两败俱伤
13.销售者应当执行进货检查验收制度,验明产品(　　)和其他标识。
　　A.合格证　　B.说明书　　C.保修单　　D.装箱单
14.销售员必须善于搜集有关目标客户的信息,搜集信息的渠道有多条,其中,(　　)渠道是一条重要渠道。
　　A.主动询问　　B.查阅资料　　C.人际关系　　D.建立信息库
15.订货原则是(　　)。
　　A.先市内后市外,先国内后国外　　B.先国内后国外,先市内后市外
　　C.先市外后市内,先国外后国内　　D.先国外后国内,先市外后市内
16.不属于按根据配件用途将汽车配件订货分类的是(　　)。
　　A.库存补充件　　　　　　　　B.客户订购件
　　C.维修厂急需件订货　　　　　D.紧急订货
17.不属于简单鉴别汽车配件的方法是(　　)。
　　A.目视法　　　　　　　　　　B.敲击法(浸油锤击)
　　C.比较法　　　　　　　　　　D.倾听法
18.入库手续是(　　)。
　　A.登账、立卡、建档　B.立卡、建档、登账　C.建档、登账、立卡　D.立卡、建档
19.配件(　　)阶段:接动、验收和办理入库手续。
　　A.入库　　B.出库　　C.仓库　　D.在库
20.(　　)是验收准备、核对资料、检验实物、填写验收记录。
　　A.验收作业程序　B.验收过程程序　C.验收操作程序　D.验收程序
21.配件目录的内容通常不包含(　　)。
　　A.配件插图　　B.编号　　C.名称　　D.地址码
22.(　　)对表面损伤的零件,如刮痕、裂纹、折断、破漏等损伤,以及零件的重大变形、弯曲、烧蚀、变质等,都可以通过眼看手摸观察、检验,以确定是否需修理或报废。
　　A.目视法　　B.敲击法　　C.比较法　　D.对教法
23.对汽车的部分壳体及盘形零件是否有暗藏的裂纹,用铆钉连接的零件有无松动,轴承合金与钢片的结合情况如何等,可用小锤轻轻敲击听其响声。如发出的金属声音清脆,说明零件的状况良好;如果发出的声音沙哑,可以判定零件有裂纹、松动或结合不良。这种方法称为(　　)。
　　A.目视法　　B.敲击法　　C.比较法　　D.对照法

24.（　　）是用标准零件与被检验的零件作比较,从对比中鉴别被检验零件的技术状况。
    A. 目视法　　　　B. 敲击法　　　　C. 比较法　　　　D. 对照法
25. 组织外地进货的"三坚持原则"为:坚持看样选购,坚持签订购销合同,(　　)的原则。
    A. 坚持价格高于本地的不进　　　　B. 坚持验收后支付货款
    C. 坚持搭配件不进　　　　D. 本地市场上有的不进
26. 入库验收包括(　　)几个方面的验收。
    A. 时间、数量和质量　　　　B. 数量和质量
    C. 时间和质量　　　　D. 时间、数量
27. 月平均销量必须掌握某配件(　　)销量情况。
    A. 1个月　　　　B. 3个月　　　　C. 6个月　　　　D. 12个月
28. 配件订货追求的目标是(　　)。
    A. 安全库存　　　　B. 优质库存　　　　C. 合理库存　　　　D. 良性库存

二、判断题
1. 采购是从许多对象中选择若干个商品的过程。（　　）
2. 汽车配件进货渠道可按 A、B、C 顺序选择。（　　）
3. 汽车配件按销售企业在组织进货时主要采用分散进货的方式。（　　）
4. 组织进货时,要贯彻"五进、四不进、三坚持"的原则。（　　）
5. 配件订货追求的目标是"良性库存"。（　　）
6. 入库验收包括时间、数量和质量几个方面的验收。（　　）
7. 微笑是服务顾问基本的职业修养,在面对客户时,要养成微笑的好习惯。（　　）
8. 采购是一种具体的业务活动,包括选择和购买。（　　）
9. 采购目的是满足顾客需要。（　　）
10. 采购是物流活动的起点。（　　）
11. 采购涵盖了从供应商到需求方的货物、技术、信息和服务流动的全过程。（　　）
12. 采购过程中要防止超量采购和少量采购。（　　）
13. 采购量大,容易出现积压现象。（　　）
14. 采购量小,容易出现供应中断。（　　）
15. 大型企业之间易使用联购合销。（　　）
16. 组织进货时,要贯彻"三进、四不进、五坚持"的原则。（　　）
17. 配件订货即以最合理的库存最大限度地满足用户的需求。（　　）

三、问答题
1. 汽车配件市场调查在配件营销中起什么作用?

2. 汽车配件市场调查的方法有哪些？

3. 汽车配件订货员工作职责有哪些？

4. 配件订货的品种和数量如何确定？

5. 汽车配件采购的原则有哪些？

6. 汽车配件的检验内容有哪些？

7. 汽车配件的质量鉴别方法有哪些？

8. 配件财务支付、结算的方式有哪些？

9. 在签订采购合同时应注意哪些事项？

项目三
汽车配件配送管理

知识目标

1. 知道汽车配件配送管理的基本概念;
2. 知道汽车配件配送的业务流程;
3. 懂得汽车配件配送中心的功能与布局;
4. 知道汽车配件配送合理化的措施。

技能目标

1. 熟练操作汽车配件配送的业务流程;
2. 能进行汽车配件配送中心布局。

素养目标

1. 培养一丝不苟、小心谨慎的工作作风;
2. 树立团队意识、岗位职责意识;
3. 提高分析、判断能力。

建议学时

4学时。

任务一　汽车配件配送概述

一　理论知识准备

1 汽车配件配送的概念

配送是物流活动中一种特殊的、综合的活动形式,是物流的一个缩影或在某小范围中物流全部互动的体现,包含了商流活动和物流活动,也包含了物流中若干功能要素,一般指短距离、少批量的运输。国内目前普遍采用的是《物流术语》(GB/T 18354—2006)中对"配送"所下的定义,具体表述为:"在经济合理区域范围内,根据用户要求,对物品进行拣选、加工、包装、分割、组配等作业,并按时送达指定地点的物流活动。"

汽车配件的配送指根据顾客要求,将汽车配件在指定的日期和时间之前,安全准确地送达给最终顾客的末端运输活动。汽车配件配送中心如图3-1所示。

图3-1　汽车配件配送中心

2 汽车配件配送的特点

1)配送的特点

(1)配送是物流和商流有机结合的一种商业流通模式。从本质上讲,配送本身就是一种商业形式。配送和物流的不同之处在于,物流是商物分离的产物,配送是商物合一的产物。虽然配送在具体实施时会出现商物分离的形式,但从配送的发展趋势看,商流与物流的紧密结合是配送成功的重要保障。配送本身属于一种服务性质的商业活动。

(2)配送是现代物流一个最重要的特征。从物流来讲,配送几乎包括了所有的物流功能要素,是物流的一个缩影或在某小范围中物流全部活动的体现。一般的配送集装卸、包装、保管、运输于一身,通过这一系列活动,完成货物送达。特殊的配送还要以加工活动为支撑,所以包含的方面更广。配送的主体活动与一般的物流不同,一般物流是运输和保管,而配送则是运输、分拣与配货,如图3-2所示。分拣与配货是配送的独特要求,也是配送活动中有特点的活动。以送货为目的的运输,是实现配送的主要手段,从这点出发,常常将配送简化地看成运输的一种。

图3-2 分拣与配货

(3)配送是"配"与"送"的有机结合形式。配送与一般送货的区别在于配送利用有效的分拣、配货、理货等工作,使送货达到一定的规模,利用规模效益优势达到低成本的送货。在传统营销模式中,销售方在客户下单后就要立即送货,大大增加了其运力成本。只有在送货活动之前,根据顾客需求进行合理组织与计划,"有组织、有计划"地"配","低成本、快速度"地"送",才能实现企业与顾客双赢。

(4)配送是以现代送货形式实现资源最终配置的经济活动。配送的实质是送货,但与一般送货有很大区别。一般送货是一种偶然的行为,配送却是一种固定的形态,或者说,是一种有确定组织和渠道、具备现代化装备和技术力量、有严格的运行管理体制的高水平送货。

(5)配送是在一定区域范围内进行的经济合理的送货。经济合理,是指既要满足用户的需要,又要有利于实现配送的经济效益。配送是从用户利益出发,按用户要求进行的一种活动。因此,在观念上必须明确"用户第一""质量第一"。

2)配送与运输、配送与送货的区别

(1)运输与配送的区别。当将企业的物流活动分为节点的活动和环节的活动时,将最终环节的活动称为配送,其他环节的活动称为运输。汽车制造企业将商品从整车厂经配送中心送到顾客手中时,工厂和配送中心之间的物流活动就是配送,从配送中心到顾客(汽车4S店、汽车配件经销商、汽车维修厂)之间的物流活动就是运输。运输与配送的具体区别见表3-1。

运输与配送的区别　　　　　　　　表3-1

项　目	配　送	运　输
线路	从物流中心到终端客户	从工厂仓库到物流中心
运输批量	批量小,品种多	批量大,品种少
运输距离	短距离支线运输	长距离干线运输
评价标准	主要是服务质量	主要是运输效率
附属功能	若干功能要素	单一

(2)配送与送货的区别。配送是按照客户的订货要求和时间计划,在物流节点(仓库、商店、货运站、物流中心等)进行分拣、加工和配货等作业后,将配好的货物送交收货人的过程。

配送不同于一般意义上的企业送货工作,配送与送货的具体区别见表3-2。

配送与送货的区别　　　　　　　　　　表3-2

项　目	配　送	送　货
目的	是社会化大生产、专业化分工的产物,是流通领域内物流专业化分工的反映,是物流社会化的必然趋势	是生产企业的一种推销手段,通过送货上门服务,达到提高销售量的目的
内容	客户需要什么送什么,不单是送货,还有分货、配货、配装等工作	有什么送什么,只能满足客户的部分需要
承担者	是流通企业的专职,要求有现代化的技术装备作保证。要有完善的信息系统,9将分货、配货、送货等活动有机地结合起来的配送中心	由生产企业承担,中转仓库的送货只是一项附带业务
基础	必须以现代的交通工具和经营管理水平作为基础,同时还和订货系统紧密相连,必须依赖现代信息的作用,使配送系得以建立和完善	没有具体的要求
技术装备	全过程有现代化技术和装备的保证,在规模、水平、效率、速度、质量等方面占有优势	技术装备简单

3)汽车配件配送的特点

(1)及时性。国内大多数维修站、汽配店、经销商、维修厂和4S店等因为自身规模和资金流动性要求,汽车配件的库存数量都十分有限。一旦配件配送不及时,很容易出现缺货现象,这时会导致客户等待时间过长或是无法修理,使顾客满意度下降,造成客户流失。所以汽车配件配送的及时性在很大程度上决定了维修的及时性和客户满意度。

(2)工作量大。配件种类繁多,而且规格、类型和特性等差异很大,给配送过程中的配件调配工作带来了不少困难,如果没有专业的辅助分类方法和自动分拣设备,必然会造成极大的人工工作量。汽车配件自动分拣设备如图3-3所示。

图3-3　汽车配件自动分拣设备

(3)准确性。由于配件配送的业务量较大,加上不同车型、不同规格和不同需求等特点,极容易将相应的规格和类型混淆,造成错误配送,增加往复配送成本。

(4)差异性和不确定性。汽车配件配送服务的地区倾向性十分明显,重点业务大多集中在经济发达地区,而需求的随机性又对配件调度计划的实时性要求很高,并且没有缓冲期来平衡业务计划。

(5)需求的不连续性。在配件入厂物流中,汽车配件的需求是连续的,根据整车厂计划生产整车的数量可以确定各种配件的需求量。而在汽车配件的配送过程中,各个需求点对配件的需求是不连续的,可能在某段时间内的需求量很大,也可能在一段时间内不需要配送,间歇性明显,连续性差。

  想一想

美团外卖与汽车配件配送有什么相似之处?

二 任务活动——调查企业汽车配件配送

❶ 活动描述

利用文献资料法和企业实地调查法,说明汽车配件相关企业的配送的内在含义和特征。要求有文字记录和相关影像资料。

❷ 活动实施

以小组形式展开,分工明确,并采用角色扮演法在课堂上展示。同时,注意观察其他组展示情况,并对所见所闻进行记录。

❸ 活动评价

(1)通过本任务活动的学习,你认为自己是否已经掌握了相关知识和基本操作技能。
(2)评价活动过程完成情况。
(3)在活动过程中,你和同学之间的协调能力是否得到了提升。
(4)通过本活动的学习,你认为自己在哪些方面还需要深化学习并提升岗位能力。

任务二 汽车配件配送模式

一 理论知识准备

❶ 总部直接配送模式

总部直接配送模式是国内汽车服务公司早期采取的配送方式,在汽车服务公司总部设置中央配件仓库,直接配送到每一个服务站,如图3-4所示。

总部直接配送模式的优点是中央仓库会储备公司所有类型的配件,对库存集中进行管理,提高了管理效率。由于不存在公司内部多个仓库重复备货的问题,这种方式是最为经济有效的。因为没有区域库的重复库存,节省了人员和运作费用,可以有效控制总库存运作费用。

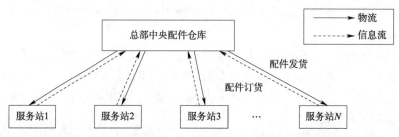

图 3-4　总部直接配送模式

其缺点是由于库存集中在一个仓库存放,运输到全国各服务站的线路较长,每次配送的距离远,运输需要时间长,服务响应速度较慢。若有紧急需求,需要委托加急快递服务,服务成本上升。

❷ 总部加分拨中心的配送模式

总部直接配送模式可以有效控制库存运作成本,但是对客户响应速度较慢。因此,现在汽车配件的配送大多采用了总部加分拨中心的配送模式,如图 3-5 所示。

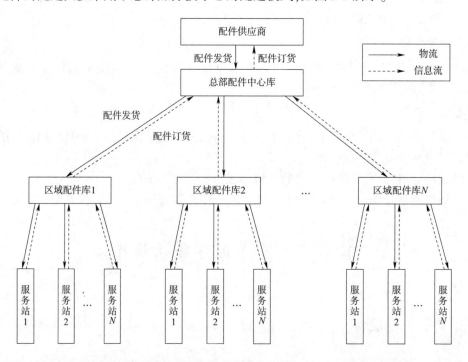

图 3-5　总部加分拨中心配送模式

当服务站需要配件而下订单时,由中央仓库接收订单信息,进行验货、理货、打包,然后直接配送到各需要配件的服务站。中央仓库会根据各服务站的出货量以及到各服务站的距离选择不同的运输方式,或选择自己的车队,或选择第三方物流公司配送至各区域汽车维修服务站。

由于受配送距离与时间限制,整车厂总部除了设立中心配件仓库之外,为了达到对各服务站快速响应的要求,将全国分为几个大区,在每个大区设置一个大区分拨中心配件分库,各大区分库对区域内的服务站进行短距离配送。

想一想

在我国,经济发达地区与欠发达地区、沿海地区与内陆地区所采用的配送模式有区别吗?

二 任务活动——调查企业汽车配件配送模式

1 活动描述

利用文献资料法和企业实地调查法,调查汽车配件配送模式在企业的实际应用。要求有文字记录和相关影像资料。

2 活动实施

以小组形式展开,分工明确,并采用角色扮演法在课堂上展示。同时,注意观察其他组展示情况,并对所见所闻进行记录。

3 活动评价

(1)通过本任务活动的学习,你认为自己是否已经掌握了相关知识和基本操作技能。
(2)评价活动过程完成情况。
(3)在活动过程中,你和同学之间的协调能力是否得到了提升。
(4)通过本活动的学习,你认为自己在哪些方面还需要深化学习并提升岗位能力。

任务三 汽车配件配送业务流程

一 理论知识准备

1 汽车配件的配送系统

随着汽车厂生产规模的不断扩大和市场保有量的不断增加,特约服务站的数量日益增多、分布点越来越广。新车型不断增多带来配件品种的快速增加,客观上要求特约服务站能为用户及时提供多品种的维护修理配件,只有采取配送才能在不降低服务质量的前提下降低特约服务站的库存压力,满足用户的需求。典型的汽车配件配送系统流程如图3-6所示。

2 汽车配件的配送业务流程

(1)各地特约服务站根据市场需求和各自库存情况向本地区配件分库发送配件需求信

息。这时,如果大区分库中该类配件库存充足,则将配件发送给相应服务站;如果库存不足,则将各服务站的需求信息汇总,并结合本地库存情况制订需求计划,上报给总部中心库申请发货。

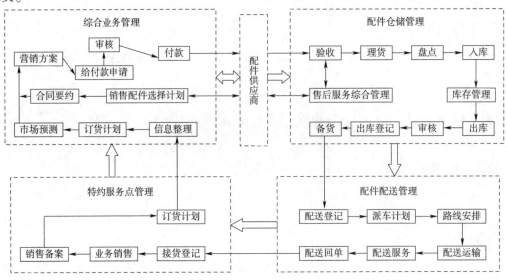

图3-6 典型的汽车配件配送系统流程

(2) 如果公司总部中心库库存充足,则将配件发送给相应大区分库,否则将各大区分库呈报上来的配件需求信息进行汇总,再结合总部库存情况制订配件的最终采购计划。

(3) 总部中心仓库将配件供应商送来的配件进行分拣、再包装,根据各大区分库提供的需求信息将配件发送到各大区分库,各大区分库根据各服务站的订单将配件发送给各特约服务站。

❸ 汽车配件的配送基本环节

汽车配件的配送包括备货、理货、送货三个基本环节。

(1) 备货。备货包含两项具体活动,即筹集货物和储存货物。

在不同的经济体制下,筹集货物由不同的行为主体完成。若生产企业直接配送,则筹集的工作由企业(生产者)组织。在专业化流通体制下,筹集货物的工作会出现两种情况:第一种情况是由提供配送服务的配送企业直接承担,配送企业通过向生产企业订购或购货完成此项工作;第二种情况是选择商流、物流分开的模式进行配送,订单、购料等筹备货物的工作通常由货主(如生产企业)承担,配送企业只负责进货和集货,货物所有权属于客户(接受配送服务的需求者)。

储存货物是购货、进货活动的延续。在配送活动中,货物储存有两种表现形态,一种是暂存形态;另一种是储备(包括保险储备和周转储备)形态。

(2) 理货。理货是配送的一项重要内容,也是配送区别于一般送货的重要标志。理货包括分拣、配货和包装(图3-7)等各项经济活动。

分拣是将货物按品名、规格、出入库先后顺序进行分门别类的作业,通过采用适当的方式和手段,从储存的货物中拣选用户所需货物。分拣是配送不同于一般形式的送货和其他物流形式的重要功能要素,也是决定配送成败的一项重要支持性工作。分拣货物常用的操作方式主要包括摘取式分拣和播种式分拣两种。

图 3-7　包装

目前,由于推广和应用了自动化分拣技术,装配了自动化分拣设施,分拣作业的劳动效率有了较大提高。

(3)送货。送货是配送活动的核心,也是备货和理货工序的延伸。送货流程包括搬运、配装、运输和交货环节。在送货流程中,除了要圆满地完成货物的移交任务,还必须即时进行送货作业。选择合理的运输方式和使用先进的运输工具,对于提高送货质量至关重要。

 想一想

在不同的经济体制下,筹集货物由不同的行为主体完成。若生产企业直接配送,则筹集货物的工作由企业(生产者)组织。而在专业化流通体制下,筹集货物的工作会出现哪两种情况?

二、任务活动——调查企业汽车配件的配送业务流程

1 活动描述

利用文献资料法和企业实地调查法,调查汽车配件的配送业务流程在企业的实际应用情况。要求有文字记录和相关影像资料。

2 活动实施

以小组形式展开,分工明确,并采用角色扮演法在课堂上展示。同时,注意观察其他组展示情况,并对所见所闻进行记录。

3 活动评价

(1)通过本任务活动的学习,你认为自己是否已经掌握了相关知识和基本操作技能。
(2)评价活动过程完成情况。
(3)在活动过程中,你和同学之间的协调能力是否得到了提升。
(4)通过本活动的学习,你认为自己在哪些方面还需要深化学习并提升岗位能力。

任务四　汽车配件配送中心

一、理论知识准备

1. 配送中心的概念

配送中心（RDC）是指作为从事配送业务的物流场所和组织，它接受汽车生产企业或汽车配件生产企业等供货商多品种、大批量的货物，然后按照多家需求者的订货要求，迅速、准确、低成本、高效率地将商品配送到需求场所的物流节点。图 3-8 所示为上海通用汽车全国配件配送中心。

图 3-8　上海通用汽车全国配件配送中心

要注意配送中心与保管型仓库、物流中心的区别。配送中心也可以看作是流通仓库，但决不能看成是保管型仓库，保管型仓库主要是为了商品的储存和保管。物流中心的主要功能是加快商品周转，提高流通效率，满足客户对物流的高要求，而配送中心是物流中心的一种主要形式。配送中心与保管型仓库、物流中心的具体区别见表 3-3。

配送中心与保管型仓库、物流中心的区别　　　　　　表 3-3

项　　目	配 送 中 心	保管型仓库	物 流 中 心
服务对象	特定用户	特定用户	面向社会
主要功能	各种配送功能	物资保管	各种物流功能
经营特点	配送为主，储存为辅	库房管理	强大的储存、吞吐能力
配送品种	多品种	—	少品种
配送批发	小批量	—	大批量
辐射范围	辐射范围小	辐射范围小	辐射范围大
保管空间	保管空间与其他功能各占一半	全部为保管空间	—

2. 配送中心的功能

配送中心与传统的仓库、运输不同，传统的仓库只重视对汽车配件的保管和储存，传统的运输只提供汽车配件的运送，而配送中心是整个配件供应链的核心，是保证配件供应链正

常运作的关键设施。配送中心具有以下六项功能:

(1)采购管理功能。配送中心从生产商或供应商处采购大量的、品种齐全的货物。在执行这项功能时,配送中心需加强对采购信息的收集与分析;与制造商和供应商建立稳定的合作伙伴关系,以避免假冒伪劣商品混入,降低采购风险;通过加强对商品市场的调查了解供需状况,减少因采购不当而造成的库存积压;还要确定采购集货操作时间,以免因采购不及时造成脱销或停产。

(2)存货控制功能。配送中心必须保持一定的存货水平。如果低于合理的库存水平,可能造成缺货,而过高的库存水平则会造成资金占压和物流成本的上升。因此配送中心必须掌握客户信息和供应商信息,在保证供应的前提下,严格控制库存水平。

(3)流通加工功能。物流中心的各种流通加工作业可以改善产品功能、促进销售、提高配送中心的服务品质。流通加工作业主要包括分类、大包装拆箱、改包装、产品组合包装、粘贴商标标签。

(4)分拣配送功能。配送中心要按照客户订单要求对货品进行分拣配货作业,并以最快的速度将货物送达客户。通过货品分拣,可以满足客户所需货品配量的品种和数量;通过货品组配,可以减少货物运输距离,减少单位品种订货成本,降低客户订货批量限制,降低客户存货成本。配送中心的分拣配送效率是物流服务质量的集中体现,分拣配送功能是配送中心最重要的功能。

(5)信息处理功能。配送中心的整个业务活动必须严格按照订货计划、客户订单和库存计划等内容进行操作,而这一过程本身就是信息处理过程。信息的处理具体表现在接受订货、指示发货、确定配送计划、与制造商和客户的衔接等方面。

(6)客户服务功能。从物流的角度来看,客户服务是所有物流活动的产物,客户服务水平是衡量物流系统为客户创造顾客价值的尺度,决定了企业能否留住现有客户并吸引新客户,直接影响企业的盈利能力。因此在配送中心的运作中,客户服务是至关重要的一项功能。

❸ 配送中心的布局

配送中心通常是依据配件物流进行合理布局,划分为若干个区域,以实现配送中心各项功能。配送中心一般配置的工作区包括接货区、储存区、理货区等6个区域。图3-9所示为上海通用汽车全国配件配送中心局部库存区。

图3-9 上海通用汽车全国配件配送中心局部库存区

(1)接货区。该区域完成配件接货和入库前的工作,如接货、卸货、清点、检验、分类等各项准备工作。接货区的主要设施包括装卸货站台、暂存验收检查区域。

（2）储存区。该区域储存或分类储存所进的配件，属于静态区域。进货在此要有一定时间的放置，通常是按照不同车型、不同总成、不同用途、不同大小或按照配件的周转速度分区存放，以优化配件物流。

（3）理货、备货。该区域进行分货、拣货、配货作业，为送货做准备。一般来说，汽车配件是多客户、多品种、少批量、多批次的配送，分货、拣货、配货工作复杂，因此该区域所占面积较大。

（4）分放、配装区。在这个区域里，按客户需要，将配好的货暂存，等待外运，或根据每位客户的货物状况决定配车方式和配装方式，然后直接装车或运到发货站台装车。

（5）外运发货区。在这个区域里将准备好的货装入外运车辆发出。外运发货区有一定的装卸作业场地，以及发货台、外运线路等设施。目前配件多采用集装箱运输，因此发货区的设施必须与运输方式相适应，以减少中转和装运的劳动力，有利于配件的发运。

（6）加工区。在该区域内进行分装、包装、混配等各种类型的流通加工。例如，汽车配件的配送中心通常设有包装区，包装作业分为收货包装作业和发货包装作业。收货包装是对外协件更换包装的作业。在配件专控模式下，整车厂发出的配件，无论是原厂件还是外协件，一律视为整车厂的原厂出品，整车厂向用户承担产品质量责任，因此对采购的外协件，需要拆除原有包装，进行统一的再包装。发货包装是再次受到发货指令后，根据发货数量进行运输包装作业。

❹ 配送中心的业务流程

汽车配件配送中心主要业务流程包括进货、储存保管、理货配货、出货作业四个环节，如图 3-10 所示。

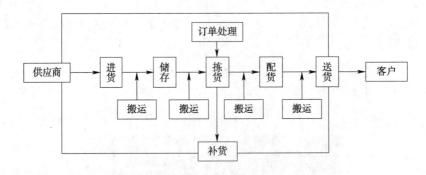

图 3-10　配送中心业务流程

（1）进货作业。配送中心进货作业是进行各项作业的首要环节，这一环节要在对需求者充分调查的基础上进行，主要包括订货、接货和验货三步。

订货是指配送中心收到并汇总客户的订单后，首先确定配送货物的数量，然后了解现有商品库存情况，再确定向供应商进货的品种和数量，并下达订单。

供应商根据订单要求的品种和数量组织供货，配送中心接运到货。

签收送货单后进行货物验收，在配送中心应由专人对货物进行检查验收，依据合同条款的要求和有关质量标准严格把关。

(2)保管作业。对于验收合格的商品,要进行开捆、堆码和上架。配送中心为保证供应,通常都会保持一定数量的商品库存(安全库存),一部分是为了从事正常的配送活动而保有的存货,库存量比较少;另一部分是集中批量采购形成的库存,具有储存的性质;也有供应商存放在配送中心准备随时满足顾客订货的存货。

(3)理货配货作业。理货配货作业是配送中心的核心作业环节,要根据不同客户的订单要求,进行货物的拣选、分货、检验和包装等工作。

拣选是配送中心作业活动中的核心内容,是按订单或出库单的要求,从储存场所选出物品,并放置在指定地点的作业。

分货就是货物分组,将集中拣选出来的商品按照店铺和配送车辆、配送路线等分组,分别码放在指定的场所,便于配送中心按照客户的订单要求及时将货物送达到客户手中。在这个环节中要进行配货检验和包装。

检验作业是指根据用户信息和车次对拣选物品进行商品号码和数量的核实,以便对产品状态和品质进行检查。

包装作业是指配送中心将需要配送的货物拣取出来后,为便于运输和识别不同用户的货物所进行的重新包装或捆扎,并在包装物上贴上标签的过程。

(4)出货作业。这项作业包括配载、装车和送货。

确定运输车辆和运输线路后,配送中心要将在同一时间内出货的不同用户的货物进行组合,配装在同一批次的运输车辆上进行运送,这就是配装作业。一般按后送先装的原则装车,然后按事先设计好的运输路线,将货物最终送达客户手中。汽车配件配送中心分销仓下的物流环节流程如图 3-11 所示。

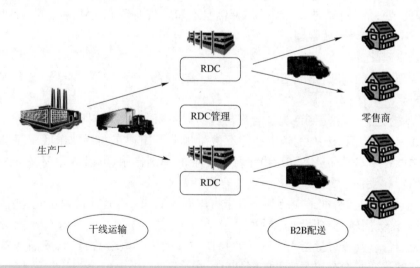

图 3-11 配送中心分销仓下的物流环节流程

5 汽车配件配送的合理化

配送是通过现代物流技术的应用,实现商品的集货、储存、分拣和输送,因此配送集合了多种现代物流技术。建立现代化的高效率配送系统,必须以信息技术和自动化技术为手段(图 3-12),以良好的交通设施为基础,不断优化配送方式,实现配送的合理化。

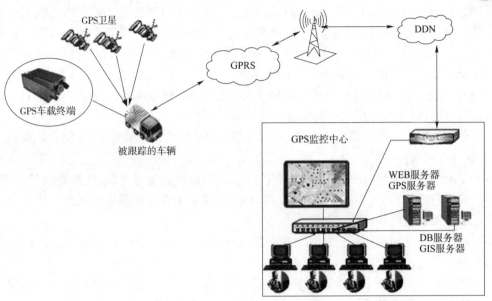

图3-12　现代物流信息技术在配送中的应用

1) 配送合理化的思想

配送活动中各种成本之间经常存在此消彼长的关系,配送合理化的一个基本思想就是"均衡",即从配送总成本的角度权衡得失。即使局部不够优化,但是一定要保证整体优化,这样才能够获得配送管理的最大收益。例如,对配送费用的分析,均衡的观点是从总配送费用入手,即使某一个环节要求高成本的支出,但是如果其他环节能够降低成本或取得利润,就认为是均衡的,均衡造就合理。

2) 配送合理化的标志

配送合理与否的判断,是配送决策系统的重要内容。一般来说,判断配送合理性有七个方面的标志。

(1) 库存标志。库存是判断配送合理与否的重要标志,主要包括库存总量和库存周转两个指标。在一个配送系统中,配送中心库存数量加上各用户在实行配送后库存量之和应低于实行配送前各用户库存量之和。由于配送企业的调剂作用,可以低库存保持高的供应能力。库存周转一般总是快于原来各企业库存周转。

(2) 资金标志。实行配送应有利于资金占用率降低和资金运用的科学化,具体判断标志有资金总量、资金周转、资金投向三项。

①资金总量。资金总量指用于资源筹措所占用的流动资金总量,它随储备总量的下降和供应方式的改变必然有较大幅度的降低。

②资金周转。从资金运用来讲,由于整个节奏加快,资金充分发挥作用,同样数量的资金,过去需要较长时期才能满足一定供应要求,配送之后在较短时期内就能达此目的。

③资金投向。实行配送后,资金必然从分散投入改为集中投入。

(3) 成本和效益标志。总效益、宏观效益、微观效益、资源筹措成本都是判断配送合理化的重要标志。对于不同的配送方式,有不同的判断侧重点。例如,配送企业、用户都是各自独立的、以利润为中心的企业,不但要看配送的总效益,而且还要看对社会的宏观效益和对这两家企业的微观效益。如果配送是由用户企业自己组织的,则配送主要强调保障能力和服务性,而效益主要从总效益、宏观效益和用户企业的微观效益来判断。

(4)供应保证能力标志。配送的重要一点是必须提高对用户的供应保证能力,具体包括三个方面。第一,缺货次数;第二,配送企业集中库存量,即对用户来讲,库存量所形成的保障供应能力高于配送前单个企业的保障能力;第三,即时配送的能力和速度,即用户出现特殊情况的特殊供应保障方式,实行配送后,用户紧急进货能力和速度必须高于未实行配送前才算合理。

(5)社会运力标志。末端配送是目前运能、运力使用不合理,造成较大浪费的领域。运能和运力的合理使用成为配送合理化的重要标志。运力使用的合理化是依靠对送货运力的规划、整个配送系统流程的合理制定以及与社会运输系统合理衔接实现的。

(6)用户企业物流能力标志。实行配送后,各用户库存量、仓库面积、仓库管理人员、用于订货和接货的人员都应该减少。

(7)物流合理化标志。配送必须有利于物流合理化,这一点可以从以下几个方面判断:
①是否降低了物流费用;
②是否减少了物流损失;
③是否加快了物流速度;
④是否发挥了各种物流方式的最优效果;
⑤是否有效衔接了干线运输和末端运输;
⑥是否不增加实际的物流中转次数;
⑦是否采用了先进的技术手段。

3)配送合理化的措施

(1)推行共同配送。共同配送的实质就是在同一个地区,多家企业在物流运作中相互配合、联合运作,共同进行理货、送货等活动的一种组织形式。共同配送有利于克服不同企业之间的重复配送或交错配送,提高车辆使用效益,减少城市交通拥挤和环境污染,因此,推行共同配送,将带来良好的社会效益和经济效益。

(2)实行区域配送。配送区域的扩大化趋势,突破了一个城市的范围,发展为区间、省间,甚至是跨国配送。即配送范围向周边地区、全国乃至全世界辐射。配送区域的扩大化趋势将进一步促进流通,使配送业务向国际化方向发展。

(3)推行准时配送。准时配送是配送合理化的重要内容。配送只有做到了准时,用户才能实现低库存或零库存,从而有效地安排接货的人力、物力,提高工作效率。另外,保证供应能力也取决于准时供应。从国外的经验看,准时供应配送系统是现在许多配送企业追求配送合理化的重要手段。

(4)推行即时配送。即时配送是最终解决用户企业所担心的供应间断问题,大幅度提高供应保证能力的重要手段。即时配送是配送企业快速反应能力的具体化,是配送企业能力的体现,可以发挥物流系统的综合效益。

(5)实行送取结合。配送企业在与用户建立稳定的、密切的协作关系后,成为用户的供应代理人,甚至是产品代销人。在配送时,将用户所需的物资送到,再将该用户生产的产品用同一车运回,避免了不合理运输,同时代存代储,免去了生产企业库存。这种送取结合的组织形式,使运力得到充分利用,也使配送企业功能有了更大的发挥空间,从而达到合理化。

(6)实行多种配送方式的优化组合。每一配送方式都有优点,多种配送方式和手段的最优化组合,将会有效地解决配送过程、配送对象、配送手段之间的复杂问题,促使配送效益最大化。

 想一想

为什么推行共同配送有助于减少城市交通拥挤和环境污染?

二、任务活动——调查企业汽车配件配送中心布局

❶ 活动描述

利用文献资料法和企业实地调查法,走访汽车配件配送中心,了解配送中心的布局,调查汽车配件的配送中心在企业的应用情况。要求有文字记录和相关影像资料。

❷ 活动实施

以小组形式展开,分工明确,并采用角色扮演法在课堂上展示。同时,注意观察其他组展示情况,并对所见所闻进行记录。

❸ 活动评价

(1)通过本任务活动的学习,你认为自己是否已经掌握了相关知识和基本操作技能。
(2)评价活动过程完成情况。
(3)在活动过程中,你和同学之间的协调能力是否得到了提升。
(4)通过本活动的学习,你认为自己在哪些方面还需要深化学习并提升岗位能力。

 思考与练习

一、选择题

1.配送是( )有机结合的一种商业流通模式。
　A.物流　　　　　　　　　　B.商流
　C.物流和商流　　　　　　　D.物流公司和营销公司

2.配送的实质是送货,但与一般送货相比,( )。
　A.有很大区别
　B.基本一样
　C.较为相似
　D.配送不是经济合理的送货

3.汽车配件配送的( )在很大程度上决定了维修的及时性和客户满意度。
　A.工作量大　　　　　　　　B.及时性

    C. 差异性和不确定性　　　　　　　　D. 准确性
  4. 总部直接配送模式缺点是(　　)。
    A. 由于库存集中在一个仓库存放,运输到全国各服务站的线路较长
    B. 每次配送的距离短
    C. 运输需要时间短
    D. 中央仓库会储备公司所有类型的配件
  5. 新车型不断增多,只有采取配送才能在不降低服务质量的前提下降低特约服务站的(　　)。
    A. 盘点压力　　　　　　　　　　　　B. 库存压力
    C. 资金周转压力　　　　　　　　　　D. 服务效率
  6. 汽车配件的配送包括(　　)环节。
    A. 备货　　　　　　　　　　　　　　B. 理货
    C. 送货　　　　　　　　　　　　　　D. 备货、理货、送货
  7. 以下不属于物流中心的主要功能的是(　　)。
    A. 加快商品周转
    B. 提高流通效率,满足客户对物流的高要求
    C. 配送中心是物流中心的一种主要形式
    D. 降低商品周转
  8. 汽车配件的配送中心主要业务流程包括(　　)环节。
    A. 进货
    B. 储存保管
    C. 理货配货
    D. 进货、储存保管、理货配货、出货
  9. (　　)是最终解决用户企业所担心的供应间断问题,大幅度提高供应保证能力的重要手段。
    A. 区域配送　　　B. 即时配送　　　C. 送取结合　　　D. 共同配送

二、判断题

  1. 汽车配件的配送是按照客户的订货要求和时间计划,在物流节点(仓库、货运站、物流中心等)进行分拣、加工和配货等作业后,将配好的货物送交收货人的过程。(　　)
  2. 汽车配件配送的目的是提供安全、准确、优质的服务,达到较低的物流成本。(　　)
  3. 汽车配件的配送由备货、理货和拣货三个基本环节组成。(　　)
  4. 由于汽车配件的配送具有即时性、准确性、差异性、不确定性、需求的连续性等特点,所以整车厂和汽车配件企业很少采用总部加分拨中心的配送模式。(　　)
  5. 汽车配件的配送中心具有采购管理、存货控制、流通加工、货物分拣、货物组配、货物周转、信息处理、客户服务管理、货物储存管理、运输服务管理等功能。(　　)
  6. 配送中心不必要根据配件物流进行合理布局。合理配送是体现汽车配件服务水平的重要标志,无论是整车厂还是分拨中心不必要通过不断优化配送方式实现汽车配件的配送

合理化。 ( )

三、问答题

1. 什么是汽车配件配送?

2. 为什么大多采用总部加分拨中心的配送模式?

3. 汽车配件的配送基本环节有哪些?

4. 什么是配送中心?汽车配件的配送中心主要业务流程包括哪些?

项目四
汽车配件仓储管理

知识目标

1. 知道汽车配件仓储的作用和任务、仓储的基本条件、配件入库的步骤;
2. 知道仓库管理员岗位职责、配件的保管与维护要领、影响汽车配件的安全因素和危险商品安全经营常识、配件出库类型、配件库存盘点目的、库存盘点的内容和类型、库存盘点注意事项。

技能目标

1. 能正确操作汽车配件入库管理软件和出库管理软件;
2. 能用条形码管理汽车配件;
3. 能正确完成仓储的设计并进行效果评估分析;
4. 能根据配件仓库的设计完成货架的摆放并进行料位码的编排;
5. 能熟练运用计算机对汽车配件进行管理;
6. 能根据配件出入库记录完成日常盘点工作;
7. 能正确进行汽车配件盘存的系统操作和配件库存分析;
8. 能够分析盘盈、盘亏的原因并对结果做出正确的处理。

素养目标

1. 培养一丝不苟、小心谨慎的工作作风;
2. 树立团队意识、岗位职责意识。

建议学时

30学时。

任务一 汽车配件仓储规划

一 理论知识准备

1 汽车配件仓储的概念、作用和任务

汽车配件销售企业的仓储管理,就是以汽车配件的入库、保管、维护和出库为中心而开展的一系列工作。

仓储管理要以最少的劳动力、最快的速度、最低的费用取得最佳的经济效益,保质、保量、安全、低耗地完成仓储管理的各项工作和任务。

1)仓储的概念

"仓"即仓库,指存放、保管、储存物品的建筑物和场地的总称,可以是房屋建筑、大型容器或者特定的场地。"储"表示将物品储存以备使用的行为,具有收存、保护、管理、储藏物品、交付使用的意思,也称储存。仓储是对有形物品提供存放场所,对物品存取、保管和控制的过程,是人们的一种有意识的行为,它以改变"物"的时间状态为目的,克服产需之间的时间差异,以便取得最佳的经济效果。

电子计算机的出现和发展,给仓储业带来了一系列的重大变化。在整个仓储活动过程中,可以使用电子计算机进行控制,增设光电感应系统,利用"自动分拣系统"对物品进行分类整理,让机器人进入仓库等。目前,许多先进的国际仓储活动已经不是原来意义上的仓储,而变成了一个经济范围巨大的物品配送服务中心,并发展成为现代化的仓储管理。

仓储管理简单来说就是对仓库及仓库内的物质所进行的管理,是仓储机构为了充分利用所具有的仓储资源提供高效的仓储服务所进行的计划、组织、控制和协调过程。

2)仓储的作用

(1)保证汽车配件使用价值。

汽车配件销售企业的仓库是服务于用户的,是为本企业创造经济效益的物资基地。仓库管理的好坏,是汽车配件能否保持使用价值的关键之一。如果严格地按照规定加强对配件的科学管理,就能保持其原有的使用价值,否则,就会造成配件的锈蚀、霉变或残损,使其部分、甚至是全部失去使用价值。所以加强仓库科学管理,提高保管质量,是保证所储存的汽车配件使用价值的重要手段。

(2)为用户提供零部件服务。

用户需要各种类型的汽车配件,汽车配件销售企业在为用户服务过程中,要做大量的工作。最后一道工序就是通过仓库保管员,将用户所需要的零部件,发给用户,满足用户的需求,以实现销售企业服务交通运输、服务用户的宗旨。

3)仓储的任务

(1)保质。

保质就是要保持库存配件的原有使用价值。为此,必须加强仓库科学管理,在配件入库

和出库的过程中,要严格把关,凡是质量或其包装不合乎规定的,一律不准入库和出库;对库存配件,要进行定期或不定期检查或抽查,凡是需要进行维护的配件,一定要及时进行维护,以保证库存配件质量随时都处于良好状态。

(2)保量。

保量是指仓库保管按照科学的储存原则,实现最大的库存量。在汽车配件保管活动中,变动的因素较多,比如配件的型号、规格、品种繁多,批次不同,数量不一,长短不齐,包装有好有坏,进出频繁且不均衡,性能不同的配件保管要求不一致等。要按不同的方法分类存放。同时既要保证便于进出库,又要保证储量,这就要求仓库保管员进行科学合理的规划,充分利用有限的空间,提高仓库利用率。

(3)及时。

配件在入库和出库的各个环节中,在保证工作质量的前提下,都要体现一个"快"字。在入库验收过程中,要加快接货、验收、入库速度;在保管维护过程中,要安排便于配件进出库的场地和空间,规划货位和垛形,为快进、快出提供便利条件;在配件出库过程中,组织足够的备货力量,安排好转运装卸设备,为出库创造有利条件。对一切烦琐的、可要可不要的手续,要尽量简化,要千方百计压缩配件和单据在库停留时间,加快资金周转,提高经济效益。

(4)低耗。

低耗是指配件在库保管期间的损耗降到最低限度。配件在入库前,由于制造商或运输、中转单位的原因,可能会发生损耗或短缺,所以应严格进行入库验收把关,剔除残次品,发现短缺数量,并做好验收记录,明确损耗或短缺责任,以便为降低保管期间的配件损耗、短缺创造条件。配件入库后,要采取有效措施,如装卸搬运作业时,要防止野蛮装卸,爱护包装,包装损坏了要尽量维修或者更换;正确堆码苫垫,合理选择垛形及堆码高度,防止压力不均倒垛或挤压坏产品及包装。

(5)省费用。

省费用是指节省配件的进库费、保管费、出库费等成本。为达此目的,必须充分发挥人的智慧和作用,加强仓库科学管理,挖掘现有仓库和设备的能力,提高劳动生产率,把仓库的一切费用成本降到最低水平。

(6)保安全。

保安全指做好防火灾、防盗窃、防破坏、防工伤事故、防自然灾害、防霉变残损等工作,确保配件、设备和人身安全。

2 仓储管理人员的职责

(1)认真验收入库汽车配件的包装和品名、规格、型号、单价、产地、数量及质量,看是否合乎规定要求,如发现问题,及时与有关方面联系,以便进行处理。

(2)对汽车配件按条理化管理的各项要求进行管理,做好保管、维护和出库发运工作,严格各项手续制度,做到收有据、发有凭,及时准确登账销账,手续完备,把好收、管、发三关。

(3)汽车配件出库做到先进先出,品名、规格、型号、单价、产地、数量无误,包装完好,地点(即到站、收货单位、发货单位)清晰,发货及时。对发货后的库存量,做到有运必对,卡物相符。

(4)加强业务学习,不断提高物资保管业务水平,了解汽车的基本结构以及汽车材料的基础知识;能正确使用常用计算工具、量具和测试仪器;熟悉分管配件的质量标准,能识别配件质量的明显变化;懂得主要易损、易耗配件的使用性能、安装部位及使用寿命。

(5)运用配件合理分区、分类管理办法;熟悉堆码;在库容使用上做到货位安排合理、利用率高、安全牢靠、进出畅通、方便收发,便于清数对账和检查。

(6)根据分管配件的保管要求,不断提高保管、维护技术水平。

针对配件的特性和库房温度、湿度的变化,采取相应的密封、通风、降温、防潮、防腐、防霉变、防锈、防冻、防高温、防鼠咬虫蛀、防台风、防水涝等措施,创造文明卫生的保管环境,确保配件不受损失。

(7)定期和经常盘点检查库存物资,做到数量准确,质量完好。

熟练准确地填表、记账、对账盘点,保证账、卡、物三相符。对于超保本期,特别是那些长期挤压的滞销配件,按保本期管理办法,及时向有关部门和人员提出,催促其尽快处理。

(8)负责保管好罩用品和包装物,以及生产用的各种工具。做到合理使用、妥善保管,尽量延长其使用寿命,节约费用开支,降低成本。

(9)加强经济核算,改善经营管理。经常分析库房的利用率、各项储存定额和出入库动态;研究分析造成配件损耗和发生盈余的原因,采取积极有效办法,把损耗率降到最低限度。

(10)时刻保持高度警惕,做好防火、防盗、防破坏的工作,防止各种灾害和人身事故的发生,确保人身、汽车配件及各种设备的安全。

(11)树立热心为用户服务的思想,实事求是地处理好收、关、发中的问题,为用户提供及时、准确、保质保量的优质服务。

如果你是某品牌4S店的仓储管理人员,你将如何做好仓储管理工作?

_____

_____。

3 汽车配件仓储的基本条件

1)仓库

如图4-1所示,仓库应有必要的面积、足够的高度,有扩大的可能性,通风和照明条件良好,符合安全防火规定。工作方便,运输车可直接到达。

图4-1 仓库

2)仓库设备

仓库设备要方便且符合需要,不占空间,而且可以改装。同时还需要牢固并且防水,操作容易,价格便宜。

3)库存系统

库存系统要有完善的计划,要具备管理数千种配件的能力,要便于维持流转秩序,要标记清楚,要节省路径和时间,能立即找到所需的各种配件,要百分之百的可靠。

4）库存专业知识

工作人员要有库存的专业知识,熟悉库存的方式,了解每一个步骤的意义,从而遵照流程作业,合理存放物品。

❹ 汽车配件仓库的规划

汽车配件仓库规划与设计应能做到以尽可能低的成本,实现货物在仓库内迅速、准确地流动。这个目标的实现,要通过物流技术、信息技术、成本控制和仓库组织结构的一体化策略才能达到。

1）仓库规划与设计的原则

汽车配件仓库规划时应尽可能地遵循系统简化原则、平面设计原则、物流和信息流的分类原则、柔性化原则、物料处理次数最少原则、最短移动距离原则、避免物料路线交叉原则、成本与效益平衡原则。

2）仓库平面布置的要求

（1）要适应仓储企业生产流程,有利于仓储企业生产正常进行,实现最短的运距、最少的装卸环节、最大限度地利用空间与单一的物流方向。

（2）有利于提高仓储经济效益。

①要因地制宜,充分考虑地形、地质条件,满足商品运输和存放上的要求。

②平面布置应与竖向布置相适应。

③总平面布置应能充分、合理地利用。

（3）有利于保证安全生产和文明生产。

①库内各区域间、各建筑物间,应根据《建筑设计防火规范(2018年版)》(GB 50016—2014)有关规定,留有一定的防护间距,防火、防盗等安全设施经过相关管理部门验收。

②总平面布置应符合卫生和环境要求,既满足库房的通风、日照等要求,又要考虑环境绿化、文明生产,有利于职工的身体健康。

❺ 仓储管理的四大目标

（1）财务目标。仓储投资的财务能力与企业在整车销售和维修服务方面整体发展取得平衡。

（2）经营目标。在客户满意度和仓储管理费用之间取得平衡。

（3）财产保险目标。防止仓储被盗或火灾等意外事故发生,避免出现未经保险的损失。

（4）利润目标。在财务能力与客户满意度平衡的前提下,追求利润最大化。

❻ 仓储管理的五种保管成本

（1）利息费用。企业用"钱"购买配件,不管"钱"是自己的还是借贷的,都要付出利息,因此要努力使仓储保持均衡。

（2）场地费用。配件经营和仓库管理是要场地的,这是一项主要费用,如水、电、气、房屋维修以及其他费用。

（3）保险费用。保险费用随着仓储价值的增加而增加,为了避免因火灾、盗窃等对库房造成的损失,企业必须投保。

(4) 人员费用。企业要雇用人员管理、经营配件,需要产生费用。

(5) 管理费用。在经营管理过程中,为达到管理效果,需要支出必要的管理费用。

7 仓库管理的基本要求、仓库标志和配件物料卡

1) 仓库管理的基本要求

(1) 对进厂配件认真检查、验收、入库。

(2) 采用科学方法,根据配件不同性质,进行妥善的维护保管,确保配件的安全。

(3) 配件存放应科学合理,整齐划一,有条不紊,便于收发、查点、检查和验收,并保持库容的文明整洁。

(4) 配件发放要有利于生产,方便工人,做到深入现场,送货上门,满足工人的合理要求。

(5) 定期清仓、盘点,及时掌握配件变动情况,避免挤压和丢失,保持账、卡、物相符。

(6) 不断提高管理和业务水平,使验收、分类、堆放、发送、记账等手续简便和及时。

(7) 做好旧配件和废旧物资的回收利用。

2) 仓库标志

在仓库中,配件包装盒或袋上必须有配件名称和配件代号的标志。标志要醒目、清晰、易于识别、便于追溯。当发现标志遗失、损坏、不清晰等情况,应及时补标志。

仓库的状态标志一般有"库存区""待检区""发货区"(图4-2)、"预约配件区""不合格品区""旧件、废料待处理区"和"危险品库"等。

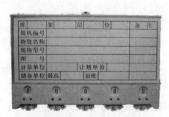

图4-2 发货区标志

3) 配件物料卡

配件物料卡,也叫配件标签,上面应标明配件编号、配件名称、规格型号、配件的存放料位编号、配件的安全存量与最高存量等信息,如图4-3所示。

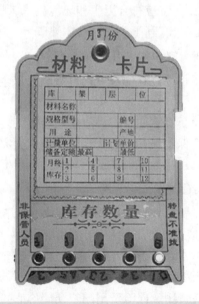

图4-3 配件物料卡

项目四 汽车配件仓储管理

 做一做

利用暑假或寒假去你所在城市的各品牌4S店实地调查,了解他们是如何设计配件物料卡的。

_____

_____。

❽ 汽车配件存放设备

1)货架

(1)货架的作用。

货架是专门用来存放汽车配件的保管设备。货架在仓库占有重要的地位,图4-4所示为汽车配件存放货架。货架在汽车配件仓储设备的总投资中所占比例较大,对仓库的运作模式影响极大。因此,合理选择相对设计经济的货架是很重要的。要在保证货架强度、刚度和整体稳定性的条件下,尽量减小货架的质量,降低钢材消耗,满足仓储需要。

(2)货架的类型。

货架的种类较多,分类的方法也不尽相同。按货架制作工艺方式分类,可分为焊接式货架和组合式货架。按货架运动状态分类,可分为固定式货架、移动式货架和旋转式货架。按货架与建筑物的结构关系分类,可分为整体结构式货架和分离结构式货架。按配件储存货物单元的形式分类,可分为托盘货架和容器货架。按结构特点分类,可分为层架、层格架、抽屉架、悬臂架等。

2)储物盒

储物盒的材料多种多样,通常有塑料、布艺、纸质、金属、木质等。图4-5所示为汽车配件储物盒。

图4-4 汽车配件存放货架

图4-5 汽车配件储物盒

❾ 汽车配件仓位规划

仓位的设置要便于迅速找到货物。汽车配件仓储,要进行合理的仓位设计,以便于提高配件出库的速度和配件仓储的日常管理。

1)仓位规划的原则

(1)料位码的概念。

料位码是标明配件存放的准确位置的代码。料位码是空间三维坐标形象的表现。对于

119

空间三维坐标,任何一组数字都可以找到唯一的一点与其相对应,也就是一点确定一个位置。

(2)料位码的编排依据。

料位码的编排基于"三点系统"。

①"三点系统"是指由配件库房、车间柜台和用户柜台构成的系统,它是库房平面布置的基础。

②"三点系统"的作用:保证使用较少的工作人员,走相对较短的距离,使各种控制便利。

(3)料位码的编制原则。

①配件的存放位置与使用位置都易于接近。

②图4-6所示为丰田汽车公司4S店配件堆码示意图。快流件存放在与发料窗口接近的位置,方便查找及获取,提高工作效率;慢流件存放在较后排的货架。在同一货架上,快流件存放在中层,慢流件存放在底层或顶层。

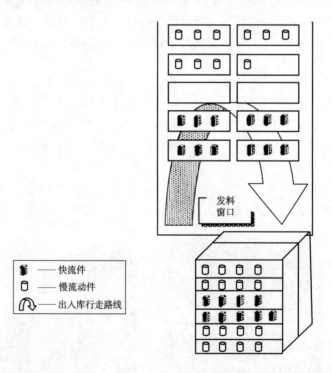

图4-6　丰田汽车公司4S店配件堆码示意图

③质量大的配件存放在底层货架,如图4-7所示。体积大的车身塑料件存放在二层阁楼。

④粗、重、长、大的配件,不宜存放在库房深处。

⑤从方便作业、提高效率角度考虑,配件存放的最高高度应在不用梯子而手能到达的位置,如图4-8所示。

2)料位码编制的具体步骤

配件料位码常为4位,主要根据"区、列、架、层"的原则进行编排,如图4-9所示。

项目四 汽车配件仓储管理

图4-7 质量大的配件存放在底层货架

图4-8 配件存放在不用梯子而手能到达的位置

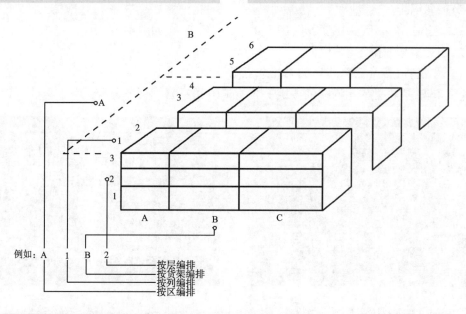

图4-9 料位码编排示意图

（1）首先按区分类。

料位码的第一位是在仓库中的分区，常用英文字母A、B、C、D……表示，如图4-10所示。

每一个区一般规定放置哪些配件，见表4-1。

配件仓库中区的划分可根据以下几种形式进行划分：

①综合维修企业可根据主要维修车辆品牌进行划分。

②4S店可根据配件作用进行划分。

③4S店也可按同一品牌的不同车型进行分区，如本田的雅阁区、奥德赛区等。

④部分维修企业的分区会根据配件流通的速度来划分，如：维护用常用配件、发动机大修常用配件等。

图4-10 配件仓库中区的划分

表4-1 每一个区一般规定放置的配件

区	说　明	区	说　明
A	小件	G	轮毂
B	中型件	H	玻璃
C	大型件	I	存放箱
D	车身部件	J～W	预备料位
E	镶条、电缆	X～Z	清理件料位
F	导管		

(2) 按列编排。

料位码第二位表示第几列货架,用1、2、3……来表示,如图4-11所示。

(3) 按货架号编排。

料位码第三位表示每列货架的第几个货架号,可用A、B、C、D……表示,如图4-12所示。在一些汽车4S店也常使用阿拉伯数字1、2、3或01、02、03……来表示。

图4-11 料位码第二位示例

图4-12 料位码第三位示例

(4) 按层编排。

料位码第四位表示每个货架的第几层,用1、2、3……来表示。

3) 料位码编制说明

(1) 料位码中的数字要用英文字母分开。

当26个英文字母不够用时,可将26个英文字母排列组合,以增加表示的范围,如AB、AC、AD等;对于同一过道或同一货架,Cc、Jj、Kk、Oo、Pp、Ss、Uu、Vv、Ww、Xx、Zz等字母不要同时使用,避免发生混淆。

(2) 列号、货架号、层号常用的排序方法。

①列号编排顺序。列号编排顺序以仓库的发料柜台为三维坐标的原点,依料位码的列号依次增大,以便于查找配件。

②货架号编排顺序。

a. 从左到右法。这种编排方法采用的顺序如图4-13所示。

b. 环形法。这种编排方法采用的顺序如图4-14所示。

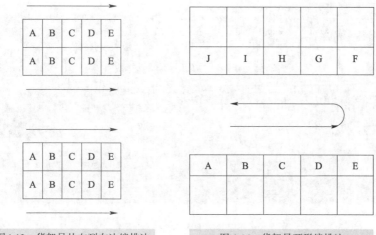

图4-13 货架号从左到右法编排法　　图4-14 货架号环形编排法

c.层号编排顺序。层号编排的顺序常用从上至下的方法进行编排,以货架顶层为"1",往下依次增大,为确保配件存储的货架通畅,货架最多层数设计为4层,对于尺寸较大的配件存放货架,货架的高度与宽度都适当加大,相应该货架的层数也会减少,如轮胎、大型钣金配件等。

(3)料位码的优化措施。

料位码的编制要求准确细致,大件配件的料位码比较容易定位,但对于小型配件,如果在货架上直接堆码,易造成混乱,不利于存储管理,因此可采用以下方法,对其料位码进行精确定位:

①在地面画出分区的位置线。如图4-15所示,采用这种措施可以增加视觉效果,有利于在配件查找中快速地对区进行定位,减少区位判断时间。

图4-15 分区区域线的划分

②列的划分。如图4-16所示,列的划分可采用悬挂的细铁链分割不同货位,采用这种措施有利于在编制料位码时便于对相近配件进行细致的划分,使配件的仓储位置能更精确的定位,提高出入库管理的操作效率。

图 4-16 用悬挂的细铁链分割不同货位

③分隔成微小型配件存储空间。对于数量多、体积微小的配件,宜采用硬纸板将货架分隔成"蜂窝"状微小型配件存储空间,如图 4-17 所示。在货位密布的货架中间层上,用醒目的颜色标注该层货签,且一个配件对应一个号位,以便快速寻找货位,也便于对仓储执行 5S 管理。

图 4-17 微小型配件存储空间

总之,配件存储中料位码的编制不是一成不变的,在基本原则的基础上,可根据自身企业特点和需求进行编制。

(4)料位码的读取。

料位码的读取要结合计算机操作来完成。配件入库验收后,一般先按已经编制好的料位码进行上架,当接到车间的配件领料单后,只要通过计算机系统查询到该配件的具体料位码,就能快速地知道配件存放的具体位置,从而迅速找到所需的配件。

想一想

料位码 A03-01-04 的具体含义是什么?

项目四 汽车配件仓储管理

10 汽车配件仓库的总体构成

1）配件仓库结构分类

汽车配件仓库按结构组成,可分为平房仓库、楼房仓库和货架仓库 3 种类型。

(1) 平房仓库。平房仓库一般构造简单,建筑费用低,适于人工操作。

(2) 楼房仓库。楼房仓库是指二层楼以上的仓库,它可以减少占用面积,出入库作业则多采用机械化或半机械化作业。

(3) 货架仓库。货架仓库采用钢结构货架储存货物,通过各种输送机、水平搬运车辆、叉车、堆垛机进行机械化作业。按货架的层数不同又可分为低层货架仓库和高层货架仓库。

2）配件仓库的空间布局

仓库的布局是指一个仓库的各个组成部分,如库房、货棚、货场、辅助建筑物、库内道路、附属固定设备等,在规定的范围内,进行平面和立体的全面合理安排。料区布置的形式有垂直式布局和倾斜式布局,其中垂直式布局分为横列式、纵列式、纵横式;倾斜式布局分为料垛倾斜式、通道倾斜式。

(1) 横列式布局。

料架或料垛的排列与库墙和通道相互垂直,如图 4-18 所示。

横列式布局整齐美观,查点、存取方便,通风和自然采光良好,便于机械化作业;但主通道占地多,利用率低。

(2) 纵列式布局。

料架或料垛的长度与库房的长度方向平行,如图 4-19 所示。

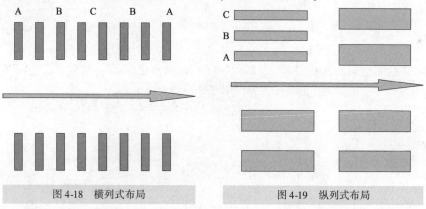

图 4-18　横列式布局　　　　图 4-19　纵列式布局

纵列式布局仓库面积利用率高;但存取不便,通风和自然采光不良。

(3) 纵横式布局。

纵横式布局如图 4-20 所示。

(4) 料垛倾斜式布局。

料垛的布置与库墙和主通道之间成一锐角,如图 4-21 所示。

料垛倾斜式布局可利用叉车配合托盘作业,提高装卸搬运效率;但容易造成死角,且仓库面积不能被充分利用。

(5) 通道倾斜式布局。

料垛与库墙垂直,通道与料垛和库墙成一锐角,如图 4-22 所示。

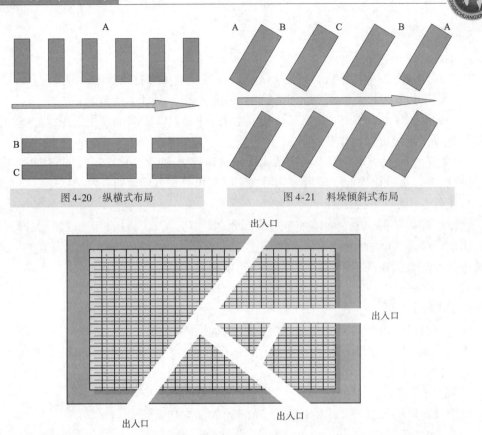

图4-20 纵横式布局　　　图4-21 料垛倾斜式布局

图4-22 通道倾斜式布局

3）汽车配件仓库的构成

一个配件仓库通常由配件存储区、卸货区和行政管理区三部分组成，如图4-23所示。

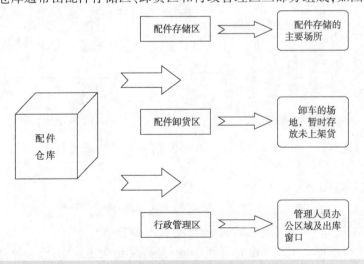

图4-23 汽车配件仓库结构

（1）配件存储区。

配件存储区是仓库的主体部分，是汽车配件储存放置的主要场所，具体分为货架、主通道、货架间通道三部分。

①货架是汽车配件放置的基础设施,可存放配件,同时还起着配件的周转和调剂、出入库作业等作用。

②仓库内至少设一个主通道,主通道能清楚地从一端看到另一端,如图4-24所示。

③在货架之间要设有货架间通道(也称辅助通道),其需要满足两个条件:一是两人逆向行走通畅无阻碍;二是能保证平板推车顺利通过。

(2)配件卸货区。

配件卸货区是供配件运输车辆装卸配件的场地,为利于仓储的入库,卸货区一般设在仓库大门的一侧,便于运送配件的车辆停靠。

(3)行政管理区。

行政管理区是仓库行政管理机构所在的区域,一般设在仓库与维修车间衔接的地方。

货架区(配件存储区)、卸货区和行政管理区在仓库中的合理设计,能有效地利用空间位置,为企业减少不必要的浪费。

4)仓库的合理设计

在仓库的空间布局上,要合理设计配件存储区、行政管理区和通道空间的比例,一般配件存储区占50%,行政管理区占3%,通道空间占47%。

5)仓库的安全规划

(1)库场消防。

从仓库不安全的因素及危害程度来看,火灾造成的损失最大。因此仓库必须认真贯彻"预防为主,防消结合"的消防方针,坚决执行《中华人民共和国消防法》和《仓库防火安全管理规则》。

①常用的灭火器材。需要具备不导电、不腐蚀、不含水分、不污损仪器和设备、毒性低等特点,可用于扑救易燃液体、有机溶剂、可燃气体和电气设备所引起的火灾,图4-25所示为二氧化碳灭火器。

图4-24 仓库内主通道

图4-25 二氧化碳灭火器

②遵守《建筑设计防火规范(2018年版)》(GB 50016—2014)。新建仓库要严格遵照

《建筑设计防火规范(2018年版)》(GB 50016—2014)的要求,仓库的防火间距内不得堆放可燃物品,要保证消防车辆能够顺利驶入。灭火器要放置在不妨碍生产情况下最显眼、易取的地方。

③易燃、易爆的危险品库房必须符合防火防爆要求,并且在显眼处安装安全警示标志,如图4-26所示。

④电气设备应始终符合规范要求。

(2)配件仓库中的防护措施。

汽车配件种类繁多,由于使用的材料和制造的方法不同而各具特点,所以在仓库规划和设计时就应充分考虑配件仓储的防护措施,主要有以下5类:

①防潮。防潮主要的措施以通风为主,通风的方式可分为自然通风和强制通风。图4-27所示为强力通风机。

图4-26　危险品库房安全警示标志示例　　　　图4-27　强力通风机

②防腐。防腐是保证仓储质量的一项重要措施,汽车配件的防腐主要考虑湿度和日照两个方面的影响。

③防尘。防尘的主要措施是减少库房内灰尘的产生,对湿度进行合理的控制,从而减少粉尘产生,而粉尘产生的源头主要是地面和围壁。

④防鼠。鼠患是仓储的一大危害,在仓储设计过程中要充分考虑鼠患的预防。应从仓库的门、窗及通风管道入手,严格控制其在关闭状态下间隙的大小。

⑤防盗。仓库的防盗设施大至围墙、大门、防盗门,小至门锁、窗,应根据法律法规规定和治安保管的需要安装这些设施,按照规定合理利用配置的相关设备,由专人负责操作和管理。图4-28所示为电子监控摄像头。

图4-28　电子监控摄像头

 想一想

汽车配件仓库安装监控摄像头有哪些好处?

二 任务活动——汽车配件仓位规划

1 活动描述

利用企业实地调查法或学校汽车配件功能室,了解企业汽车配件仓位规划,能对汽车配件进行料位码设计,并正确摆放配件。要求有文字记录和相关影像资料。

2 场景设置

(1)货架2个。
(2)发动机、底盘、车身(电器)及新能源汽车专用件配件各5个。
(3)配件标签、工作单据若干。
(4)工作电脑、配件查询软件、配件推车、码货车、手套、工作台等。

3 活动实施

以小组形式展开,分工明确,并采用角色扮演法在课堂上展示。同时,注意观察其他组展示情况,并对所见所闻进行记录。

4 活动评价

(1)通过本任务活动的学习,你认为自己是否已经掌握了相关知识和基本操作技能。
(2)评价活动过程完成情况。
(3)在活动过程中,你和同学之间的协调能力是否得到了提升。
(4)通过本活动的学习,你认为自己在哪些方面还需要深化学习并提升岗位能力。

任务二 汽车配件入库

一 理论知识准备

1 汽车配件接运

配件接运是仓库根据到货通知,向承运部门或供货单位提取配件入库的工作。配件接运与配件验收入库的紧密衔接,是仓库业务工作的首要环节。

配件接运根据不同情况,可分为专用线整车接运、车站(码头)提货、到供货单位提货等几种形式。

1)专用线整车接运

专用线整车接运是指在建有铁路专用线的仓库内,当整车到货后,准备好卸车的人力和机具,在专用线上进行卸车。

(1)卸车前检查。

卸车前检查的主要内容有:

①核对车号。

②检查车门、车窗有无异状,施封是否脱落、破损或印纹不清、不符。

③配件名称、箱件数与配件运单的填写是否相符。

④对盖有篷布的敞车,应检查覆盖状况是否严密完好,尤其是应查看有无雨水渗漏的痕迹和破包、散捆等情况。

(2)卸车中的注意事项。

①应按车号、品名、规格分别堆码,做到层次分明、便于清点,并标明车号及卸车日期。

②注意外包装标志,正确钩挂、铲兜、轻起、轻放,防止包装损坏和配件损坏。

③妥善苫盖,防止受潮和污损。

④对品名不符、包装破损、受潮或损坏的配件,应另行堆放,写明标志,并会同承运部门进行检查,编制记录。

⑤力求与保管人员共同监卸,争取做到卸车和配件件数一次性点清。

⑥卸后货垛之间留有通道,并与电杆、消防栓等保持一定距离;与专用铁轨外部距离保持在 1.5m 以上。

⑦正确使用装卸工具和安全防护用具,确保人身和配件安全。

(3)卸车后的清理。

卸车后应检查车内是否卸净,然后关好车门、车窗,通知车主取车。做好卸车记录,连同有关证件和资料尽快向保管人员办理内部交接手续。及时取回捆绑器材和盖布。

2)车站、码头提货

到车站、码头提货是配件仓库进货的主要方式。接到车站、码头的到货通知书后,仓库提货人应了解所到配件的件数、质量和特性,并做好运输装卸机具和人力的准备。货到库后一般卸在库房装卸平台上,以便就近入库,或者直接入库卸货。

3)到供货单位提货

仓库与供货单位同在一地时大多采用自提方式进货,订货合同规定自提的配件,应由仓库自备运输工具直接到供货单位提取。

根据你所在的地域实地调研汽车配件供应商提货方式是整车接运,还是车站、码头提货?或者是到供货单位提货?

_____

_____。

2 汽车配件入库验收

汽车配件入库是汽车配件仓库管理的一项重要业务,需要根据企业实际订购的配件种类及数量制定合理的入库方案。入库验收是配件入库保管的准备阶段。

1)配件入库验收的依据和要求。

(1)入库验收的依据。

①根据入库凭证(含产品入库单、收料单、调拨单、退货通知单)规定的型号、品名、规格、

产地、数量等各项内容进行验收。

②参照技术检验开箱的比例，结合实际情况，确定开箱验收的数量。

③根据国家对产品质量要求的标准，进行验收。

(2)入库验收的要求。

①及时。验收要及时，以便尽快建卡、立账、销售，这样就可以减少配件在库停留时间，缩短流转周期，加速资金周转，提高企业经济效益。

②准确。配件入库应根据入库单所列内容与实物逐项核对，同时对配件外观和包装认真检查，以保证入库配件数量准确，防止以少报多或张冠李戴的配件混进仓库。

如发现有霉变、腐蚀、渗漏、虫蛀、鼠咬、变色、脏污和包装潮湿等异状的汽车配件，要查清原因，做好记录，及时处理，以免扩大损失。

要严格实行一货一单制，按单收货，单货同行，防止无单进仓。

(3)验收注意事项。

汽车配件采购员在确定了进货渠道及货源，并签订了进货合同之后，必须在约定的时间、地点，对配件的名称、规格、型号、数量、质量检验无误后，方可接收。包括对配件品种的检验、配件数量的检验和配件质量的检验。

2) 配件入库验收工作中问题的处理

(1)在验收大件时，如发现少件或者多出件，应及时与有关负责部门和人员联系，在得到他们同意后，方可按实收数签收入库。

(2)凡是质量有问题，或者品名、规格串错，证件不全，包装不合乎保管、运输要求的，一律不能入库，应将其退回有关部门处理。

(3)零星小件的数量误差在2%以内，易损件的损耗在3%以内的，可以按规定自行处理，超过上述比例，应报请有关部门处理。

(4)凡是因为开箱点验被打开的包装，一律要恢复原状，不得随意损坏或者丢失。

3) 配件入库验收

入库验收包括数量和质量两个方面的验收。

数量验收是整个入库验收工作中的重要组成部分，是做好保管工作的前提。库存配件的数量是否准确，在一定程度上是与入库验收的准确程度分不开的。配件在流转的各个环节都存在质量验收问题。

质量验收，就是保管员利用自己掌握的技术和在实践中总结出来的经验，对入库配件的质量进行检查验收。

验收入库的程序如下：

(1)点收大件。仓库保管员接到进货员、技术检验人员或工厂送货人员送来的配件后，要根据入库单所列的收货单位、品名、规格、型号、等级、产地、单价、数量等各项内容，逐项进行认真查对、验收，并根据入库配件的数量、性能、特点、形状、体积，安排适当的货位，确定堆码方式。

(2)核对包装。在点清大件的基础上，对包装物上的商品标志和运输标志，要与入库单进行核对。只有在实物、商品和运输标志、入库凭证相符时，方能入库。

同时，对包装物是否合乎保管、运输的要求要进行检查验收，经过核对检查，如果发现票物不符或包装有破损异状时,应将其单独存放,并协调有关人员查明情况,妥善处理。

(3)开箱点验。凡是出厂原包装的产品,一般开箱点验的数量为5%~10%。

如果发现包装含量不符或外观质量有明显问题,可以不受上述比例的限制,适当增加开箱检验的比例,直至全部开箱。新产品入库,亦不受比例限制。

对数量不多且价值很高的汽车配件,非生产厂原包装的或拼箱的汽车配件,国外进口汽车配件,包装损坏、异状的汽车配件等,必须全部开箱点验,并按入库单所列内容进行核对验收,同时还要查验合格证。经全部查验无误后,才能入库。

(4)过磅称重。凡是需要称重的物资,一律过磅称重,并要记好质量,以便计算、核对。图4-29所示为机械磅秤和电子磅秤。

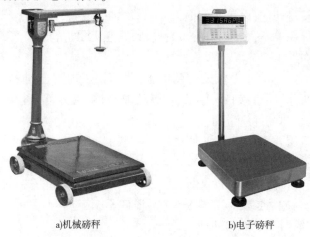

a)机械磅秤　　　　b)电子磅秤

图4-29　机械磅秤和电子磅秤

(5)配件归堆建卡。要根据配件性能特点,安排适当的货位。

归堆时一般按五五堆码原则(即五五成行、五五成垛、五五成层、五五成串、五五成捆)的要求,排好垛底,并与前、后、左、右的垛堆保持适当的距离。

批量大的,可以另设垛堆,但必须整数存放,标明数量,以便查对。

建卡时,注明分堆寄存位置和数量,同时在分堆处建立分卡。

(6)上账退单。根据进货单和仓库保管员安排的库、架、排、号,以及签收的实收数量,仓库账务管理人员逐笔逐项登账,并留下入库单据的仓库记账联,作为原始凭证保留归档。另外两联分别退还业务和财务部门,作为业务部门登录商品账和财务部门冲账的依据。

配件入库验收的全部过程到此结束。

3 汽车配件入库的步骤

1)入库搬运

配件入库搬运的第一步要求是卸车。由于汽车配件种类繁多,且特征不同,多数卸车是靠人力完成的,如图4-30所示。

配件的入库搬运是指将配件搬运进库并放置在指定的储存货架位置上的作业过程。配件的入库搬运包括配件在仓库设施内的所有移动。仓库收到配件,为了库存管理和出库的需要,有必要在仓库内搬运货物并确定其货位。当配件需要出库时,将所需配件集中起来并将其运送到配件发料区。

在搬运配件过程中,需要注意以下几方面:

(1)配件搬运中尽量使用搬运工具,如小型手推车(图4-31)、平板车等,以提高效率。

图4-30 人工卸车

图4-31 小型手推车

(2)尽量缩短搬运距离,节省人力。

(3)减少搬运次数和搬运时间。

(4)注意人身及货物安全。

(5)通道不可有障碍物阻碍运输。

(6)各类配件应有明确的产品及路程标志,不可因搬运混乱而造成生产混乱。

2)安排货位

货位是指配件在仓库中存放的具体位置。根据汽车配件入库单的货架号信息,快速准确地找到配件在仓库中的实际位置,为后续上架奠定基础。汽车配件在库区中按地点和功能进行划分,不同的位置存放不同类别的货物,且不得随意放置,否则不利于库房的管理与配件查找。具体货位安排要遵循以下原则:

(1)尽量充分合理利用库房的空间,货物布置要紧凑,提高仓库利用率。

(2)尽量减少配件查找时在库房中行走的距离,从而降低搬运配件的劳动强度。

(3)能够便于以最快的速度找到所需配件。

(4)在不同区域分别存储形状相似的配件,从而降低拿错配件的概率。

(5)随时调整货位安排,满足相关要求。

3)上架堆码

上架堆码就是将配件整齐、规则地摆放成货垛的作业过程。一般对堆码的作业都要求做到牢固、定量、整齐、合理、节省。

对上架堆码的技术要求:

(1)合理。

(2)牢固。

(3)安全"五距",定额管理。

(4)实行五五堆码。

(5)堆码货物的包装标识必须一致向外,不得倒置。

(6)节省,提高库容利用率。

堆码在实际作业中要求注意以下几点:
(1)同类产品按生产日期、规格单独存放。
(2)不同品种的货物分别放置在不同的托盘上。
(3)贴有"标签"的物品,标签应向外与通道平行。
(4)严禁倒置,严禁超过规定的层级堆码。
(5)货架上物品存放质量不得超过货架设计载货。
(6)在托盘上堆放货物时,托盘间应预留合理距离,以便于移动,并避免货物错放。
(7)手工操作时,每一货物托盘上应放置一张"储位卡"。

借助网络查询上架堆码安全"五距"要求是什么?

4)入库登记

配件经验收无误、上架堆码后应立即办理入库相关手续,进行登账、立卡和建档,并妥善保管产品的各种证件、说明书及账单资料。

(1)登账。

登账是指仓库管理人员对每一种规格及不同质料的配件都必须建立收、发、存明细账,以便及时反映配件存储动态。目前实际作业过程中,登账均是以计算机方式来进行,不仅效率高,而且比较准确,后续查询也很方便。

(2)立卡。

立卡是指货物入库或上架后,将货物名称、规格、数量等内容填在料卡并挂在货位上的作业过程。料卡是一种活动的实物标签,它反映库存产品的名称、规格、型号、级别、储备定额和实存数量,一般料卡直接挂在货位上。

(3)建档。

历年的配件产品技术资料及出入库有关资料应存入产品档案(电子或纸质),以便积累配件报告经验,并且配件档案应一物一档,统一编号,做到账、卡、物三者相符,以便进行查询与盘点。

4 汽车配件陈列的原则

1)配件特点突出

直接明了显现商品的特点,让顾客清楚、方便地观察商品的外观,研究商品的使用方法和阅读商品的相关信息,这是商品展示陈列的首要原则。

2)方便购买

选择合适的标准来进行商品的分门别类,如根据部门、大类、品种、单品展示陈列商品,可以方便顾客寻找购买,节省顾客购买过程中搜寻商品所花费的时间和精力。

3)吸引购买者注意力

商品展示与陈列是一项创造性工作,其目的是吸引目标顾客的光顾,促进商品的销售,方便和愉悦顾客,进而刺激和满足顾客的需求。

4)彰显文化

随着零售业的迅速发展,专营某类商品或者专门服务于某类消费群体的专卖店蓬勃发展。

5)丰富多彩

商品展示陈列应该随着季节的变化和中西方节日的不同而不断变换商品的展示,充分利用固定不变的商场空间来展示变动的商品组合,既能使商店的面貌焕然一新,给顾客新鲜感,又可以带动销售。商品间以及展示台的搭配可根据不同的销售季节和节假日灵活而定。

 做一做

职业学校毕业后,你被推荐到一家刚成立不久的汽车配件城工作,你发现配件的陈列很混乱,你将如何来改变这种现象?

_____

_____

_____。

 汽车配件陈列的种类和要求

1)汽车配件陈列的种类

按商品的静态陈列,汽车配件陈列分为地面陈列、柱面陈列、壁面陈列、架上陈列、空间陈列、置放陈列、壁贴陈列。

按商品的动态陈列,随着现代科技的发展,许多展览馆出现了各种动态陈列形式。

2)汽车配件陈列基本要求

(1)醒目、美观、整齐。所销售的配件品种尽量摆全,摆放要整齐条理,多而不乱,杂而有序。

(2)库有柜有、明码标价。配件要随销随补,不断档、不空架,方便客户选购。

(3)定位、定量陈列。为了便于选购、取放和盘点,配件陈列的数量和位置不要随意改动,以免混乱。

(4)分类、分等、顺序陈列。按照配件的品种、系列、安装部位和质量等级等陈列,如油类、橡胶类和金属类分开摆放,方便客户选购。

(5)相关配件连带陈列。

任务活动——汽车配件货位安排及堆码

1 活动描述

利用学校汽车配件功能室,对一批汽车配件进行分区分类和货位编写。对一批汽车配件进行堆码,了解不同的堆码方法。要求有文字记录和相关影像资料。

2 场景设置

(1)货架2个。

(2)发动机、底盘、车身(电器)及新能源汽车专用件配件各5个。
(3)配件标签、工作单据若干。
(4)工作电脑、配件查询软件、配件推车、码货车、手套、工作台等。

3 活动实施

以小组形式展开,分工明确,并采用角色扮演法在课堂上展示。同时,注意观察其他组展示情况,并对所见所闻进行记录。

4 活动评价

(1)通过本任务活动的学习,你认为自己是否已经掌握了相关知识和基本操作技能。
(2)评价活动过程完成情况。
(3)在活动过程中,你和同学之间的协调能力是否得到了提升。
(4)通过本活动的学习,你认为自己在哪些方面还需要深化学习并提升岗位能力。

任务三 汽车配件日常管理

一 理论知识准备

1 汽车配件5S日常管理要求

1)5S的含义

5S是日本企业率先实施的现场管理方法。5S是五个日语词汇:Seiri(整理)、Seiton(整顿)、Seiso(清扫)、Seiketsu(清洁)、Shitsuke(素养)首字母的缩写,各S的含义分别是:分开处理、定量定位、清洁检查、立法立规、守纪守法。5S的目的是改善现场,降低损耗,提高效率,提高质量。5S活动的直观效果是现场环境的清洁与井然有序。5S间有着内在的逻辑关系,前三个S直接针对现场,其要点分别是:

(1)整理(Seiri)。将不用物品从现场清除。
(2)整顿(Seiton)。将有用物品定置存放。
(3)清扫(Seiso)。对现场清扫检查,保持清洁。
(4)清洁(Seiketsu)。经常性地做整理、整顿、清扫工作,将整理、整顿、清扫实施的做法制度化、规范化,维持其成果。
(5)素养(Shitsuke)。通过晨会等手段,提高全员文明礼貌水准,培养每位员工养成良好的习惯。

2)仓库5S日常管理要求

汽车配件仓库5S日常管理要求对仓库内配件进行正确的摆放,对货架进行正确的标记,对不同的配件归类摆放,并对整个配件库进行清洁、整顿与保持。某4S店仓库管理要求如下:

(1)仓库如发现不用的物料或报废的物料,应及时与相关部门沟通,及时清理,并做好状态标记。

(2)把长期不用但具有可用价值的物料,按指定区域定点防护存放,并标记好物品属性、存放日期、最长使用期限,必要时申请技术人员进行实物判定,盘点时应再次做好防护处理。

(3)物料、物品、成品要按指定区域分类规划,放置时要做到安全、整齐、美观并以水平直角摆放,要有标记和品质状态。

(4)物料、物品要做到账、物、卡三者一致。

(5)区域通道和消防通道要保持畅通无阻,不脏乱,区域识别油漆线则根据实际损毁情况进行重复画线,通道用绿色,物品放置区用黄色,不良品区用红色油漆。

(6)部门设备要自行清洁、维护,对公用设备、载具由部门负责人安排清洁、维护,需维修时应填写维修标记卡,并填写好时间、保修人、部门等内容。

(7)物料架和物流要摆放整齐,各区域负责人必须负责管理好区域内的物品,做好防护清洁整理工作,并且要保护好状态标记。

(8)地面、墙面、楼梯、办公座椅、电气设备等要保持清洁,要畅通无阻,任何情况下都不准堵塞电闸与消防栓。

(9)仓库通风要好,保持干燥清爽的环境,灯具、安全阀、电梯、风扇、窗户等设备以及卫生死角各区域负责人要随时清扫,禁带火种入库,及时排除故障。

(10)仓库区域物品要做好各种安全防护措施,防护雨布不用时要折叠保管,定点存放。对非人为破坏的防护用品,如不能修复则做报废处理,报废前由管理部门检查核实。

(11)物品卸载时要轻拿轻放,对超重物品或带有毒性的物品不准单人运载,装卸完物品后要及时清扫现场,各类搬运载具在空闲时要成水平直角摆放在指定区域。

(12)不准随意踩、坐物品及运输载具,为搬运人员设置指定休息区域,同时规划好个人物品统一存放处。

(13)仓库主管或班组长每月要在上旬、中旬、下旬3个时间段内自行安排员工学习5S知识,并留有学习记录。

(14)办公室有效文件、资料、相关记录和其他物品,要分类规划,定点防护存放。在使用过程中,文件资料记录要保管好。

(15)桌椅要摆放整齐,办公区、地面墙角应清洁干净,抽屉内要整洁不杂乱,人行通道要保持畅通无阻,电气设备要做好安全防护措施,禁止吸烟。

(16)仓库工作人员应避免在工作时与交接人员发生争吵,不能自行处理的事情,应立即请求部门负责人协助处理解决,要使用文明用语、使用电话礼仪。

(17)不准在仓库打瞌睡、吃零食、看小说、串岗、聚集聊天、追逐嬉戏打架、骂人,着装要整洁、待人要礼貌,使用文明用语,掌握电话礼仪,有时间观念。

品牌4S店配件仓库推行5S管理会带来哪些好处?

❷ 仓库管理员岗位职责

仓库管理员作为库房管理实施者,其工作职责是做好仓库配件的日常管理,对配件的质量进行验收,对仓库的安全工作进行定期检查,同时与配件部门其他人员及时进行沟通和协调。

(1) 严格按照仓库保管原则及 5S 实施要求开展管理工作。

(2) 掌握查询该品牌新旧车型零件的应用知识与零件编排体系的方法。

(3) 接到配件货单后,一定要严格按照该品牌的接货程序进行验收与收货。

(4) 对于预定配件,仓库管理员必须合理地安排好预留仓位,同时立即填写好到货通知书,及时通知维修前台联系客户来店领取配件。

(5) 到货通知书在配件订货人员签字确认后,一联提交给维修前台,另一联由仓库管理员贴在预留仓位上进行标示。

(6) 认真做好库房内防火、防盗与防水工作,及时发现安全隐患、及时报告。

(7) 做好相互交接,如遇到休息与休假时,应对所遗留或未完成的工作进行书面交接。

(8) 管理员在日常工作中,必须与配件部各岗位人员及时沟通,协调各部门做好工作。

❸ 库存汽车配件的日常维护

汽车配件的存储必须根据不同的材料、结构形态、质量及技术性能等多方面的要求,采取相应的措施,保证存储安全,避免存储期间发生霉变、失准、变形、破损等现象。

1) 汽车配件的存储条件与措施

(1) 汽车配件存储条件。

① 密封。仓库密封就是把整库、整垛或整件商品尽可能地密封起来,减少外界不良气候条件的影响,以达到配件安全储存的目的。

② 通风。通风就是使库内外空气形成对流,来达到调节库内外温度、湿度的目的。

③ 吸潮。吸潮是与密封配合,用来降低仓库内空气湿度的一种有效方法。在梅雨季节或阴雨天,当仓库内湿度过大时,在仓库内常常采用吸潮的办法,降低仓库内的湿度。

(2) 汽车配件存储措施。

汽车配件都应存储在仓库或有遮盖的干燥场地内,无有害气体侵蚀和影响,且通风良好,不得与化学性、酸碱性配件一起存放。

① 存储汽车配件的仓库应保持相对湿度不超过 75%,温度在 20~30℃。对于橡胶产品,特别是火补胶,则须在能够保持环境温度不超过 25℃ 的仓库内存放。

② 对于电器配件、橡胶制品配件、玻璃制品配件,由于这些配件自身质量轻,属于轻型产品,不能碰撞和重压,否则将会使这些配件产品工作性能失准、变形甚至破裂,应该设立专仓存储。

③ 对于蓄电池的存储,应该避免重叠过多和碰撞,防止电极和蓄电池盖因重压受损,而且应注意加注电解液塞孔的密封,防止潮湿空气侵入。

④ 除应保持存储场地干燥外,还应在各配件的包装箱内放置防潮防蛀药品,以防止霉变及蛀虫生长。

⑤ 根据配件材料、结构、体型、质量、性能等不同特点,安排不同的仓位和采取不同的堆垛方法,确定合理的堆垛数量,以保持存储的安全。

⑥ 对于易吸潮生锈的配件,除应保持仓库地面干燥外,还应在配件堆垛的底层设置离地至少有 15cm 空隙的架空地板,使空气得以流通。

⑦ 存储配件的堆垛相互之间以及堆垛与墙之间都必须留有间距,墙距宽度一般规定为

0.1~0.3m,垛距之间为0.5~1m,必要的间距是保证存储配件的通风条件。

2)金属类配件的防锈与除锈

配件仓库存储的配件中金属类的配件所占比例较高,而金属类配件和空气或化学物品直接接触都容易锈蚀,这是由于金属表面受到周围介质的化学作用或电化学作用而遭受破坏的,因此存储仓库日常管理中对于配件特别是金属类配件的维护是主要工作内容之一。

(1)创造良好的存储条件。

认真选择存储场所,保持库房干燥,保持库内外清洁,清除堆垛周围杂物,不使材料和污染物接触和附着尘土。

(2)金属制品的防锈。

①密封法防锈蚀。

a. 干燥空气封存法。当空气相对湿度控制在35%左右时,金属则不易生锈,非金属也不易生霉。

b. 充氮封存法。氮气的化学性质比较稳定,在货物包装中,充入干燥的氮气,隔绝了水分、氧气等腐蚀性介质,从而达到使金属不易生锈、非金属不易老化的目的。

②涂油防锈。涂油是一种广泛应用的防锈方法,涂油可借油层的隔离作用,使水分和大气中的氧及其他有害气体,不易于接触金属制品表面,从而防止金属类配件锈蚀,或减缓金属锈蚀速度。采用涂油防锈的材料应根据金属配件的性质选择。金属配件进行了涂油防锈之后,为了进一步地使其与空气隔绝,还应该选择具有一定的隔离作用而且性能可靠的纸类及各种塑料薄膜。

(3)金属制品的除锈。

①手工除锈。主要是通过擦、刷、磨,以除去锈迹。

②机械除锈。常见的有滚筒式除锈、抛光机除锈等。

③化学除锈。这是借助于能够溶解锈蚀物的化学品或药物将锈蚀层除掉的一种先进方法,除锈后能够保持金属原有的色泽,且对人体无腐蚀性。

4 汽车配件的存放要求

1)按周转速度存放

常流动件远离作业区,效率低下;常流动件存放于作业区附近,作业方便,如图4-32所示。

2)重物下置

重物下置,这是从出入库作业的安全性和高效率方面来考虑的。有些像半轴、缸体、轮毂等重配件如存放在货架上方会产生如下问题:

(1)重零件有落下伤人及损坏的危险。

(2)上架、提取不便。

3)竖置存放

竖置存放,如图4-33所示。有些像车门、排气管、风窗玻璃等扁平或细长形状的配件如平放会产生如下问题:

(1)上面配件的质量会损坏下面的配件。

(2) 此类配件平放会浪费很大空间。
(3) 由于排气管一类的零件过长,如平放会从货架伸出至通道,从而影响通行且不安全。
(4) 难以提取。

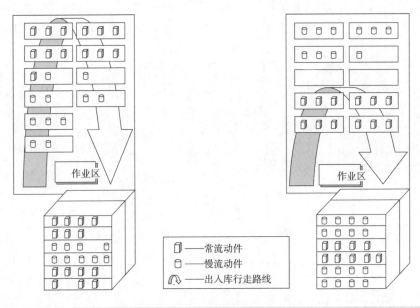

图 4-32 按周转速度存放

4) 按类型存放

按产品类型存放,如图 4-34 所示。

图 4-33 竖置存放

5) 异常品管理

异常品管理,如图 4-35 所示。

异常品管理的缺点如下:

(1) 容易因疏忽而忘记配件的临时存放位置。
(2) 有可能因疏忽了一种配件存放于两个位置而发生重复订货的事情。
(3) 库存空间浪费。
(4) 无法观察库存效率(不易发觉不良库存)。

这样,当发现货架上方出现过多的库存时就应该及时同业务部门联系,确认是由下面哪种原因造成的:

(1) 订货错误。
(2) 市场需求增加,原来的货位已不能满足要求。

6) 一个件号一个货位

一个件号一个货位,如图 4-36 所示。打出的出库票上面写明该配件的货位位于 A 区的 A03 号货架的由下向上数第 4 段第一个货位即 A03-01-04。这个货位里只保存要出库的这个配件,所以即使是完全没有经验的人也可准确无误地找到。所以一定要贯彻一个件号一个货位的原则。

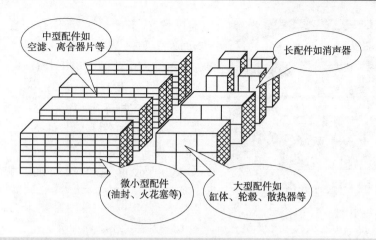

图 4-34　按产品类型存放

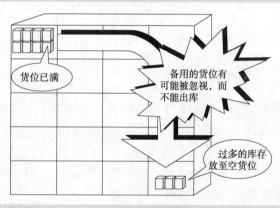

图 4-35　异常品管理

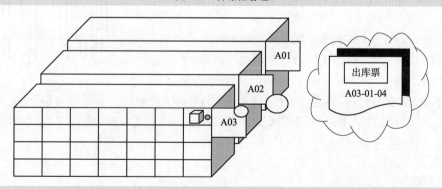

图 4-36　一个件号一个货位

7）存放在手可达到之处

存放在手可达到之处，这是从方便作业、提高工作效率角度考虑的。如果配件存放在过高的地方，提取及上架时不得不使用梯子，就会造成作业不方便、效率低下。所以，应该将配件存放在手能达到的位置。

5 汽车配件的保管与维护要领

汽车配件品种繁多，因为使用的材料和制造方法的不同而各具特点，有的怕潮，有的怕

图4-37 汽车配件不应直接与地面接触

热,有的怕光,有的怕压等,储存中会受自然因素的影响而发生变化,甚至会影响配件商品的质量。因此在仓库管理中要做到以下几点:

(1)坚持先进先出的原则。
(2)合理安排库房和货位。
(3)必要时加枕垫及苫布。

汽车配件绝大部分都是金属制品,应忌潮湿,如图4-37所示,最底层应与地面保持一定距离,以防锈蚀。

(4)加强仓库内温度、湿度的控制。
(5)保持库内外清洁卫生。

想一想

汽车配件储存的仓库应保持在相对湿度不超过75%,温度在什么范围?

⑥ 用条形码管理汽车配件

1)条形码的结构

如图4-38所示,条形码是由宽度不等的多个黑色条符和白色条符根据特定的规则排列,用以表达一组信息的图形标识符。常见的条形码是由反射率相差很大的黑条和白条排成的平行线图案。黑、白条符以不同的排列方法构成不同的图案,从而代表不同的字母、数字和其他人们熟悉的各种符号。条形码可以标出物品的生产国、制造厂家、商品名称、生产日期、图书分类号、邮件起止地点、类别、日期等许多信息,因而在商品流通、图书管理、邮政管理、银行系统等许多领域都得到了广泛的应用。

图4-38 条形码样例

通用商品条形码一般由前缀部分、制造厂商代码、商品代码和校验码组成。其中前缀码是用来识别国家或地区的代码,赋码权在国际物品编码协会,如00~09代表美国,690~695代表中国大陆,471代表中国台湾地区,489代表香港地区。制造厂商代码的赋权在各个国家或地区的物品编码组织,中国由国家物品编码中心赋予制造厂商代码。

做一做

通过观察汽车配件外包装的条形码,上网查询写出各数字组所表示的含义。

_____

_____。

2)条形码信息的阅读

人的眼睛不易区别其中单一字符的条形代码,要利用电子技术来识别。

计算机条形码的射频识别技术即RFID,是一种非接触式的自动识别技术,它通过射频信号自动识别目标对象,可快速地进行物品追踪和数据交换。将 RFID 系统用于智能仓库货物管理,有效地解决了仓储货物信息管理。

在仓库汽车配件条形码管理中,一般采用便携式条形码阅读器阅读汽车配件条形码信息,如图 4-39 所示。

7 汽车配件管理的安全隐患

汽车配件会因为存储环境的影响而发生变化。库房环境管理和安全管理是仓库管理重要组成部分,要给予足够的重视。

1)火灾

汽车配件仓库中,储存了许多易燃易爆物品,如各种油品、油漆类等,一旦遇到着火源,极易引发火灾。仓库发生火灾不仅造成库存物资付之一炬,而且还会对仓库建筑、设备、设施等造成破坏,引起人身伤亡。因此,若不按规范操作,就有可能发生火灾,所以要在显眼位置竖立仓库重地、禁止烟火牌匾,如图 4-40 所示。

图 4-39 条形码阅读器

图 4-40 在显眼位置竖立仓库重地、禁止烟火牌匾

2)温度、湿度不当导致的性能变化

汽车配件的储存条件应根据汽车配件不同的材料、结构形态和质量以及技术性能等方面的要求,区别对待,根据具体情况,安排不同的储存条件。

所有汽车配件应储存在仓库或有遮盖的干燥场地内,应无有害气体侵蚀和影响,且应通风良好,不得与化学药品、酸碱物资一同存放。

例如:橡胶制品环境温度高于 40℃ 时,软化发黏;在 10℃ 以下时,会变硬变脆,失去弹性。

金属制品不仅对温度也有一定要求(金属表面的维护油或蜡遇到高温会熔化),对湿度也有要求(如果湿度过高,会加速氧化导致生锈)。

3)氧化和老化

汽车配件制造材料的构成十分复杂,有黑色金属的铸铁(球墨铸铁、可锻铸铁、灰铸铁、合金铸铁等)、钢(普通钢、特种钢)、有色金属(铜、铝、铅、钎、锡、银、辐、钨⋯)、橡胶(天然橡胶、合成橡胶)、工程塑料(热固性、注塑性)、玻璃、石棉制品(制动带、摩擦片等)、软木(垫、片等)、纸等。

金属的腐蚀是金属在环境的作用下所引起的破坏或变质。由于环境和金属发生化学作用或电化学作用引起金属的腐蚀,在许多功能情况下还同时存在机械力、射线、电流、生物等的作用。金属发生腐蚀的部分,由单质变成化合物,致使生锈、开裂、穿孔、变脆等。

储存的仓库应保持在相对湿度不超过75%,温度在20~30℃。

对于橡胶制品,应在能保持环境温度不超过25℃的专仓内储存,以防老化,保证安全。

橡胶制品中的火扑胶(补胎胶),其保管期则极短(仅6个月),而且保存的环境温度不能超过30℃,否则就容易产生自硫老化变质。玻璃制品中的灯泡等则易属碎品等。

因此,对汽车配件的储存和保管条件,相应提出了一系列的严格要求,形成了一种专门的储存和保管科学。

❽ 汽车配件仓库的管理

1)仓库的日常管理

(1)做好仓库内外温度、湿度日常变化记录,保持和调节好仓库的温度、湿度。对易吸潮配件要注意更换防潮剂;对防虫蛀配件,夏季要放樟脑丸。

(2)配件在入库时必须严格按照进货单据核对品名、规格、计量单位、数量,并根据配件的性质、类别、数量,安排合理的仓位并留出墙距、柱距、顶距、照明距、通道距。对无特殊性能要求的配件可用高垛位,一般采用重叠式或咬缝式垛位,对于易变形和怕压配件的堆垛高度要灵活掌握,严禁重压。另外堆垛时要排脚紧密、货垛稳固、垛形整齐、分层标量,并将填写好的标签(标签内容为品名、规格、计量单位、产地、单价)挂于垛位或货架上。

(3)配件出库必须与销货单相符,对每天出入库的配件要做到当日计核,做到货卡(保管卡)相符。

(4)要定期和不定期地对配件进行储存质量的检查,发现问题时应及时报告,以便采取措施挽回损失。

(5)要经常对仓库的安全及消防器材进行检查,检查内容包括消防器材是否配置齐全、有效,垛位有无倾斜,门窗、水道等有无损坏、渗漏、堵塞等现象。当出现异常情况时,要立即采取防范措施。

2)配件的安全管理

汽车配件仓库安全管理是汽车维修企业生产管理的重要组成部分,是关系国家、企业财产和人员生命安全的大事,一定要高度重视。安全管理的对象是生产中一切人、物、环境的状态管理与控制,是一种动态管理。实施安全管理过程中,必须正确处理5种基本关系、6项基本原则。

(1)5种基本关系。

①安全与危险并存。安全与危险在同一事物的运动中是相互对立、相互依赖而存在的。保持生产的安全状态,必须采取多种措施,以预防为主,危险因素是完全可以控制的。

②安全与生产的统一。生产是人类社会存在和发展的基础。如果生产中人、物、环境都处于危险状态,则生产无法顺利进行。

③安全与质量的包涵。安全第一,质量第一,两个第一并不矛盾。安全第一是从保护生产因素的角度提出的,而质量第一是从关心产品成果的角度而强调的。

④安全与速度互保。生产的蛮干、乱干,在侥幸中求得的"快",缺乏真实与可靠,一旦酿成不幸,非但无速度可言,反而会延误时间。

⑤安全与效益的兼顾。在安全管理中,投入要适度、适当,精打细算,统筹安排。既要保证安全生产,又要经济合理,还要考虑力所能及。

(2)6项基本原则。

①管生产同时管安全。安全寓于生产之中,并对生产发挥促进与保护作用。因此,安全与生产虽有时会出现矛盾,但从安全、生产管理的目标、目的,表现出高度的一致和完全的统一。

②坚持安全管理的目的性。没有明确目标的安全管理是一种盲目行为。盲目的安全管理,充其量只能算作花架子,劳民伤财,危险因素依然存在。

③必须贯彻预防为主的方针。安全生产的方针是"安全第一,预防为主"。

④坚持"四全"动态管理。安全管理不是少数人和安全机构的事,而是一切与生产有关的人共同的事。

⑤安全管理重在控制。进行安全管理的目的是预防、消灭事故,防止或消除事故伤害,保护劳动者的安全与健康。

⑥在管理中发展、提高。安全管理是在变化着的生产活动中的管理,是一种动态管理,其是不断发展与变化的,以适应变化的生产活动,消除新的危险因素。

3)配件质量管理

(1)质量管理的定义与任务。

质量管理是指企业为了保证和提高产品与服务质量而开展的各项管理活动的总称。

国际标准化组织质量管理和质量保证技术委员会在总结各国质量管理实践经验的基础上,对质量管理提出了以下的定义:"确定质量方针、目标和职责,并通过质量体系中的质量策划、质量控制、质量保证和质量改进来使其实现的所有管理职能的全部活动。"

对于一个企业来说,质量管理具有以下三项基本任务:制定质量方针目标及其实施规划;实施质量保证和实施质量控制。

(2)汽车配件的质量管理体系。

质量管理体系是企业内部建立的、为保证产品质量或质量目标所必需的、系统的质量活动。

在现代企业管理中,质量管理体系最新版本的标准是 ISO 9001:2008,是企业普遍采用的质量管理体系。

4)配件库房管理

汽车配件库房管理的具体任务包括两方面内容:配件的保管维护和配件的库存管理。其中,配件的库存管理是库房管理人员的首要工作,它直接关系汽车配件经营企业的生存和发展。配件库存过大,必然导致企业资金的占用,需要承担巨大的风险,而配件库存过小,常常会导致无法及时向客户提供相应的配件,经常需要进行临时组织订货,导致配件运营成本增大。

汽车配件库房管理系统的核心工具是存储在计算机中的数据库管理软件系统。这类软件的基本架构是"数据库+软件",即通过前端的应用程序软件操作后台数据库。

⑨ 汽车配件的安全因素

1）燃烧应具备的条件

汽车配件中有大量易燃易爆等危险物品的存在，如发动机油等，在经营和存放的过程中稍有不慎极容易引起燃烧、爆炸等火灾事故；而且在搬运大型汽车配件（如发动机总成）时还需要动用各种搬运机械，如果操作稍有不慎很有可能造成工伤事故。因此，汽车配件经营企业必须牢固树立"安全经营、预防为主"的经营方针。

燃烧必须同时具备三个条件，缺少造成燃烧的三个条件的任何一个，都不会发生燃烧：

（1）可燃物是指能够与空气中的氧或其他氧化剂起剧烈化学反应的物质。气体，如氢气、煤气、液化天然气和乙炔等；液体，如汽油、柴油和酒精等；固体，如汽车内饰件、塑料件、木材、纸张和沥青等。

（2）助燃物是凡能帮助和支持燃烧的物质，如空气、氧或氧化剂等。

（3）燃点是凡能引起可燃物燃烧的热能源，如明火、照明灯、电火花、取暖设备、烘烤设备等。

2）引起火灾的火源

火源是具有一定温度的热能源，在一定的温度条件下，可以引起可燃物质的燃烧，是火灾的发源地，也是引起燃烧和爆炸的直接原因。常见的火源如下：

（1）直接火源。

①明火。

②电火花。

③雷电。

（2）间接火源。

①加热引燃起火。

②压缩、化学作用起火。

③自燃起火。

④摩擦与撞击。

3）防火的基本措施

防火的基本措施在企业设计、生产过程、装置检修等各个环节都应充分考虑，严格执行消防法规。其基本措施有以下4点：

（1）控制可燃物。

（2）隔绝助燃物。

（3）消除着火源。严格控制明火、电火花，防止静电、雷击引起火灾。

（4）阻止火势蔓延。

4）基本的灭火方法

（1）冷却灭火法。根据可燃物质发生燃烧时必须达到一定温度的原理，使燃烧物的温度低于这个温度，使之不能燃烧。

（2）隔离灭火法。根据发生燃烧必须具备可燃物这个条件，采取适当措施立即减少燃烧物周围氧气含量，防止空气流入燃烧区，使燃烧物质缺乏或断绝氧气而熄灭。

（3）抑制灭火法。灭火剂参与燃烧的连锁反应，使燃烧过程中产生的游离基消失，形成稳定分子,从而使燃烧反应停止。

(4)遮断灭火法。将浸湿的麻袋、旧棉被等物遮盖在火场附近的其他易燃物和未燃物上,防止火势蔓延。

(5)分散灭火法。将集中的货物迅速分散,孤立火源。

5)常见消防器材

常见的消防器材主要有:灭火器、消防水泵、消防栓、水带和水枪等。

你所在的汽车配件仓库一旦发生火灾,你将怎么办?

10 危险货物安全经营常识

1)危险货物的种类

根据我国国家标准《危险货物分类与品名编号》(GB 6944—2012)规定,按危险货物具有的危险性或最主要的危险性分为9个类别,分别是爆炸品、气体、易燃液体、易燃固体、氧化性物质和有机过氧化物、毒性物质和感染性物质、放射性物质、腐蚀性物质、杂项危险物质和物品9大类。

2)危险货物的储存

危险货物必须储存在专用仓库,并设专人管理。危险货物专用仓库应当符合有关安全、防火规定,并根据物品的种类、性质,设置相应的通风、防爆、泄压、防火、防雷、报警、灭火、防晒、调温、消除静电、防护围堤等安全设施。

3)危险货物的运输

运输、装卸危险货物,应当遵守下列规定:

(1)轻拿轻放,防止撞击、拖拉和倾倒。

(2)碰撞、接触容易引起燃烧、爆炸或造成其他危险的危险货物,以及化学性质或防护、灭火方法互相抵触的危险货物,不得违反配装限制混合装运。

(3)遇热、遇潮容易引起燃烧、爆炸或产生有毒气体的危险货物,在装运时应当采取隔热、防潮措施。

(4)货运工具装运化学危险物品时不得客货混装。

(5)载客的火车、船舶、飞机机舱不得装运危险货物。

4)危险货物的经营

经营危险货物,必须遵循危险货物经营的许可证制度,禁止无证经营危险货物。

经营危险货物的企业必须具备下列条件:

(1)有符合安全要求的经营设施。

(2)有熟悉专业的技术人员。

(3)有相应的安全管理制度。

在汽车配件经营处哪些属于危险货物?

二 任务活动——汽车配件日常管理岗位认知

1 活动描述

利用企业实地调查法或其他方法,搜集汽车配件从业人员在岗位工作中的职责要求,了解汽车配件管理不同的工作岗位应具备哪些职业素质。要求有文字记录和相关影像资料。

2 活动实施

以小组形式展开,分工明确,并采用角色扮演法在课堂上展示,同时注意观察其他组展示情况,并对所见所闻进行记录。

3 活动评价

(1)通过本任务活动的学习你认为自己是否已经掌握了相关知识和基本操作技能。
(2)评价活动过程的完成情况。
(3)在完成任务活动的过程中,你和同学之间的协调能力是否得到了提升。
(4)通过本任务活动的学习,你认为自己在哪些方面还需要深化学习并提升岗位能力。

任务四 汽车配件出库

一 理论知识准备

1 汽车配件的出库流程

汽车配件出库是汽车配件管理员的日常工作之一。出库要做到迅速、准确,必须要依据合法的出库凭证,同时要贯彻合理的发放和出库的原则,防止配件长期积压、生锈或辅料过期变质。通过不同的出库核算方法对出库进行核算,对出库凭证不全等一定不出库,在出库后要做好配件出库的登记。

1)工单审核

业务部门开出的供应单据(包括供应发票,转仓单,商品更正通知单、补发、调换、退货通知单等)是仓库发货、换货的合法依据,保管员接到发货或换货单据后,先核对单据内容、收款印戳,然后备货或换货,如图4-41所示。

图4-41 工单审核

2)信息查询

打印出仓单前,必须认真核对,确认相关仓位码、配件编码、名称、适用车型等信息与需求配件完全一致,杜绝出库配件名实不符,如图4-42所示。

3）分拣取料

发货时必须先通过系统打印出仓单,再由发货人和领料人共同验货、清点、确认名实相符、数量正确、质量合格后在出仓单上签字确认。不允许先发出配件,事后补办领料手续,如图4-43所示。发货时坚持"先进先出、出陈储新"的出库原则,以免造成配件积压时间过长而变质报废,导致不必要的经济损失。

4）出库验收

要根据存货单位的备货通知,及时认真地做好备货工作,如发现一票入库商品没有全部到齐的、入库商品验收时发现有问题尚未处理的、商品质量有异状的,要立即与存货单位联系,双方取得一致意见后才能出库。如发现包装破损,要及时修补或更换,如图4-44所示。

图4-42　信息查询

图4-43　分拣取料

5）签字确认

如图4-45所示,运输部门凭装箱单向仓库提货时,保管员先审查单据内容及印章以及经手人签字等,然后按单据内容如数点交。

图4-44　出库验收

图4-45　签字确认

❷ 汽车配件出库的管理制度

汽车配件出库的管理制度当前并没有一个统一的标准,不同的企业对该项制度的制定标准是不一致的。但从总体来讲,规范领料、合理借用、正常销售与及时索赔成了所有汽车维修企业出库管理制度的核心内容。以下为某品牌汽车专营店的配件出库管理制度。

（1）仓管部门应在下列几种情况下出货:

①维修作业领料。

②维修换件借用。

③顾客购买。

④索赔。

(2)除上述各项出库外,公司仓库部可视实际情形的需要出库。

(3)各项出库均须有统一的领料单证,同时由领取人亲笔签名方可领取。

(4)使用部门、个人急需用料情形下,库管员可事先电话通知部门负责人,方可按领用人的要求正确填写出库单并出库,但事后要补签手续。

(5)任何出货仓管人员均应于出货当日将有关资料入账以便存货的控制。

(6)各部门人员向仓管部门领货时,应在仓库的柜台办理,不得随意自行进入仓库内部,各仓管人员应阻止任何人擅自入内。

(7)发料人在配件出库时,应详细检查商品的性能品质及附件是否优良或齐全。

(8)配件领出后,严禁出货人擅自将所领取的物品移转给其他人或部门。

(9)库存配件外借,出库后一定限于当天归还仓库。

 想一想

汽车配件企业为什么对配件的出库有严格的管理制度?

3 汽车配件的出库要求

1)凭单发货

发货时必须先通过系统打印出库单,再由发货人和领料人共同验货、清点、确认单、货相符,数量正确、质量合格后在出库单上签字确认。仓库保管员发现提货单据内容有误,填写不符合规定,手续不完备的,可以拒绝发货。不允许先发出配件,事后补办领料手续。打印出库单前,必须认真核对,确认相关料位码、配件编码、配件名称、适用车型等信息与需求配件完全一致,杜绝出库配件名实不符。

2)先进先出

仓库管理员发货时,应根据入库日期按照"先进先出,出陈储新"的原则进行操作,以免造成配件积压时间过长而变质报废。

3)及时准确

仓库管理员每收发一项配件都必须及时准确录入系统,及时在进销存卡上准确记录收发时间和数量,进销存卡必须对应货位、配件名称、配件编码,不可乱放乱记。一般大批量发货不超过2天,少量货物随到随发。凡是注明发快件的,要在装箱单上注明"快件"字样。

4)及时收回借用配件

维修车间因外出救援或判断疑难故障而借用配件时,应填写《配件借用出库表》,经服务经理签字确认后方可借用,确保当日归还,并且单据要整洁、完好。仓库管理员应主动跟进,及时收回借出的配件,配件主管必须在每天下班前,检查所借出的配件是否收回。

5)汽车配件出库必须做到"三不、三核、五检查"

(1)三不。"三不"是指未接单据不登账,未经审单不备货,未经复核不出库。

(2)三核。"三核"是指在发货时,要核实凭证、核对账卡和核对实物。

(3)五检查。"五检查"是指对单据和实物要进行品名检查、规格检查、包装检查、件数检查和质量检查。

想一想

汽车配件出库做到"三不、三核、五检查"会给实际工作带来哪些好处?

 汽车配件的出库类型

1) 客户购买销售出库

汽车 4S 专营店一般不允许配件外销,但是特殊情况下少数配件则允许销售。这些允许销售的配件一般是更换操作比较简单的,如机油、冷却液、滤清器等,或者是销售给本品牌的其他网店。

如广州本田允许该品牌 4S 店外销配件的特点是:

(1) 用户可自行更换。

(2) 品种包括机油、机油滤清器、空气滤清器、灯泡、轮胎、空调滤芯、火花塞、电池、刮水器、刮水片等。

(3) 外销对象必须是直接客户,必须有客户签名的详细记录单,必须执行标准价格。

这类配件销售的出库必须在类型上注明是销售。图 4-46 所示为客户购买销售单。

图 4-46 客户购买销售单

2) 维修企业正常领料出库

汽车维修正常作业时,由维修班组派人领料,领料人在领料单上签字确认配件无误后领料出库,出库单上类型注明是维修。图 4-47 所示为维修出库单。

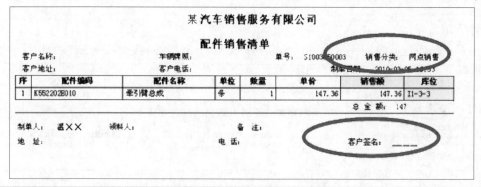

图 4-47 维修出库单

3)维修换件借用出库

有些情况下,车辆在维修过程中,需要更换新件来判断旧件是否损坏,这时维修人员会向配件部门借一个新件,这种情况下的出库称为借用出库。维修人员需要填写维修借用单。图4-48所示为维修借件单。

图4-48 维修借件单

4)索赔出库

由于索赔而进行的配件出库称为索赔出库。由于索赔的特殊性,索赔件的出库也必须特别注明。图4-49所示为索赔件出库单。

图4-49 索赔件出库单

5)预出库

预出库是指在车辆维修过程中,需要更换的一些配件在配件仓库里没有,但是又急需更换,则需要由客户确认先付款订货,等配件到达后形成的出库。这种情况与一般出库情况不同,要采用预出库管理,如图4-50所示。

通过库存量查询,该配件库存量为零,因此需要进行预订货,如图4-51所示。

❺ 汽车配件出库的成本核算

核算配件的出库成本,有助于合理储备配件数量,并能科学指导配件库存计划的制订,从而节约企业成本,提高配件经营效率。

汽车维修企业一般采用先进先出法、加权平均法或个别计价法确定发出存货成本。

1)先进先出法

先进先出法是指根据先购进的存货先发出的成本流转假设对存货的发出和结存进行计

价的方法。采用这种方法的具体做法是先按存货的期初余额的单价计算发出存货的成本，领发完毕后再按第一批入库存货的单价计算，依据此从前向后类推，计算发出存货和结存货的成本。

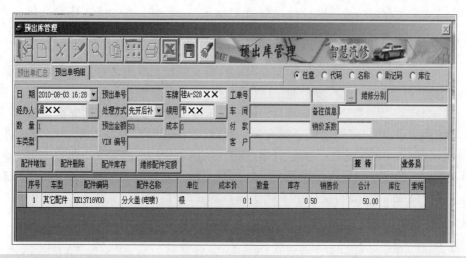

图 4-50　预出库管理

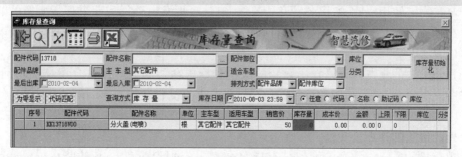

图 4-51　库存量查询

先进先出法是存货的计价方法之一。它是根据先购入的商品先领用或发出的假定计价的。用先进先出法计算的期末存货额，比较接近市价。

先进先出法是以先购入的存货先发出这样一种存货实物流转假设为前提，对发出存货进行计价的一种方法。采用这种方法，先购入的存货成本在后购入的存货成本之前转出，据此确定发出存货和期末存货的成本。

例如：假设库存为 0，1 日购入 A 产品 100 个，单价 2 元；3 日购入 A 产品 50 个，单价 3 元；5 日销售发出 A 产品 50 个，则发出单价为 2 元，成本为 100 元。

先进先出法假设先入库的材料先耗用，期末库存材料就是最近入库的材料，因此发出材料按先入库的材料的单位成本计算。

以先进先出法计价的库存的商品存货则是最后购进的商品存货。市场经济环境下，各种商品的价格总是有所波动的，在物价上涨过快的前提下，先购进的存货其成本相对较低，而后购进的存货成本就偏高。这样发出存货的价值就低于市场价值，产品销售成本偏低，而期末存货成本偏高。但因商品的售价是按近期市价计算，因而收入较多，销售收入和销售成本不符合配比原则，以此计算出来的利润就偏高，形成虚增利润，实质为"存货利润"。

2)加权平均法

加权平均法也称为全月一次加权平均法,是指以当月全部进货数量加上月初存货数量作为权数和当月全部进货成本加上月初存货成本,计算出存货的加权平均单位成本,以此为基础计算当月发出存货的成本和期末存货的成本的一种方法。具体算法如下:

$$存货的加权平均单位成本 = \frac{月初结存货成本 + 本月购入存货成本}{月初结存货数量 + 本月购入存货数量}$$

$$月末库存存货成本 = 月末库存存货数量 × 存货加权平均单位成本$$

$$本期发出存货的成本 = 本期发出存货的数量 × 存货加权平均单位成本$$

$$= 期初存货成本 + 本期收入存货成本 - 期末存货成本$$

在市场预测里,加权平均法就是在求平均数时,根据观察期各资料重要性的不同,分别给以不同权数加以平均的方法。其特点是:所求得的平均数,已包含了长期趋势变动。

加权平均法的优点是计算手续简便。缺点是:第一,采用这种方法,必须要到月末才能计算出全月的加权平均单价,这显然不利于核算的及时性;第二,按照月末加权平均单价计算的期末库存材料价值,与现行成本相比,有比较大的差异。

3)个别计价法

个别计价法又称个别认定法、具体辨认法、分批实际法。采用这一方法是假设存货的成本流转与实物流转相一致,按照各种存货,逐一辨认各批发出存货和期末存货所属的购进批次或生产批次,分别按其购入或生产时所确定的单位成本作为计算各批发出存货和期末存货成本的方法。

个别计价法的优点是计算发出存货的成本和期末存货的成本比较合理、准确。但在实际操作中工作量繁重、困难较大,适用于容易识别、存货品种数量不多、单位成本较高的存货计价。

个别计价法的计算公式是:

$$发出存货的实际成本 = 各批(次)存货发出数量 × 该批次存货实际进货单价$$

例如:某公司本月生产过程中领用 A 材料 2000kg,经确认其中 1000kg 属第一批入库材料,其单位成本为 25 元;600kg 属第二批入库,单位成本为 26 元;400kg 属第三批入库,单位成本为 28 元。本月发出 A 材料的成本计算如下:

$$发出材料实际成本 = 1000 × 25 + 600 × 26 + 400 × 28 = 51800(元)$$

二 任务活动——汽车配件出库"三不、三核、五检查"

1 活动描述

走访汽车配件相关企业,了解企业如何做好配件出库要求,特别是配件出库"三不、三核、五检查"的落实。利用学校汽车配件功能室练习配件出库"三不、三核、五检查"。要求有文字记录和相关影像资料。

2 场景设置

(1)货架 2 个。

(2)发动机、底盘、车身(电器)及新能源汽车专用件配件各 5 个。

(3)配件标签、工作单据若干。
(4)工作电脑、配件查询软件、配件推车、码货车、手套、工作台等。

3 活动实施

以小组形式展开,分工明确,并采用角色扮演法在课堂上展示,同时注意观察其他组展示情况,并对所见所闻进行记录。

4 活动评价

(1)通过本任务活动的学习你认为自己是否已经掌握了相关知识和基本操作技能。
(2)评价活动过程的完成情况。
(3)在完成任务活动的过程中,你和同学之间的协调能力是否得到了提升。
(4)通过本任务活动的学习,你认为自己在哪些方面还需要深化学习并提升岗位能力。

任务五 汽车配件库存盘点

一、理论知识准备

1 汽车配件库存盘点的概念和目的

1)库存盘点的概念

库存盘点是指仓库定期对库存汽车配件的数量进行核对,清点实存数,查对账面数。不仅要清查库存数与实存数是否相符,有无溢缺或规格互串,还要查明在库汽车配件有无变质、失效、残损和销售呆滞件等情况。进行库存盘点,除核查库存数量已有或隐蔽、潜在的差错情况外,还要及时发现仓库中存在的其他问题,减少不必要的损失。

2)库存盘点的目的

通过库存盘点,能够实时掌握配件库存的变化情况,保证配件库存存货的位置和数量的正确性,及时了解库存的数量、品质,为制订采购计划、评价内部管理水平以及了解工作人员责任心等提供充分的依据。

2 配件库存盘点的内容和类型

1)库存盘点的内容

库存盘点的内容主要包含以下4个方面。

(1)配件的数量。对所有在库的计件汽车配件应全部清点,对货架层次不清的汽车配件应进行必要的翻架整理,逐批盘点。对按件计的汽车配件应全部清点;对成批堆垛的零部件应按垛清点。

(2)配件的货位。根据汽车对应配件的实际货架位置进行登记确认,注意核实。

(3)账与货核对。根据盘点汽车配件实数来核对汽车配件保管账所列结存数,逐笔核对。查明实际库存量与账、卡上的数字是否相符;检查收发有无差错;查明有无超储积压、损坏、变质等。

(4)账与账核对。仓库汽车配件保管账应定期或在必要时与财务或对口业务部门的汽车配件账核对。仓库保管员盘查库存,一般每月一次,主要是检查汽车配件的数量、质量、保质期等,并做好记录;财务对账一般每半年或一年一次,特殊情况除外。

2)库存盘点的类型

仓库保管员应定期或不定期盘查库存配件的库存状况,一般每月一次,盘查的内容主要是数量、质量、保质期等,并做好相应记录。

库存盘点主要分为以下类型:

(1)日常盘点。日常盘点一般每天进行,盘点对象以每日有过出入库记录的配件为主,通常是对动态出入库的零部件进行清点和复核。这种核对花费时间少,可以及时发现问题,核实账物是否相符,并进行相应的更正。

(2)定期盘点。定期盘点是一段时间内定期对仓库内的配件进行盘点,对配件进行质量和数量两方面核对,核对零件的数量、盘存货位、核对账与实物、核对账与账。一般在月末、季末、年末进行,核对后一般要做出"已盘"标记。

(3)重点盘点。根据工作需要,为某种特定目的而对仓库物资进行盘存和检查,如因工作调动、意外事故、仓库搬迁等进行的盘存称为重点盘存。

定期盘存和重点盘存时均应有财务人员参加,盘存情况应及时登记,盘存结束后,填写处理意见,编写盘存报告。

为什么汽车配件管理部门要落实盘点工作?各种类型的盘点具有哪些针对性?

3 配件库存盘点的准备与实施

日常盘点一般来说应每天进行,所以盘点对象以每日有过出入库记录的配件为主。定期盘点是一段时间内定期对仓库内的配件进行盘点,应该是对配件进行质量和数量的盘点。对存放时间过长的配件进行修整,对呆滞零件进行相应的处理。

1)库存盘点前准备

(1)成立盘点工作组,制定盘点方案,确定盘点的范围、方式及日程表等工作安排。

(2)召开动员会,必要时对盘点人员进行培训,各盘点小组负责人、管理员及盘点人员组织各自的碰头会,明确分工,确保盘点工作务实高效。

(3)盘点前,物料要先整理归类,放置在同一区域,准备好盘点用的报表、表格、卡片、手叉车、堆高机、人字梯等。

(4)完成在途件及车间借用物料登记表等相关查询。查询可按供应商代码、零件号、订单号、订货日不同条件进行查询,系统会根据检索条件生成在途零件清单。对于生产线或维修车间存在借用工具或配件情况的,还有未使用完物料情况的,应查询车间借用物料登记表,通知车间按退料手续退还仓库。若为成品应立即办理入库,同时任何的借料、欠料都必须在盘点日期前处理完成。

2)库存盘点实施

(1)组织分工。盘点由盘点总指挥统一部署,下设盘点小组、稽核小组、统计小组、保障小组等。4S店配件部门可酌情减少稽核小组和保障小组,而由盘点小组和统计小组组成。

各盘点小组组长与对应仓管员负责分管库位区域的盘点,各部门部长到岗督促、协调盘点过程中的细节,遇到任何异常及时向总指挥报告,这样从组织上保证盘点工作责任到人。

(2)盘点方法。盘点物料时,最好一人盘点,一人核点,并且"盘点统计表"每小段应核对一次,无误者互相签名确认。若有出入者,必须重新盘点。应将生产线物料与仓库物料区分开来。盘点过程中如发现呆滞品、报废品等没有货位码的物料,都集中到一个指定的地方并记录,以便仓库管理员判定并给予物料编制货位码。

(3)盘点要求。日常盘点时,注意对所有订购人员的订单状态进行了解,同时,对所有的订单进行整理,对当天订单必须清晰、明确地知道归属于哪一份配件的工单或是订购联系单,对不入在电脑系统的货物,仓库管理员应及时建立库存账务,登记好每一次出入库情况。必须做好日常盘点跟进工作及定期盘点工作,并对库存进行分析,对超出异常的配件,应及时通报给配件部主管。对于客户订购的不入仓库库存的配件,应该存放于独立的货架或空间。

上网查询大众、宝马4S店配件盘点工作流程是怎样的。
_____
_____。

4 配件库存盘点注意事项

(1)每天上班时必须先进行动态盘点,大致巡视配件情况。

(2)仓库管理员每天不少于2次巡视库房配件,发现丢失或被盗应及时上报。

(3)做好后勤保障与异常情况应对。盘点工作如出现人员未按时到位,应及时报告相关领导并通知储备人员到岗;如出现小组盘点进度落后于计划,小组负责人应报告领导,及时采取措施。

(4)盘点要注意安全。货架高层严禁人员攀爬,高空作业一定要看准、走稳;化学品搬运,要轻拿轻放;金属类物品搬运,一定要戴上手套;玻璃和塑料类的一定要轻拿轻放。

(5)异常配件处置。变质、损坏等配件,由仓库管理员报仓库负责人和维修部现场审核,确认后申请报废,同时将待报废品单独存放,加"待报废"标志,并做好统计。

(6)盘点尽量在周末进行,以免影响正常业务,且盘点工作必须在24h内完成。

(7)盘点信息要及时反映在库存管理看板上,以便合理控制库存量。

5 汽车配件盘存结果和处理

1)盘存结果

盘点结果一般有账物相符、账物不符两种情况。账物相符即为仓库实际库存配件种类、数量与账面配件记录数量相符合。账物不符的情况又可以分为盘盈和盘亏两种。对于盘盈和盘亏的情况都应该进行分析和处理。

2)盘存结果处理

(1)储耗。

对易挥发、潮解、溶化、散失、风化的配件物品,允许有一定的储耗。凡在合理储耗标准以内的,由保管员填报"合理储耗单",经批准后,即可转财务部门核销。实际储耗量超出合理储耗部分做盘亏处理,凡因人为原因造成物资丢失或损坏的,不得计入储耗内。

(2)盈亏调整。

盘盈是指实际库存种类、数量多于账面记录数量。盘亏是指实际库存种类、数量少于账面记录数量。在盘存中发生盘盈或盘亏时,应查明原因,明确责任。由保管员填写报告单,经仓库负责人审核签字后,按规定上报审批。盘盈应采取调账、检查并调整账面、检查补单并登记。盘亏应采取核查补单、登记、上报、调账。

(3)报废与削价。

由于保管不当造成霉烂、变质、锈蚀的配件,在收发、保管过程中损坏并已失去部分或全部使用价值的配件,因技术淘汰需要报废的配件,经有关部门鉴定确认不能使用的配件等,经技术鉴定后需要削价处理的,由保管员填写相关报告单,报经审批后处理。

(4)呆滞配件的处理。

呆滞配件是指存储中当库存时间超过一定时间而未能销售出库的配件,其原因有配件老化或移动损坏、库存不合理车型、停产、事故车订货后未更换等。处理方法有:汇报财务进行处理;低价或打折处理给其他经销商或修理企业;与车间沟通,优先给事故车选用;及时沟通,在特优服务店搞活动时打折销售;与二级网店沟通可调货或打折处理。

6 汽车配件盘存的系统操作举例

下面以欧亚笛威软件为例来说明汽车配件盘存的系统操作及盘存结果处理。

1)盘存准备

(1)登录汽车配件管理软件,进入配件管理系统。

(2)打开"报表→仓库报表→零件入出库总表",弹出如图4-52所示的窗口,输入起止时间。

(3)输入统计日期,单击"预览"按钮,弹出如图4-53所示的窗口。

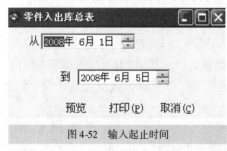

图4-52 输入起止时间

零件入出库总表
2008年6月1日至2008年6月5日

入库日期	入库成本	出库成本		期初成本	期末成本
		出库成本	出库销售		
2008-6-3	500.0000	50.0000	70.00	0.0000	450.0000
2008-6-5	700.0000	70.0000	91.00	450.0000	1030.0000
合计	1200.0000	120.0000	161.00		

图4-53 零件入出库总表

(4)记录相应信息,汇总到盘点表中,见表4-2。

(5)到仓库进行实物盘点。

(6)将盘点结果准确填写到盘点表的相应位置。

2)盘存结果处理

(1)将账物不符的库存分类,查明是盘亏还是盘盈以及形成原因。

(2)对盘亏库存进行核查补单、登记上报和调账处理。

(3)对盘盈库存进行核查补单、登记上报和调整处理。

(4)对呆滞配件进行登记上报后,优先打折销售并及时与车间、前台以及二级网店联络沟通。

(5)实在无法使用的呆滞配件要上报上一级部门,申请报废处理。

盘 点 表

表4-2

盘点部门:　　　　　　　　　　盘点人员:　　　　　　　　　　日期:

序号	日期	品名	型号/规格	单位	实物账	台账	差异	备注

制表/日期:　　　　　　　　　审核/日期:

注意事项如下:

(1)日常盘点时配件部门一般选择配件到货之后的时间段进行盘点,盘点时应该针对有过动态变化的配件进行原账面数、新增数(该次到货数)、减少(出库)数、仓库实物数的统计。

(2)盘点时,选取相同时间点的账面数、新增数、减少数和实际库存数。尽量不要在此期间发生新的出入库记录,或有产生则另外记录,盘点完再汇总。

(3)对盘盈或盘亏的配件应说明原因。

7 汽车配件库存分析

合理的库存分析有助于真正意义上帮助企业实现配件的"最佳库存",而所谓的"最佳库存"就是在一定时间段内以最经济合理的成本,取得合理的配件库存结构,保证向用户提供最高的配件满足率,也就是以最合理的库存最大限度地满足用户的需求,这是配件订货追求的目标。配件计划员应该学会制作完成库存分析表,不断完善、优化库存结构,保持经济合理的配件库存,向用户提供满意的服务,赢得用户的信赖,争取最大的市场份额,获得最大的利润,保证企业的长久发展。

合理的库存分析,至少可以从4个方面对汽车维修企业起到帮助:
(1)压缩了总库存量。
(2)解放了被占压的资金。
(3)使库存结构合理化。
(4)节约了管理力量。

一般来说,企业的库存反映着企业的经营管理水平。调查企业的库存,可以大体摸清企业的经营状况。库存分析一般采用ABC分类法(库存分类管理法)进行。

二 任务活动——汽车配件库存盘点

1 活动描述

利用企业实地调查法或学校汽车配件功能室,了解企业对库存配件的实施以及盘存结果的处理,学会库存分析。通过对库存配件的实施以及盘存结果的处理、分析,最终实现配件的"最佳库存"。要求有文字记录和相关影像资料。

2 场景设置

(1)货架2个。
(2)发动机、底盘、车身(电器)及新能源汽车专用件配件各5个。
(3)配件标签、工作单据若干。
(4)工作电脑、配件查询软件、配件推车、码货车、手套、工作台等。

3 活动实施

以小组形式展开,分工明确,并采用角色扮演法在课堂上展示,同时注意观察其他组展示情况,并对所见所闻进行记录。

4 活动评价

(1)通过本任务活动的学习你认为自己是否已经掌握了相关知识和基本操作技能。
(2)评价活动过程的完成情况。
(3)在完成任务活动的过程中,你和同学之间的协调能力是否得到了提升。
(4)通过本任务活动的学习,你认为自己在哪些方面还需要深化学习并提升岗位能力。

思考与练习

一、选择题

1.(   )就是把必要物品和不必要的物品区分开来,将不要的物品彻底处理或丢弃,而不是"简单地收拾后又整齐地放置废品"。
    A. 整理   B. 整顿   C. 清扫   D. 清洁

2.(   )将整理、整顿、清扫进行到底,标准化、制度化并完善。
    A. 整理   B. 整顿   C. 清扫   D. 清洁

3. (　　)是指对于规定了的事情,大家都按要求去执行,并养成一种习惯。
   A. 整理　　　　　B. 整顿　　　　　C. 清扫　　　　　D. 素养
4. (　　)将岗位变得无垃圾、无灰尘,干净整洁;将设备维护得锃亮完好,创造一个一尘不染的环境。
   A. 整理　　　　　B. 整顿　　　　　C. 清扫　　　　　D. 清洁
5. (　　)需求数量和频次都很高,安全库存天数可以设得小些。
   A. 快速流转备件　B. 中速流转备件　C. 低速流转备件　D. 超低速流转备件
6. (　　)有一点的需求数量,但是受到需求程度和到货情况的影响非常大,建议安全库存天数设得大些。
   A. 快速流转备件　B. 中速流转备件　C. 低速流转备件　D. 超低速流转备件
7. (　　)需求数量和频次较低,不必浪费大量资金在这类备件上,可以将安全库存天数设得小些。
   A. 快速流转备件　B. 中速流转备件　C. 低速流转备件　D. 超低速流转备件
8. (　　)即库存的项目数。
   A. 库存线度　　　B. 库存深度　　　C. 库存广度　　　D. 库存宽度
9. (　　)即每个库存项目的数量(库存多少)。
   A. 库存宽度　　　B. 库存深度　　　C. 库存广度　　　D. 库存线度
10. (　　)不是陈列,是要把有用的东西以最简便的方式放好,让大家都一目了然,在想要使用时可以随时取得。
    A. 整理　　　　　B. 整顿　　　　　C. 清扫　　　　　D. 清洁
11. 以下不属于库存配件管理工作要求的是(　　)。
    A. 保质保量　　　B. 供应及时　　　C. 低耗安全　　　D. 时常盘点
12. 以下仓库保管要领中错误的或表达不恰当的是(　　)。
    A. 坚持先进先出原则
    B. 加强仓库内温度和湿度的控制
    C. 合理安排库房和货位
    D. 保持库房内的清洁卫生,库房外可适当堆放包装箱
13. 库存管理的(　　)是以少的库存达到高的供给率,从而既降低与库存有关的费用,如场地、利息、人工费等,又防止失去销售机会,实现高的利润和客户满意度。
    A. 目的　　　　　B. 目标　　　　　C. 任务　　　　　D. 职责
14. 不影响最低安全库存量的因素有(　　)。
    A. 订货周期　　　　　　　　　　　B. 月平均销量
    C. 配件流通级别　　　　　　　　　D. 经济管理模式
15. (　　)包括架号、层号、列号。
    A. 仓位编码　　　B. 仓位编号　　　C. 零件编码　　　D. 零件编号
16. 汽车配件库存管理是指汽车配件采购后(　　)管理等一系列管理过程。
    A. 入库、出库、仓库　　　　　　　B. 入库、仓库、出库
    C. 出库、仓库、入库　　　　　　　D. 仓库、入库、出库

17. 仓位编号包括( )。
    A 架号、层号、列号   B. 架号、行号、列号
    C. 行号、层号、列号   D. 架号、层号、行号

18. ( )包括产品管理(摆放管理和安全管理)、账目管理。
    A. 仓库实物管理 B. 仓库实绩管理 C. 仓库管理 D. 仓库账物管理

19. 配件( )的任务是把配件及时、迅速、准确地发放到使用者手中。
    A. 入库   B. 仓库   C. 出库   D. 在库

20. 盘点的( )是查明实际存量与账、卡上的数字是否相符;检查收发有无差错;查明有无超储积压、损坏、变质等情况。
    A. 目的   B. 任务   C. 要求   D. 重点

21. ( )上销量为零的配件为死库存,应报废或者折价处理。
    A. 一年以上   B. 半年以上   C. 三个月以上   D. 一个月以上

22. ( )销量为零的配件为积压件,应通过兄弟单位之间资源共享或者向总部申请折价调剂解决。
    A. 一年以上   B. 半年以上   C. 三个月以上   D. 一个月以上

23. ( )销量为零的配件为滞销件,一方面通过调整订货和服务营销手段来减少库存,另外通过网点之间的调剂。
    A. 一年以上   B. 半年以上   C. 三个月以上   D. 一个月以上

24. ( )是预防急单和产能不足而设置的库存量。
    A. 安全库存   B. 合理库存   C. 优质库存   D. 高库存

25. ( )是指仓库实际库存配件种类、数量少于账面配件记录数量。
    A. 盘盈   B. 盘亏   C. 盘点   D. 盈亏调账

26. ( )是指仓库实际库存配件种类、数量多于账面配件记录数量。
    A. 盘盈   B. 盘亏   C. 盘点   D. 盈亏调账

27. 备件仓储的部分配件当其库存时间超过一定时间而未能销售出库时,称为( )。
    A. 快流件   B. 呆滞备件   C. 中流件   D. 慢流件

28. 仓库管理的基本任务,就是做好汽车配件的( )工作。
    A. 出库、保管和入库   B. 进库、出库、保管
    C. 保管、进库、出库   D. 进库、保管和出库

29. 汽车配件维护不需要注意( )。
    A. 防尘   B. 防潮   C. 防高温、放照射 D. 防虫

30. 汽车配件的消防工作就是( )。
    A. 灭火和防火   B. 灭火   C. 防火   D. 防虫

31. 库内货垛与内墙距离不能少于( )。
    A. 0.3m   B. 0.1～0.2m   C. 0.5m   D. 0.7m

32. 库内货垛与柱子距离不能少于( )。
    A. 0.3m   B. 0.1～0.2m   C. 0.5m   D. 0.7m

33. 库内货垛之间距离不能少于（　　）。
　　A. 0.3m　　　　B. 0.1～0.2m　　　C. 0.5m　　　　D. 0.7m
34. 库内货架之间不能少于（　　）。
　　A. 0.3m　　　　B. 0.1～0.2m　　　C. 0.5m　　　　D. 0.7m
35. 库内货垛与外墙距离不能少于（　　）。
　　A. 0.3m　　　　B. 0.1～0.2m　　　C. 0.5m　　　　D. 0.7m
36. 一般讲，汽车配件的室温，应保持在（　　）左右为宜。
　　A. 15℃　　　　B. 20℃　　　　　C. 30℃　　　　D. 40℃
37. 一般讲，汽车配件的相对湿度，应保持在（　　）左右为宜。
　　A. 50%　　　　B. 60%　　　　　C. 70%　　　　D. 80%

二、判断题

1. 仓库管理的基本任务，就是做好汽车配件的进库、保管和出库工作。　　（　　）
2. 汽车配件的保管应该账物相符。　　　　　　　　　　　　　　　　　（　　）
3. 汽车配件维护主要要注意防尘、防潮、防高温、放照射。　　　　　　（　　）
4. 汽车配件的消防工作就是灭火和防火。　　　　　　　　　　　　　　（　　）
5. 根据周转速度存放，周转快、消耗量小的存放在作业区附近。　　　　（　　）
6. 不同形态的配件都采取竖立存放。　　　　　　　　　　　　　　　　（　　）
7. 应明确改进目标，对仓库保管进行持续改善。　　　　　　　　　　　（　　）
8. 良性库存就是在一定时间段内以最经济合理的成本，取得合理的配件库存结构。
　　　　　　　　　　　　　　　　　　　　　　　　　　　　　　　　（　　）

三、问答题

1. 仓储管理人员的职责有哪些？

2. 汽车配件入库验收包括哪些方面？

3. 汽车配件 5S 日常管理要求有哪些？

4. 汽车配件的出库流程是什么？

5. 为什么要确保配件先入库再出库？

6. 配件库存盘点的内容和类型是什么？

7. 配件库存盘点注意事项有哪些？

项目五
汽车配件营销

知识目标

1. 知道汽车配件营销人员的基本要求、配件营销模式类型、分销渠道的类型；
2. 知道促销方式及作用、人员促销策略和技巧、汽车配件索赔的范围和类型。

技能目标

1. 能完成汽车配件营销会面与拜访；
2. 能运用配件销售技巧进行有效的配件推介；
3. 能灵活运用汽车配件的定价策略；
4. 能根据所在地域实际状况制定销售策略；
5. 能正确操作汽车配件价格管理与软件数据；
6. 能进行汽车配件索赔处理。

素养目标

1. 培养一丝不苟、小心谨慎的工作作风；
2. 树立团队意识、岗位职责意识；
3. 养成良好的科学态度及分析能力。

建议学时

24学时。

任务一　汽车配件营销基础

理论知识准备

1 汽车配件营销人员的基本要求

汽车配件营销人员除相应的专业知识、从业经验要求较高外,还应具备良好的职业形象,其关系从业者个人乃至整个企业的经营业绩和顾客满意度的高低。

1)汽车配件营销人员的外在形象要求

(1)得体的仪容要求。

①头发洁净、整齐,无头皮屑。不染发,不做奇异的发型。男性不留长发或光头,前发不附额、侧发不掩耳、后发不及领。女性发型大方得体,长发盘于脑后。

②脸要洁净。男性胡子应刮干净、修整齐。女性可化淡妆,施粉适度,不留痕迹。

③眼睛无眼屎,无睡意,不充血,不斜视。如果佩戴眼镜,应端正、洁净明亮,不允许在工作场所佩戴有色眼镜。女性眼影不宜过浓,不可以使用人造眼睫毛。

④经常清洗耳朵,做到内外干净,无耳屎。不要穿耳孔,戴耳环。

⑤鼻孔干净,不流鼻涕,鼻毛不外露。

⑥牙齿整齐洁白,口中无异味,嘴角无泡沫,洽谈时不得嚼口香糖等食物。男性有吸烟嗜好者,应该注意牙齿的保洁,及时清除牙斑和色素沉着。女性不宜用深色或艳丽口红,以免引起顾客不恰当的联想。

⑦勤洗澡,勤换衣物,身体无异味。不要使用刺鼻的香水。

⑧随时保持手的洁净,指甲应经常修理保持整齐,不应留长指甲,女性不应涂指甲油。

⑨在工作时间内,穿着工作服,佩戴工作牌,保持良好的现象。上衣口袋不要插笔,全身所有口袋不要因放钱包、名片以及钥匙等物品而鼓胀;领带端正整洁,不歪不皱,长度以其下端不超过皮带扣的位置为标准。女性忌在工作时间穿时装、艳装、晚装、休闲装、无袖装和超短裙。服装整洁无皱,胸部不能坦露。

⑩鞋袜搭配得当,鞋面保持洁净亮泽,鞋底不宜钉铁掌,鞋跟不宜过高、过厚和怪异,袜子干净无异味。男性不应该穿白色的袜子。女性应穿丝袜,要高于裙子下摆,袜子不要脱丝。

(2)专业的仪态要求。

①站姿时抬头、挺胸、立腰、收腹、直颈、下颚微收,两肩放平。男性给人"劲"的美感,两手自然下垂放两侧,或双手相握叠放于腹前,或者相握于身后;双脚叉开,与肩同宽。忌腿乱抖,东张西望。女性要给人"静"的优美感;双手置于身体两旁,或者双手相握或叠放于腹前,两腿并拢,两脚跟相靠或成丁字步。

②坐姿自信挺拔。男性坐在椅子或沙发的前1/3,挺直端正,不要前倾或后仰,双手自然放膝盖上,两膝盖平行分开比肩略窄;切忌跷二郎腿,随意脱鞋,把脚架起。女性先将裙角向

前收拢,坐于椅子的2/3处,上身挺直,双脚交叉或并拢,两手自然放于身前。

③走姿要求抬头挺胸,坚定自信。男性避免双脚"八字"行走。女性背部挺直,双脚平行前进,避免做作。

④蹲姿要求右脚向后退半步后蹲下,臀部朝下,脊背保持挺直。男士两腿间可留有适当的缝隙。女性双腿要并紧。

⑤微笑时热情、真诚、自然。

⑥两眼视线落在对方鼻间,偶尔直视客户双眼。恳请对方时,注视对方双眼。目光大方、自然、不卑不亢,切忌斜视。

⑦指引时食指以下靠拢,拇指向内侧轻轻弯曲,指示方向。

⑧握手时要保持手的清洁、干燥和温暖,要注意先问候再握手。伸出右手时,手掌应呈垂直状态,五指并拢,与对方握手时间不超过3s,切忌不要用左手握手。与多人握手时,遵循上级在先、主人在先、长者在先、女性在先的原则,按顺序握手,不可越过其他人正在相握的手去同另外一个人握手。不能戴手套握手或握完手后擦手。握手时应眼光平视对方,不能左顾右盼。握手时用力要适度,切忌手脏、手湿、手凉和用力过大。与女性握手时用力要轻、时间要短。为了表示对顾客的格外尊重和亲密,可以双手与对方握手。

⑨名片原则上应当使用名片夹,名片可放在上衣口袋(但不可放至裤兜);要保持名片的清洁平整。递交名片时双手食指弯曲与大拇指夹住名片左右两端恭敬地送到对方胸前。名片上的名字反向对自己,使对方接过就可以正读。接受名片时用双手去接,接过名片要专心地看一遍,然后自然地阅读一遍,以示尊重或请教不认识的名字。不可漫不经心地往口袋里一塞了事,尤其是不能往裤子口袋塞名片;若同时与几个人交换名片,又是初次见面,要暂时按对方席座顺序把名片放在桌上,等记住对方后,将名片收好。

2) 专业知识

客户在选购汽车配件过程中,比较关心有关配件使用方面的知识。汽车配件销售人员掌握的配件使用知识越全面,就越能使客户满意。掌握配件使用知识是对汽车配件销售人员的基本要求。汽车配件营销人员在专业知识结构方面要求较高,包括汽车构造知识、汽车维修知识、配件商品知识、客户心理知识、相关法律法规知识、保险理赔知识和物流运输知识等。

3) 汽车配件营销人员应具有优秀的内在品性

(1) 自信。

自信是成功的必要条件,是成功的源泉。相信自己行,是一种信念。自信是人对自身力量的一种确信,深信自己一定能做成某件事,实现所追求的目标。

(2) 销售时的热情。

热情是一种力量,它可以促使顾客更快地接受,热情可以有效地感染顾客,共同融入和谐的气氛中。一个销售员成功的因素有很多,而居于这些因素之首的就是热情。没有热情,不论你有什么能力,都发挥不出来,也就根本不会成功。

(3) 积极乐观的心态。

积极乐观的心态能够赢得预想中的成功销售,而消极负面的心态则会带来让人沮丧的销售结果。对于每一位销售员来说,谁都希望自己的业绩获得数倍的增长,但是要做到这一点,良好的心态是不可或缺的。

(4)勤奋。

学习销售的产品知识、行业的知识、同类产品的知识。这样知己知彼,才能以一个"专业"的销售人员的姿态出现在客户面前,才能赢得客户的信赖。要想做好销售首先要勤奋,这也是一名销售人员的必备素质。

(5)诚信。

诚信营销是指将诚信原则贯彻到营销活动的各个环节中,坚持诚信理念,在整个营销过程中顾及社会、企业、消费者以及内部员工的利益,诚实守信,注重长远。诚信营销主要有两层含义:一是企业和消费者应始终坚持信息对称原则,保证营销活动的公开、公平和公正,没有欺诈等行为的发生;二是企业营销行为应遵守国家法规,符合社会道德规范,不能违背社会公德等。

4)汽车配件营销人员的综合能力要求

(1)观察能力。与客户交谈时对客户语言信号、身体语言、思考方式等的观察和准确判断,并对后续谈话内容与方式及时修正和改善。

(2)语言能力。流畅清晰,突出重点,表达恰当,语气委婉,语调柔和,通俗易懂。

(3)社交能力。需拓宽知识面,掌握社交礼仪,主动与人交往。

(4)记忆能力。牢记产品性能特点,客户资料。

(5)劝说能力。劝说能力是衡量销售人员水平高低的一个重要标准。

(6)演示能力。演示能力强可促使客户对产品直接产生兴趣。

(7)核算能力。对销售工作绩效及销售计划执行的必要核算评估。

(8)应变能力。灵活冷静地进行突发事件的处理。

(9)学习能力。汽车技术日新月异地发展,配件营销人员的知识结构也要同步更新。

(10)工量具使用能力。懂得一般工量具的使用操作。

(11)计算机操作能力。具备对计算机一般操作及软件使用能力。

2 汽车配件营销的特点

汽车商品销售可以分为整车销售和汽车配件销售两大类。整车销售是前期环节,为配件销售提供市场,而配件销售是对整车销售的持续性服务,是企业实现利润的重要渠道。所以,汽车配件销售企业要将销售看作最重要的业务环节,企业的后续销售活动都应围绕着汽车配件销售进行。

1)配件品种的多样性

一辆汽车在整个运行周期中,约有3000种配件存在损坏和更换的可能,所以经营某一种车型的配件都要涉及许多品种和规格。

2)配件销售具有较强的专业技术性

(1)现代汽车科技含量高,技术复杂,是融合了多种高新技术的集合体,其每一个配件都具有严格的型号、规格、工况标准。

(2)配件品种复杂多样。一辆汽车通常由1万~2万个配件组成,在其生命周期内约有3000多种配件存在损坏和更换的可能;而且汽车品牌众多,同一品牌有众多车系,同一车系有众多升级换代产品,同一代产品又有不同的配置和年款。

(3)配件的对应性强。汽车配件对应性很强,除了一些标准件外,不同类别的汽车配件极少通用。

(4)借助专门的汽车配件管理软件进行销售管理。汽车配件的产品信息包括品名、编码、规格、产品属性、适用车型等。商务信息包括商品数量、价格、仓位、客户信息、销售历史记录、订货管理等,只有通过专门的管理软件才能使进、销、存、财务管理等各业务环节在同一信息管理平台上进行。

3)配件销售有很强的季节性

一年四季的自然规律给汽车配件市场带来不同季节的需求,通常具有季节需求特征的汽车配件见表5-1。

汽车配件季节需求特征　　　　　　表5-1

季节特性	对汽车的影响	需求季节变化大的零件
雨季	漏雨、潮湿、水淹	刮水系统零件、车身密封零件、天窗零件、车门玻璃升降系统零件、雨布、地毯等
炎热的夏天	冷却液温度高、空调要求高、发动机磨损加快	发动机冷却系统零件、发动机大修配件、制冷空调配件等
寒冷的冬天	冷却液容易结冰、暖气要求高、雪地防滑	防冻液、空调暖气系统配件、雪地防滑辅助配件

4)配件销售有明显的地域性

我国幅员辽阔,有山地、高原、平原等不同地形及乡村、城镇等不同行政区域,并且不少地区海拔悬殊。

在城市,人口稠密,路况复杂,汽车起动和停车次数较多,相关机件磨损大,需求高,如起动系统零件、制动系统零件等;在山地、高原,因山路多、弯路急、坡度大、颠簸频繁,使汽车制动系统、减振系统、悬架系统、变速系统、传动系统的配件较为容易损坏。在平原地区,轿车多,轿车配件需求相对大。在高原地区,越野车多,相应车型的配件需求也相对较高。

5)配件经营要有相当数量的库存支持

由于汽车配件经营品种多样化以及汽车故障发生的随机性,经营者为了满足各种需求,要求有相当数量的库存支持,要将大部分资金用于库存储备和商品在途资金储备。

6)配件经营必须有相应的配套服务

汽车是许多高新技术和常规技术的载体,不同于一般生活用品,汽车配件经营必须有配套的服务相支撑,特别是技术服务至关重要。

想一想

汽车配件营销的最终目的是什么?

❸ 汽车配件营销接待

1)社交礼仪

(1)形象得体。形象得体包括衣着、装饰、化妆得体等。

(2)举止适度。举止适度包括举止有度、举止得当和举止文明。

(3)尊重客户。在接待与拜访客户的过程中,应该做到尊重客户,尊重客户是做好销售工作的首要前提。

2)社交语言

恰当的社交语言包括运用正确恰当的称呼;掌握适当的寒暄方式;善于运用真诚的赞美;学会以适当的方式,运用适当的语言拒绝别人;能够运用一些幽默的语言调节气氛,但语言必须纯洁、文雅。

3)发现潜在客户

(1)利用本地区车型、车数信息发现潜在客户。公安机关交通管理部门是依法对全国和各地区机关、企(事)业单位及其他社会组织和公民正在使用的机动车辆进行登记、检验、发牌、发证以及对车辆保修单位进行技术监督的部门,在这里储存着大量车辆资料信息,这些信息对汽车配件销售人员十分有用。

(2)通过老客户发现潜在客户。汽车配件的老客户一般对产品的质量、价格等情况比较了解,从用户的角度来考虑,他们更容易赢得潜在客户的信任。

(3)通过各种信息渠道发现潜在客户。渠道包括人际关系渠道、竞争对手渠道、行文渠道和流通渠道等。

❹ 汽车配件销售管理

1)门市销售的柜组分工

一般按品种系列分柜组和按车型分柜组两种形式。其中按品种系列分柜组比较适合于专业化分工的要求,按车型分柜组适合于一些专业运输单位及厂矿企业拥有的车型种类不多的情况。

2)门市橱窗陈列和柜台货架的摆放

通过陈列样品,可以加深客户对配件的了解,以便客户选购。

3)经营前准备

营业前要整理好店容和卫生、整理好个人仪表;检查柜台、柜顶等地方的商品摆放;备好售货用账目、票据,以及零钱和收款登记等。

❺ 汽车配件营销会面与拜访

1)确定访问目标和访问方法

选择有购买潜力的客户,确定访问目标和访问内容。销售人员可从现在顾客卡、过去顾客卡及新开发顾客卡中,了解负责人和采购人的姓名、性别、家庭地址、工作单位、性格、嗜好以及与销售人员的交情,将所有潜在客户排队,根据其重要程度,决定分批次的拜访目标。当然,也可利用其他信息渠道确定访问目标和访问内容。

2)适时拜访客户

一般应选在客户具有一定的消费意向和消费能力,且工作不太繁忙,心情比较舒适时拜访。如客户刚搬了新家,可在晚上客户在家休息时登门拜访,既恭贺乔迁之喜,又可借机开展自己的销售业务。

如果是去客户的公司(单位)登门拜访,则一般来说可选择星期一或其他法定休息日的第二天及月底。

 想一想

拜访客户为什么要选择合适的时间？

3）发现顾客关键人员。

（1）发起者。发起者是指首先提出或有意向购买某一产品或服务的人。

（2）影响者。影响者是指其看法或建议对最终决策具有一定影响的人。

（3）决策者。决策者是指在是否买、为何买、如何买、哪里买等方面的购买决策作出完全或部分最后决定的人。

（4）购买者。购买者是指实际购买人。

（5）使用者。使用者是指实际消费或使用产品或服务的人。

❻ 汽车配件营销技巧

1）顾客需求和心理分析

不同的顾客对车辆的认识和行业的了解、认知程度存在较大差异，其需求也各不相同，因此在配件销售中要因人而异，对客户的需求和心理进行分析。

顾客购买配件的心理活动分为产生动机、寻找商品、要求挑选、决心购买、买后感受五个阶段。从顾客进店走近柜台的行动、寻找商品的神态中正确判断他们的来意，做到先打招呼、热情接待；观察顾客的购买行为，从其行动和表情中分析顾客的心理活动，判断顾客的购买动机，进一步判断出顾客的企业性质，拥有多少车辆和购买能力；当顾客购买完配件之后，还要观察、分析顾客买后的心理活动和感受，判断出顾客的满意度，做好售后服务，为下次交易打下基础。其中，购买动机和购买要求是形成购买行为的主要因素。

2）运用FAB介绍法进行商品介绍

所谓"FAB"，其实是三个英文单词开头字母的组合。

（1）Feature（属性）。

属性是产品所包含的客观现实，如材料、外观等。属性是有形的，可以被看到、尝到、摸到或闻到。

（2）Advantage（作用）。

在销售活动中把Advantage翻译成"作用"，"作用"就是能够给客户带来的用处，它是根据汽车配件的特性总结出来的特殊功能，解释了产品的属性如何能被利用，回答了"它能做到什么"的问题。

（3）Benefit（益处）。

益处就是能给客户带来价值或创造价值的部分，是将作用融合起来构成一个或者多个的购买动机，即告诉客户如何满足他们的需求。客户最关注的就是产品所能带给他们的好处，也就是如果他们购买了该种产品可以获得哪些利益。

概括来说，F是属性（Feature），即产品的固有属性；A是作用（Advantage），即产品的这种属性有什么作用；B是好处（Benefit），即客户通过使用产品时所得到的好处。FAB介绍法（利益推销法）可以将所销售产品的属性转化为即将带给客户的某种利益，充分展示产品最能满足和吸引客户的一面。

(4) FAB 句式的运用。

FAB 介绍法其实是一种针对不同客户的购买动机,把最符合客户要求的产品利益向客户加以推荐,讲明产品的属性、作用及可以为客户带来利益的一种销售方法。

事实上,属性、作用和利益是一种贯穿产品介绍过程的因果关系。在产品介绍中,它形成了诸如"因为……(属性),所以……(作用),对您而言……(利益)"的标准句式。比如,汽车配件销售代表在介绍某款倒车雷达的时候,可以这么说:"(因为)这辆车配有原厂倒车雷达,(所以)倒车时会及时为您报警,(对您来说)这可以让您行车更加安全。"这样的介绍方式可以使客户充分感受到产品的功能可以带来的好处,从而认为自己确实需要这种产品。

在运用 FAB 介绍法之前,销售人员应首先熟悉所要销售的各款配件,并将它们的属性、作用、利益等各方面全部罗列出来,做成一份表格,运用 FAB 句式多加练习,以增加对产品和 FAB 法的理解,切实做好产品的介绍工作。

3) 成交信号的识别

在销售活动中,客户如果已经产生购买意图,这种意图通过语言或行动显示出来,表明可能采取购买行动的信息称为成交信号。成交信号主要包括语言信号、动作信号和表情信号,此时销售人员要能敏锐地识别,见表 5-2。

成交信号的识别　　　　　　　　　　　　　　　　　　表 5-2

成交信号类型	成交信号表示	销售人员应对办法
语言信号	开始谈论如下问题:库存量、交货时间、方式、付款方式、售后保障、讨价还价、提出转换洽谈环境或地点等	时刻留意客户,认真观察顾客表现出来的不同状态,对方的语言、动作、表情的细微变化往往就是其"购买信号"
动作信号	认真看说明书、仔细端详商品、陷于沉思、改变坐姿、突然的肢体动作	
表情信号	表情凝重、神色活跃、突然的开朗、下决心、对销售人员态度明显好转	

4) 达成交易的常用方法

成交是整个销售过程中的关键阶段。在成交阶段,销售人员的核心任务是促使顾客采取购买行动,这时需要运用特定的方法促使顾客最终达成交易。有经验的销售人员当其敏锐地捕捉到顾客的成交信号后,就会采取一些方法促成最后交易,促成交易的常见方法见表 5-3。

促成交易的常见方法　　　　　　　　　　　　　　　　表 5-3

成交方法	方法含义	顾客心理	话术举例
从众成交法	用例证、数字、调查结果等资料证明确实有不少客户购买,促成交易	从众心理	先生:您看(向顾客展示销售单据),我们今天已经销售了很多,您放心购买吧
稀缺资源成交法	陈述商品资源或购买机会的稀缺性,使客户产生珍惜机会的心理	稀缺心理	先生:最近缺货,这是我们最后一件了,如果您不要我就卖给别人了。 先生:今天是最后一天按照此价格销售,明天开始提价了

续上表

成交方法	方法含义	顾客心理	话术举例
直接请求成交法	对老客户或熟悉的顾客,直接请求成交	信赖心理	价格我们肯定不贵,反正您都要购买的,买生不如买熟嘛!算是您关照我们了
选择成交法	用封闭式询问法,试探顾客态度,引导顾客选择	顺从心理	先生:如果定得下来,您看您是自己提货,还是我帮您送货呢?
假定成交法	假定顾客同意购买,只与顾客讨论成交后的其他细节问题,试探态度	顺从心理	您打算付现金还是刷卡呢?您选择黄色还是灰色呢?
保证成交法	当顾客对成交存在某些方面的疑虑时,及时承诺保证,消除成交障碍	怀疑心理	您大可以放心购买,配件如果出现质量问题,包退包换
优惠成交法	利用顾客的求廉心理,承诺价格一定优惠	求廉心理	如果您现在能定下来,我向经理给您申请打折优惠,您看怎么样?
利益交汇成交法	适时地给顾客进行成交后的利益汇总,刺激购买欲望	求惠心理	购买该配件价廉物美,质量保证,还可以获得礼品赠送,太值了

 想一想

为什么达成交易是整个配件销售过程中的关键阶段?

7 汽车配件售后服务

1)售后服务的作用

(1)汽车配件经营企业为客户提供及时、周到、可靠的服务,可以保证客户所购汽车配件的正常使用,最大限度地发挥汽车配件的使用价值。

(2)争取客户,增强企业的竞争力。

(3)搜集客户和市场的反馈信息,为企业正确决策提供依据。

2)售后服务的内容

(1)建立客户档案。

客户的档案管理是对客户的有关材料以及其他技术资料加以搜集、整理、保管和对变动情况进行记载的一项专门工作。

①档案内容必须完整、准确。

②档案内容的变动必须及时。

③档案的查阅、改动必须遵循有关规章制度。

④要确保某些档案及资料的保密性。

(2)对客户进行分类。

在建立客户档案,并对客户进行调查分析的基础上,对客户进行分类。

(3)保持与客户的联系。

建立客户档案和客户分类的目的在于及时与客户联系,了解客户的要求,并对客户的要求作出答复;多提问题,确保完全理解客户的要求;总结客户的要求;对于 A、B 两类客户,可定期或不定期召开客户座谈会或邀请他们参加本企业的一些庆典或文化娱乐活动,加深与他们的感情。

(4)送货上门和质量"三包"。

送货服务可大大地方便客户,目前在汽车配件经营行业应用较为普遍。

(5)了解配件使用信息。

要积极主动向大客户,如汽车修理企业、汽车运输公司、租赁公司、出租公司的修理厂等,了解车辆状况,按配件消耗规律,找出客户的需求规律性,以便及时协助客户合理储备配件。

①了解客户车辆状况,主要了解客户拥有的车型、车数、购买时间和使用状况。

②找出客户配件消耗的规律:

a. 初期——正常运行期。维护用配件处于正常消耗阶段。

b. 二期——使用故障期。在此期间事故件消耗上升。

c. 三期——中修期。在此期间,以磨损消耗的配件为主。例如发动机高速运动部位的配件。

d. 四期——大修期。在此期间,也是以磨损消耗的配件为主。例如发动机、离合器、变速器等部位的配件。

e. 五期——混合期。在此期间,主要是定期维护用配件和磨损消耗的配件,以及由于大、中修质量影响造成返修所消耗的配件。

f. 六期——二次大修期。在此期间,除消耗第一次大修用配件外,底盘要全部检修,更换部分配件。这部分配件一般不属于正常磨损,而是由于检查、调整不及时造成的,主要是滚动轴承损坏,导致齿轮损坏。因此,必须在第一次大修时对底盘各部总成进行全面检查和调整。

g. 后期——逐渐报废期。在此期间配件消耗下降,配件储备处于紧缩阶段。

③协助客户合理储备配件。

a. 配件储备要建立在消耗的基础上,以耗定存,加强分析配件的消耗规律,为制订维修配件储存计划提供依据。

b. 根据车辆技术性能和使用条件,制订车辆在整个使用寿命周期内配件消耗分期计划,确定不同时期配件消耗重点,进而确定库存量和库存结构。

c. 认清总成和零件的存量关系,使存量合理化。总成可以分为大总成、小总成和事故总成,它们应分别采取不同方法储备。

3)汽车配件的质量保修规定

对于以下情况,无法办理汽车配件保修服务:

(1)未按规定到服务店进行新车磨合维护或定期例行维护的车辆。

(2)自行加装、改装、拆装、用作特殊用途(如赛车等),使用不当或因交通事故造成的损坏。

(3)用户私自拆卸更换里程表、更改里程表读数的车辆;自然灾害、战争、暴乱等不可抗拒因素造成的损坏。

(4)在发生故障后,没有及时到维修店维修而继续使用所导致的故障扩大,厂家只会酌情赔偿引发事故的原配件,而扩大部分的损失由车主自己负责。

(5)对于服务站维修操作不当造成的损坏,各厂家也有各自的规定。

8 汽车配件通用的互换原则

随着汽车工业的发展,车型越来越多。汽车保有量的不断增加使得汽车配件种类也更加繁杂,汽车配件销售部门在汽车配件的采购、经营方面的难度也越来越大。有的单位因缺少某一汽车配件而使车辆不能使用,有的修理厂在汽车修理过程中因购不到该车的维修配件而使修理中断,造成较大的经济损失,这都是因为不了解汽车配件互换性的缘故。尽管汽车配件种类繁多,却在一定范围内具有互换性,还有的稍加改进就可以互换或代用。因此汽车配件销售人员,有必要掌握销售配件的通用性和互换性方面的知识,负责对销售的汽车配件通用互换原则提供咨询。

1)汽车配件互换、代用的概念

在汽车维护、修理的过程中,经常需要更换零配件。同一规格的零件,不需经任何挑选、调整或修配,就能装配到机器(或部件)上去,完全符合规定的性能要求,这一特性称为零件的互换性。

2)汽车配件通用互换时的注意事项

某一零件具有互换性的条件是:零件的材料、结构形式、尺寸及尺寸精度、表面粗糙度、形位公差、物理力学性能(热膨胀系数、强度、硬度等)及其他技术条件都相同。提醒特别注意的是:有些汽车配件的外形很相近,但却没有互换性。如为同一车型上的配件,它们的配件编号一定不同。选购时一定要仔细分辨其细微差异或标记,严禁混淆。

 想一想

当缺件时,作为一名汽车配件营销人员为什么有必要向客户提供汽车配件的通用性和互换性方面的咨询?

二 任务活动——客户接待

1 活动描述

利用学校汽车配件功能室,搜集客户档案资料,进行现场接待,分析社交礼仪、社交语言在汽车配件营销中的作用。

2 场景设置

(1)货架2个。
(2)发动机、底盘、车身(电器)及新能源汽车专用件配件各5个。
(3)客户档案资料。
(4)工作电脑、电话等。

3 活动实施

以小组形式展开,分工明确,并采用角色扮演法在课堂上展示,同时注意观察其他组展示情况,并对所见所闻进行记录。

4 活动评价

(1)通过本任务活动的学习,你认为自己是否已经掌握了相关知识和基本操作技能。

(2)评价活动过程的完成情况。

(3)在完成任务活动的过程中,你和同学之间的协调能力是否得到了提升。

(4)通过本任务活动的学习,你认为自己在哪些方面还需要深化学习并提升岗位能力。

任务二 汽车配件营销模式

一、理论知识准备

1. 汽车配件营销模式类型

汽车配件的营销模式由营销组织、营销技术和营销理念组成,三者相互作用,相互影响。营销模式是一个综合的整体,不能以简单的市场组织形式的更新或销售方式的改变来替代营销模式的全部。

1)零售店

相对整车而言,汽车配件的零售模式要丰富得多。

(1)按零售店经营的产品品种数目分类。

①专卖店。汽车配件品牌专卖店是指由制造商或销售商授权,接受制造商的管理,只经营专一的汽车配件品牌,为消费者提供全方位汽车配件供应与服务的交易场所。这种配件销售店专门经营某一个汽车公司或某一种车型的汽车配件。

国外多数汽车公司的配件都实行专卖。专卖店要么属于汽车公司,要么同汽车公司(或其他经销站、代理商)是合同关系。

这种模式在我国是从20世纪90年代开始的,汽车配件市场由卖方市场转为买方市场后,厂家为了适应新的竞争需要而建立的以汽车厂家为营销中心、以区域管理中心为依托、以品牌专营店为基点、受控与厂家的全新营销模式。在这种模式下,厂家与专卖店通过协议缔结成互惠互利的有机整体。

②混合店。这种配件销售店,一般直接从各生产厂家或汽车公司进货,经营品种涉及各个汽车厂家各种车型的配件。

③超级市场。这种市场不仅规模大、品种全、价格合理、知名度高,而且还从事批发业务,辐射力很强,形成了以超级市场为中心的经营网络。例如上海汽车工业配件总汇,堪称国内第一流的汽车配件经销店。

(2)按零售店的集中程度分类。

①分散形式。这类汽车配件零售店一般分散在各个地方,周围可能只此一家汽车配件经销店。

②汽车配件一条街。这种一条街在我国许多城市都存在,一般位于较有影响的配件批发商附近,或在汽车贸易公司、汽车企业销售机构附近的地区。

(3)按零售店的综合程度分类。

多数零售店只是经营汽车或摩托车配件以及相关五金工业品,但也有综合性很强的大型零售店,有些类似于超级市场。

这类大型零售店提供的服务不仅是经营各类汽车配件,还向客户提供加油、娱乐等多种服务。

(4)按零售店的独立性分类。

一般零售店都是独立的,但有一类叫作"连锁店"。

这类汽车配件经销店一般同汽车配件主渠道——汽车配件公司连锁,由汽车配件公司对其进行规划、管理、技术指导、提供信息,并优惠供应配件。

连锁店可以挂汽车配件公司的牌子,但必须只从汽车配件公司进货。

2)门市销售方式

对于汽车配件流通企业来讲,汽车配件的主要销售方式是门市销售,无论是大用户,还是零星购买,门市供应都是最基本、最直接的流通渠道。

一般称门市销售部门为门市部、营业部,也有的称商店、销售中心、销售部(公司)等。门市一般应选在交通方便、顾客比较集中且停放车辆方便的地方。

一个较大的汽车配件销售企业往往在一个地区设立几个门市部,或跨地区、跨市设立门市部。在有多个门市部时,相互间的分工至关重要。

有的按车型分工,如经营解放、东风或桑塔纳、捷达、奥迪配件等;有的门市部实行综合经营,不分车型;也有的两者皆有,即以综合经营为基础,各自又有一两个特色车型。

(1)门市销售的柜组分工方式。

在一个门市部内部,各柜组的经营分工一般有两种方式,即按品种系列分柜组和按车型分柜组。

(2)门市橱窗陈列和柜台货架摆放。

对汽车配件门市部来讲,陈列商品十分重要。

通过陈列摆放样品,可以加深顾客对配件的了解,以便选购。尤其对一些新产品和通用产品,更能通过样品陈列起到极大的宣传作用。

(3)商品陈列摆放的注意事项。

①易于顾客辨认,满足顾客要求。要将商品摆得成行成列、整齐、有条理、多而不乱、易于辨认。

②库有柜有,明码标价。陈列的商品要明码标价,有货有价。商品随销随补,不断档、不空架,把所有待销售的商品展示在客户面前。

③定位定量摆放。摆放商品要定位定量,不要随便移动,以利于营业员取放、盘点,提高工作效率。

④分类、分等摆放。应按商品的品种、系列、质量等级等有规律地摆放,以便客户挑选。

⑤连带商品摆放。把使用上有联系的商品摆放在一起,这样能引起客户的联想,具有销售上的连带效应。

(4)门市销售应注意的问题。

①门市销售不等于坐等顾客。

当前汽车配件市场供大于求,市场竞争十分激烈,门市销售除了日常接待顾客外,还应通过走访、邀请、电话、信函等交流手段熟悉顾客,与购货比较集中的单位,如公交公司、搬运或储运公司、出租汽车公司、厂矿车队、汽车运输公司、部队后勤保障部门、修理厂等,加强联系,熟悉其主管人员、主办人员,以及其车数、车型保有情况,建立客户档案,根据汽车配件的消耗规律判断其进货计划,使销售工作有的放矢。

②对客户货款结算应持谨慎态度,避免拖欠和造成重大损失。

货款结算方式有现金收讫、转账支取、托收承付、担保延期付款等方式。

但目前社会上"三角债"越演越烈,因此,除关系密切、信誉好的客户外,宁可薄利,也要及时回笼货款。

③研究制定合理的销售价格体系。销售中发挥价格杠杆作用,根据市场需求变化、进货成本,在不违背国家有关规定的前提下灵活定价。根据市场行情变化,适当调高畅销品、名优产品价格。

但是,凡代理销售生产厂家产品的企业应征求厂家意见,适当调低滞销商品价格,必要时为加速资金周转,可亏本或保本出售。

对批发价商品要根据购买数量、成本进行核算,薄利多销,在整个销售中有赔有赚,以盈补亏。这样可以消化积压配件造成的经济损失,为企业的发展注入活力,但应防止采取低价倾销的不正当竞争行为。

④对优质服务要有全面认识。门市销售不单单是面带微笑、热情待客,更重要的是练好"内功"。

每个客户特别是大客户购买配件时,总是希望在一个公司能满足其所需的全部配件,且质好价宜。因此,门市销售就必须在品种、质量、价格上下功夫。

营业员必须根据汽车配件车型多、品种繁、专用性强等特点,不但要懂得所经销配件的通用互换情况,而且还要了解同一车型、不同代产品的配件。否则,就会造成本来可以通用互换的不同车型的配件无法实现销售,降低了客户的满意度,同时还会造成因不知道同一车型、不同代产品可以通用的知识所带来的销售错误。

所以营业员必须学会识别各种配件的车型、名称、规格、用途,掌握汽车配件基本知识,只有这样才能为客户提供满意的咨询导向和售后服务,与客户建立起牢固的感情纽带。

⑤进销关系要理顺。进货与销货不能脱节,必须按汽车配件消耗规律组织营销。按照门市销售情况、库存数量及各品种销售走向安排进货,一旦预见到将会发生品种短缺,立即联系进货,保证常规易损、易耗配件的充足供应,最大限度地满足客户需求。

今后的发展趋势是门市销售记账实现办公现代化,利用微机准确快捷地统计出各品种的销售情况,这样可更好地理顺进销关系,提高工作效率。

⑥对门市销售业务要考核经济效益,同时也要考核社会效益。

一般对考核经济效益比较重视,主要指标是考核"纯利润",对配件商品供应率(即客户购买满足率)却不太重视。配件商品供应率可以反映企业在当地市场的销售品种对客户的满足程度,尤其是本企业所经营的、当地保有量大的车型配件对客户的满足程度。

考核办法是,在一段时间内抽取某些有代表性的老客户采购单,把采购单上的品种总数作为分母,把本企业所能满足的品种总数作为分子,得出的数据再乘以100%。这个百分数越大,说明本企业的品种覆盖率越高,社会效益越好,同时也扩大了销售,促进了经济效益的提高。

⑦接待并处理好客户退换货业务。客户退换商品一般有两种情况：一是因商品质量不合乎要求而退换；二是由于所购商品不适合应用而退换。

不论哪一种情况，都应给予妥善处理。遇到第一种情况，首先必须验明是否确属本企业售出的商品，并经证明质量状况是否符合标准，然后由商店按规定处理。遇到第二种情况，也要首先验明是否确属本企业售出的商品，再查验商品有无损坏，并在规定退换期内报请商店负责人按规定退换。对于不符合退换规定的，应耐心解释。

想一想

某一天你将一汽车配件卖给了一位陌生客户，第二天此客户来退货，你该怎么办？

⑧完整地向客户介绍汽车配件及其质量保修规定。客户在购买汽车配件时，有时并不十分清楚所购配件在使用时的注意事项，营业员应详细向客户介绍该配件的功能、性能特点及使用方法。

有时还需要示范或让客户亲自试用，有条件的话，可向客户分发产品使用说明书。

客户购买汽车配件，一般对汽车配件质量有一定要求。因此，营业员应对汽车配件的产地、质量、特点等有较深的了解，积极如实地向客户介绍。

同时，对有些配件应介绍其质量保修规定，这也是客户十分关心的问题，如保修年限、承保范围、费用分担等问题，还应向客户发送质量保修卡。

3）网络经营模式

网络营销是以企业现代营销理论为基础，利用互联网技术和功能，最大限度地满足客户需求，以达到开拓市场，增加盈利为目标的经营模式。

与其他传统营销模式相比较，网络营销具有如下特点：

（1）跨越时空限制。通过互联网，企业之间采用电子数据、电子传递，使营销双方无论身在何时何地，均可以进行交流、订货，实现快速准确的双向数据信息交流。

（2）全方位的信息传播。在网络空间上，公司介绍、产品资讯、图片等大量想要提供给客户的资料，都可以放在互联网上面。

（3）渠道整合。网络营销者与消费者结合得更为紧密，网络在向浏览者提供信息的同时也在如实地接受他们的反馈，开展双向沟通，帮助企业实现一对一营销。

（4）经济性突出。以互联网进行的信息交换代替面对面的事物交换，可以进行无店面销售而免交店面租金和装修费用，也减少了由于迂回多次交换所带来的损耗，增强企业竞争优势。

（5）高效率。网络营销可以方便消费者进行查询，可传送的信息数量和精确度大大超过其他传统媒体，并能及时进行产品更新或价格调整，这样就可以有效地解决和满足客户需求。

网络化的汽车配件经营电子商务平台可以实现 B to B（经销商之间）和 B to C（经销商与客户之间）的业务互通，如图5-1所示。

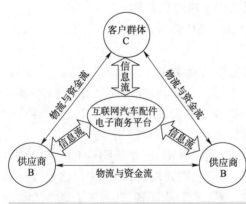

图5-1 汽车配件网络经营模式

❷ 汽车配件的销售流程

1）维修服务站的配件销售流程

维修服务站的配件业务主要有维修部取件和对外销售两种业务内容，其销售流程如图 5-2 所示。

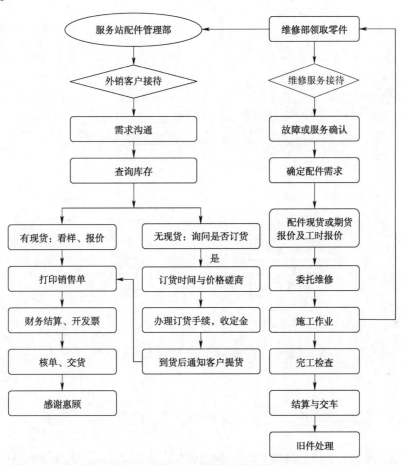

图 5-2　汽车维修服务站配件销售流程

2）汽车配件营销企业门市销售流程

汽车配件营销企业门市销售流程如图 5-3 所示。

❸ 汽车配件门市销售管理

大多数汽车配件经营企业的主要销售模式是门市销售。无论是批发经营还是零售经营，门市部都是最基本、最直接的流通渠道。

1）汽车配件门市部组织结构

一般汽车配件经营企业实行董事会下辖的总经理负责制，通常设置销售部、采购部、物流存储部、财务部、售后服务部、办公室等。组织机构如图 5-4 所示。

(1)总经理负责门市部全面工作，直接向董事会负责。

(2)销售部负责门市部配件批发和零售业务，负责客户开发及档案资料的建立及管理。

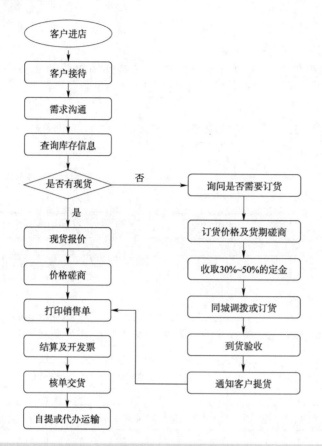

图 5-3　汽车配件营销企业门市销售流程

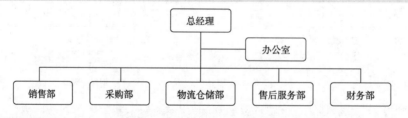

图 5-4　汽车配件门市部组织结构图

(3) 采购部负责门市部配件的采购工作,负责供应商的开发及管理工作。
(4) 仓储部负责货物的接运与发运工作,负责货物的进出仓管理及货物的仓储管理。
(5) 售后部负责货物的售后服务、退货、索赔等工作。
(6) 办公室负责劳资、人事工作,协助总经理进行行政管理,协调各部门的各项工作。
(7) 财务部负责门市收款、出纳、经营核算等。

2) 橱窗和样板货架的陈列

(1) 橱窗和样板货架的功能。

① 宣传广告的作用。通过橱窗可以直观地传播品牌信息、企业信息、产品信息。

② 引导消费的作用。通过橱窗陈列让客户直观看到企业经营的品牌、主营产品、价格水平等情况,起到消费引导的作用。

③装饰环境的作用。一个构思新颖、主题鲜明、风格独特、装饰美观的橱窗或样板货架,会对门市部内外环境起到极好的装饰作用。

④促进销售的作用。通过橱窗与样板货架陈列,宣传企业的风格和特色,吸引顾客关注,起到促进销售的作用。

(2)橱窗和样板货架陈列的类型。

①专题陈列法。将同类型的配件用一个橱窗或货架进行单独陈列,突出表现,实质上是同类商品的综合展示,如制动蹄片专柜、灯具专柜等。

②特写陈列法。这类橱窗主要是向消费者较全面地推荐重点商品,重点渲染、集中表现某一品牌的系列产品,目的在于重点展示、树立品牌形象。

③系统陈列法。将类型不同但又相互在功能、用途上关联的产品陈列在一个货架上,如发动机大修配件专柜、大修包等系列产品。

④卡片或照片展示法。对顾客不熟悉的产品,采用写有商品特点、性能、使用方法的说明卡以及写实照片不但方便可行,而且也能起到刺激消费者购买欲望的作用。

3)橱窗策划应遵循的规则

(1)橱窗横向的中轴线应与顾客的平视线一致,以便使整个橱窗的陈列尽收眼底。

(2)橱窗设置应与企业的整体规模、色调、风格相适应。

(3)主题必须明确突出。只有主次分明、整齐和谐统一,才能达到突出主题的效果。

(4)注重整体效果与局部突出,要让顾客从远、近、正、侧均能看到商品。富有经营特色的产品应陈列在视线的集中处,并采用形象化的指示标记引导消费者的视线。

(5)注意保持橱窗及陈列品的清洁与卫生,橱窗是门市部的第二脸面,清洁卫生与否直接关系门市部的形象。

(6)橱窗陈列应经常更新,给人以新鲜感。

(7)橱窗陈列品的摆设疏密有度,不可过疏,给人单薄的感觉;也不可过密,给人拥挤、凌乱之感。

(8)陈列柜有的商品,仓库一般有货,做到有样板,有库存。是否标价视情况而定。

(9)橱窗艺术所追求的是一种形式美法则,是点、线、面、体等图形的综合运用,通过巧妙自然的配置,使之产生新的创意。如上下走向的垂直线可引导视线上下移动,使橱窗空间感强烈;水平线组合使橱窗显得开阔,给人以安静稳妥之感;斜线给人以动感,易表现出现代的快捷感;曲线表现阴柔之美,可突出商品的质感和特色。

❹ 配件分销渠道的类型

1)经销中间商

汽车配件的经销中间商为批发商、零售商和其他再售商等。他们承担着商品流通职能,是汽车配件流通的主体。

从当今汽车配件市场发展趋势看,批发商和零售商的经营职能互相融合,形成批发兼零售的形式。

2)代理中间商

代理中间商专门介绍客户或与客户磋商交易合同,但并不拥有商品的持有权。例如,代理人可以到各地去寻找零售商,根据取得订货单的多少获得佣金,但代理商本人并不购买商品,而由制造商直接向零售商发货。

3)超市连锁

超市连锁是新兴的汽车配件销售渠道。相对不成熟的汽车售后市场限制了中国汽车工业的发展和普及,缺乏统一的售后服务市场标准,汽车配件流通的环节过多,不透明的黑箱效应损害了消费者的利益。经营者不规范的经营行为所带来的假冒伪劣产品的泛滥,维修行业维修质量的低下,都影响了汽车潜在客户的购车热情。而欧美等发达国家和地区,成熟的售后服务市场的形成,为其汽车工业的发展打下了基础,并促进了零部件行业的发展。

调查一下你所在的城市汽车配件分销渠道的类型。

_____
_____
_____

5 汽车配件的典型营销模式

1)埃达(AIDA)模式

埃达(AIDA)模式的销售步骤如下。

(1)引起顾客注意。

其方法主要有:形象吸引法,如可通过仪表形象、特殊形象、神态形象吸引消费者;语言口才吸引法,如可通过出奇言、奇事、奇怪问题或推销开始后的第一句话就指出消费者的主要需求而吸引消费者;动作吸引法;产品吸引法,如利用产品特殊功能、一目了然的优势吸引消费者;以及广告吸引法等。

(2)唤起顾客兴趣。

其方法大致可分为示范类和情感类。

(3)激起顾客购买欲望。

这是推销过程的一个关键性阶段,主要方法有:在示范并吸引顾客对推销的配件产生兴趣后,通过询问顾客是否有不明白、不理解的地方等,及时检验顾客对其推销汽车配件的认识程度,如果有需要进一步示范及说明的地方,销售人员应立即进行再示范、再说明,直至顾客表示明白并形成整体良好印象为止;针对顾客的担忧与忧虑反复解释,并重点示范;消除顾客情感上的消极心态、对抗情绪,使顾客完全接受推销;通过大说特说来引导顾客从汽车配件的优点联想汽车配件的使用价值和拥有后的喜悦和愉快;通过提供充分的证据、例证,用理智去唤起顾客的欲望。

(4)促成顾客购买行为。

①直接成交法,即销售人员看准时机,主动、明确、直接地要求顾客购买汽车配件的成交方法。

②假定成交法,指销售人员通过顾客的成交信号准确判断出顾客必定购买时,假定顾客已同意购买,通过讨论一些具体问题而促成交易的方法。

③有效选择成交法,即销售人员为顾客设计出一个有效成交的选择范围,使顾客只在有效成交范围内进行成交方案选择的方法。

④次要问题成交法,指先在次要问题上与顾客达成购买协议后再逐步促进交易的方法。

⑤优惠成交法,是销售人员通过向顾客提供进一步的优惠条件而促使成交的方法。

⑥分段成交法,指把一个重大的推销洽谈成交过程分为多个阶段,通过实现分段目标达到最后成交的方法。

⑦试用成交法,指销售人员想办法把作为实体的汽车配件留给顾客,使顾客拥有其一段时间的使用权,从而促成顾客购买的方法。

⑧异议成交法,指利用处理完顾客异议,尤其是重要异议的机会成交。

⑨最后机会成交法,指销售人员直接向顾客提示最后成交机会而促使顾客立即实施购买的一种成交促进方法。

2)迪伯达(DIPADA)模式

迪伯达(DIPADA)模式的销售步骤如下。

(1)把要销售的汽车配件与顾客的需要及愿望结合起来。

(2)证实所销售的汽车配件符合顾客需求。证实所销售的汽车配件符合顾客需求的关键是搜集和应用证据。

(3)促进顾客接受所销售汽车配件。

①询问促进法,即销售人员在介绍汽车配件,证实汽车配件符合顾客需求的过程中,不断询问顾客是否认同或理解销售人员的讲解及演示,借以促进顾客接受汽车配件。

②总结促进法,即销售人员在销售谈话中不断对前段的销售活动及进展情况进行总结,以促使顾客接受汽车配件的方法。

③确认书促进法,指销售人员一边总结与客户在认识上的共同点,一边把顾客认同的内容在记事板、打字显示荧屏或备忘录等工具上记录下来,并放在显眼的地方,时刻提醒顾客他已表态接受的各个方面。

④诱导促进法,指销售人员通过向顾客提出一系列问题,并请求顾客作出回答而诱使顾客逐步接受所推销的汽车配件的办法。

⑤示范检查促进法,指销售人员通过检查示范效果而促使顾客接受汽车配件的方法。销售人员在示范前、中、后,不停地向顾客提出一些带有检查性的问题,从而试探顾客的接受程度以及是否有购买意图。如果顾客在关键性问题上并没有接受,则可立即纠正补充。

⑥等待接受法,指有时受多种因素影响,顾客无法立即接受汽车配件,此时销售人员要有耐心。

⑦顾客试用促进法,即销售人员把已介绍与初步证实的汽车配件留给顾客试用,从而促使顾客接受汽车配件的方法。

3)埃德伯(IDEPA)模式

埃德伯(IDEPA)模式的销售步骤如下。

(1)把所销售的汽车配件与顾客的愿望结合起来。

应注意无论在汽车配件畅销还是滞销时,都应对上门主动求购的顾客热情接待,同时应尽量满足顾客需求。

(2)示范阶段。

向顾客示范汽车配件时应注意按顾客的需要示范汽车配件。

(3)淘汰不合格的汽车配件。

埃德伯模式的第三阶段,需要把销售人员示范的较多汽车配件中不合适的汽车配件筛选掉。

(4)证实顾客的选择是正确的。

顾客选择汽车配件后,证实与赞扬顾客的挑选正确这一环节不可缺少,主要采用案例的方式证明。

(5)促使顾客接受汽车配件。

销售人员应针对顾客的具体特点开展工作,如有的应帮助他们尽快办好进货手续;有的要解决运输,以致他们尽快把货物摆到货架上;有的需在货款的结算上给予方便;有的则要求退货赔偿及降低赔偿等。

4)费比(FABE)模式

费比(FABE)模式的销售步骤如下。

把汽车配件的特征详细地介绍给顾客→充分分析汽车配件优点→尽量讲述汽车配件给客户带来的利益→以"证据"说服顾客。

二、任务活动——调查汽车配件分销渠道类型

❶ 活动描述

利用市场调查方法进行实地走访,收集资料,说明目前汽车配件的分销渠道的类型。要求有文字记录和相关影像资料。

❷ 活动实施

以小组形式展开,分工明确,并采用角色扮演法在课堂上展示,同时注意观察其他组展示情况,并对所见所闻进行记录。

❸ 活动评价

(1)通过本任务活动的学习你认为自己是否已经掌握了相关知识和基本操作技能。
(2)评价活动过程的完成情况。
(3)在完成任务活动的过程中,你和同学之间的协调能力是否得到了提升。
(4)通过本任务活动的学习,你认为自己在哪些方面还需要深化学习并提升岗位能力。

任务三 汽车配件营销策略

一、理论知识准备

❶ 汽车配件产品的生命周期和营销策略

1)汽车配件产品的生命周期

汽车配件产品的生命周期分为导入期、成长期、成熟期、衰退期,如图5-5所示。

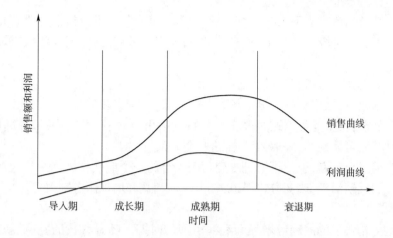

图 5-5　汽车配件产品的生命周期坐标图

2）汽车配件产品生命周期各阶段的营销策略

（1）导入期。

导入期是指产品投入市场的初期阶段，此时顾客对产品还不了解，除了少数追求新奇的顾客外，几乎没有人购买该产品。在此阶段，产品生产批量小，制造成本高，广告费用大，销售额增长缓慢，企业往往无利润可言。

在市场导入期，为了建立新产品的知名度，企业需要大力促销、广泛宣传，引导和吸引潜在顾客，争取打通分销渠道，并占领市场。

营销策略要突出一个"准"字，即市场定位和营销组合要准确无误，符合企业和市场的客观实际。

处于导入期的新产品由于产量小、销售量小、成本高、生产技术还有待完善，加之必须支付高额促销费用，所以定价往往比较高。

（2）成长期。

成长期是指产品在市场上迅速被顾客所接受且销售额迅速上升的阶段。在这一阶段，产品在市场上被广大顾客所接受，成本大幅度下降，销售量大幅度增加，利润也迅速增长，这时生产效率和市场占有率均显著提高，但竞争开始加剧。

进入成长期后，随着销售量的迅速增长，营销策略的重点应该放在一个"好"字上，即保持良好的产品质量和服务质量，切忌因产品销售形势好就急功近利、粗制滥造、片面追求产量和利润。

应努力提高产品质量，增加产品的新功能、新特色等，以满足和适应消费者多样化的需求；应改变广告宣传目标，由以建立和提高知名度为中心转变为以说服消费者接受产品为中心；应在适当时间降低售价，吸引对价格敏感的顾客，并抑制竞争。

（3）成熟期。

成熟期是指产品被大多数购买者所接收，市场销售额缓慢增长或下降的阶段。经过成长期后，随着购买产品的人数增多，市场需求趋于饱和，产品便进入成熟期。此时销售增长速度缓慢直至转而下降。

由于竞争的加剧，广告费用再度提高，但利润下降。

这一阶段的营销策略应突出一个"改"字,即争取稳定的市场份额,延长产品的市场寿命。

企业对处于这个阶段的产品不应满足于保持既得利益和地位,而要积极进取,进攻是最好的防御。

成熟期可供选择的策略有三种:

①进行市场改良,寻找新的细分市场和营销机会,挖掘更多的用户。

②进行产品改良,企业可以通过改变产品特性吸引顾客、扩大销售,如提高汽车配件的经济性、可操作性、可靠性等,争取做到创品牌、保品牌。

③进行营销组合改良,企业可通过改变营销组合的一个或几个因素来扩大产品的销售,如开展多样化的促销活动,改变分销渠道,扩大附加利益和增加服务项目等。

(4)衰退期。

衰退期是指销售下降的趋势增强和利润下降的时期。随着科技的发展、新产品和替代品的出现以及消费习惯的改变等原因,产品的销售量和利润持续下降,产品从此进入衰退期。此时,成本较高的企业就会由于无利可图而陆续停止生产,该类产品的生命周期陆续结束,产品普及率迅速降低,以致最后完全退出市场。

企业对处于衰退期的产品若仅仅采取维持策略,往往会造成巨大的损失。因此对大多数企业来说,应该当机立断、弃旧图新,及时实现产品的更新换代。对一些疲软的产品应进行淘汰,以免影响企业的声誉。

在这个阶段,营销策略应突出一个"转"字,即有计划、有步骤地转产新产品。

但需注意的是,企业的老产品停产后,应继续安排好其配件供应,以保证仍在使用老产品的用户的需要。

❷ 汽车配件的定价策略

1)折扣和折让定价策略

汽车配件企业对所售产品制定一个基本价格后,通常会针对不同的情况给予价格优惠,以折扣和折让的手段来刺激顾客和中间商,鼓励客户购买。它包括现金折扣、数量折扣、功能折扣、季节折扣和折让策略。

2)新产品定价策略

新产品关系着企业的前途和发展方向。新产品的定价是否合适,影响着新产品能否及时打开市场并最终获取目标利润。新产品的定价策略有3种:撇脂定价策略、渗透定价策略和满意定价策略。

3)心理定价策略

心理定价策略是企业迎合消费者的各种价格心理而制定营销价格的定价策略,具体分为以下几种:尾数定价策略、整数定价策略、声望定价策略、招徕定价策略和习惯定价策略。

4)产品组合定价策略

产品组合定价策略包括产品线定价策略、组合产品定价策略和互补产品定价策略。

5)提价策略和降价策略

(1)提价策略。

提价常常会引起购买者、经销商的不满,但成功的提价会为企业带来可观的利润。企业提价通常由于:产品在市场上严重供不应求;通货膨胀使企业的各项成本上升,企业被迫提价以维持利润水平。

产品提价通常会抑制需求,但有时会使顾客将提价理解为:此产品为走俏产品,市场很快会脱销;该产品有新功能或特殊价值;可能还要涨价,迟买不如早买。所以,如果提价时机好、促销广告宣传有力,提价有时反而会激发增强购买欲望,增加产销量。

(2)降价策略。

降价策略可以采取增加价外费用支出和服务项目;赠送礼品和礼品券;举办产品展销,展销期间价格优惠;提高产品质量,改进产品性能,提高产品附加值;给予各种价格折扣。

作为配件管理员可以对常用车型配件的价格快速报价,这样会使顾客产生哪些好感?

❸ 汽车配件定价遵循的一般原则

(1)比较定价。

参考替代商品价格来定价是最简便可行的定价方式。市场中90%的商品都存在替代品,这时就要参考替代品的价格,以其为基础,而后把自己的产品与替代商品进行综合比较,如品牌知名度、服务、产品性能等。

(2)善于以价值导向定价。

要根据为顾客所能创造的价值或顾客认为这个商品值多少钱来定价,而不是传统常用的扣除成本后加上利润或完全参考竞争对手的定价方法。前者的定价方法不仅能让你赚到更多钱,还能使顾客更愿意接受。如奔驰、宝马汽车等,其实它们的售价远远高于成本,但如果按照成本法推算,而后加上一般汽车的利润,售价也许会大打折扣。

(3)定价时要考虑对价格的各种影响因素。

市场需求、竞争对手、季节、政策法规等,这些因素都会影响商品的定价。

(4)定价的战略作用。

一些企业将商品价格定得很高,以差异于中、低端市场,产生价值感和稀缺效应。

(5)价格波动不可波及产品线中的其他产品。

降价促销等调整产品价格行为一定要划分出清晰的界限,不要让模糊的降价影响了其他产品。

(6)差别定价。

为了不流失顾客,可以采用差别化定价策略。

(7)模糊定价。

把一些畅销产品和滞销产品或两种滞销产品进行组合定价销售,这样可以把高利润或附加利润隐藏在低价产品背后。

(8)不可轻易上涨或下调价格。

要认清这样一个概念,降价不仅容易损伤整体品牌形象,而且一旦降价就很难再涨回去,而涨价也容易降低消费者对品牌的好感度,甚至产生严重的拒买现象。

如果你有足够的创业资金,想开一家汽车配件综合店,你将如何给配件定价?
_____
_____
_____。

4 促销的概念、作用和广告促销

1)促销的概念

所谓促销,是指企业营销部门通过一定的方式,将企业的产品信息及购买途径传递给目标客户,从而激发客户的购买兴趣,强化购买欲望,甚至创造需求,从而促进企业产品销售的一系列活动。促销的实质是传播与沟通信息,其目的是要促进销售,提高企业的市场占有率及增加企业的收益。

2)促销的作用

促销的作用有传递信息、增加需求、突出特点和稳定销售。

3)广告促销

(1)广告的概念。从市场营销角度看,广告是指广告主以支付费用方式,通过各种传播媒体向目标市场传播商品或劳务信息,并说服其购买的经济活动。这里所探讨的就是狭义广告,也称商业广告。

(2)广告的作用。

①广告是消费者获得商品信息的一个重要来源。

②广告能改变消费观念和消费心理,影响消费结构和消费行为。

③广告还为消费者提供方便,是现代消费决策的一个重要组成部分。

(3)广告促销的优点:传播面广,传播速度快,形象生动,可将信息艺术化,引起公众注意,加深印象。

(4)广告促销的缺点:说服力较小,难以促成即时购买行为,产生效果缓慢且费用较高。

随着商品经济的发展,广告的作用越来越明显。

5 配件营销广告媒体的选择和效果评估

1)广告媒体的选择

(1)常见广告媒体的优缺点。

①报纸作为广告媒体的优点有:传播范围广,覆盖率高;传播及时,信息量大;说明性强,适合复杂的广告;制作简单,费用低。报纸的局限性也比较突出,如时效短,广告的表现能力有限(不能声像并茂或者产生直观感受)等。

②杂志作为广告媒体的优点有:读者阶层或对象十分明确;杂志在读者心目中有较高的威望,说服力强;传播时间长,可保存;传播的信息量较大,易于做内容较复杂的广告。其局限性有:传播的范围较小,灵活性差;消费性杂志不如报纸严肃,使广告的传播内容受限制。

③广播作为广告媒体的优点有:听众广泛;传播速度最快,胜于日报,传播及时;制作简单,费用较低。其局限性有:传递的信息量有限,只能刺激听觉;难以把握收听率;不适合做说明性广告。

④电视作为广告媒体的优点有:综合利用各种艺术形式,表现力强;覆盖面广,注意率高;传播速度快,信息量大。是传播广告信息最理想的媒介。其局限性有:费用高,制作复杂,针对性差。

(2)如何选择广告媒体。如何选择广告媒体可以从这几方面考虑:产品的性质;目标消费者接受媒体的习惯;传播信息类型;媒体的成本。

2)广告媒体效果评估

企业需要对广告效果进行评估,评估的内容很多,但主要应抓住两个方面:一是信息传递效果;二是促进销售效果。

❻ 人员促销的特点、形式、策略和技巧

1)人员促销的特点

人员促销是指企业的推销员直接与顾客接触、洽谈、介绍产品,以达到促进销售的活动过程。其特点有:作业弹性大、较灵活;双向信息传递;针对性强;及时促成购买;巩固营业关系;直接沟通信息,反馈及时,可当面促成交易;人才难得,费用多,接触面窄。

2)人员促销的形式

人员促销的形式有上门推销、柜台推销和会议推销。

3)人员促销的策略

人员促销的策略有寻找新客户的策略、接近客户的策略和说服客户的策略。

4)人员促销的技巧

人员促销的技巧包括建立和谐的洽谈气氛的技巧;开谈的技巧;排除推销障碍的技巧;与客户会面的技巧;抓住成交机会的技巧。

在每年的"十一"长假,或者是每年的汽车展览月,你去过车展做活动的地方吗?你对促销活动持有怎样的看法?促销对购买者有哪些好处?对经销商有哪些好处?

_____

_____

_____。

❼ 汽车配件销售谈判前的准备工作

谈判是一项非常复杂的工作,谈判形势多变,令人难以应付。要适应这种局势并在错综复杂的局势变化中左右谈判的发展,使己方处于有利地位,谈判人员就要"打有准备之仗"。只有做好最深入、细致的准备工作,才能获得谈判的成功。在谈判前,谈判人员主要应做好两个方面的准备工作:一是尽量详细地搜集有关资料;二是根据这些资料、信息,分析谈判中可能出现的各种情况,准备应对方案,即信息准备和决策准备两个方面,其中信息准备是关键。

下面介绍信息准备工作的主要内容。

1)知己知彼

(1)知己才能知人。

①充分了解己方的经济实力,如财务状况、销售情况、经营场地、服务项目等,掌握这些

资料,能有备无患,当对方在谈判中提出有关问题时,能做到心中有数,从容应对。

②充分理解己方谈判的目标。

③及时了解己方谈判的准备情况。

(2) 了解谈判对手的情况。对谈判对手情况的了解可以说是最有价值的资料,只有摸清对手的实际情况,才能对症下药,相应制定己方的谈判策略。

①了解对手的经济实力和信用,包括对手的经营状况、财务状况、盈利总评价、信誉情况、付款方式、其竞争对手和竞争方式等。

②了解对手的真正需求,比如对手此次谈判的实际目的,对手最低可能接受的条件等。

2) 了解商品市场情况及其竞争情况

(1) 市场商品需求情况。市场商品需求情况主要包括与谈判有关配件的汽车保有量,保有量变化趋势,顾客对该配件及其服务的要求等。

(2) 市场商品供应情况。市场商品供应情况主要包括与谈判有关的商品生产状况,可供市场销售的商品量,商品库存状况,运输能力及其变化,进出口情况,替代品情况等。

(3) 市场商品销售情况。市场商品销售情况主要包括与谈判有关的商品的市场销售量,己方企业与同行业市场销售情况,销售价格,商品市场生命周期,经销路线,促销措施及效果等。

(4) 市场竞争情况。市场竞争情况主要包括同类配件经销商数量,其销售配件的品种,质量情况,市场占有率,价格策略情况(包括折扣、分期付款),销售渠道,信用情况等。

3) 了解相关环境情况资料

与谈判及交易相关的环境资料主要包括:当地政府政策法规、交通运输能力情况、社会文化背景、商业习惯等。

❽ 汽车配件销售谈判洞悉顾客心理和营造谈判气氛

顾客种类很多,形形色色。在销售过程中只有了解客户心理,投其所"好",投其所"需",才有可能促成交易。但如何才能摸清顾客心理呢? 实践中主要通过观察和交谈弄清客户意图并引导其购买商品。

1) 洞悉客户心理

(1) 观察。一般来说,汽车配件经销店的顾客进店来是特意购买某种配件,并对拟购配件的数量、规格、质量等在心中早有打算。

(2) 交谈。除了观察外,还要通过与其交谈揣摩顾客心理,从言谈中了解他们的购买动机、性格和购买心理。

2) 营造谈判气氛

无论是在店堂接待顾客,还是上门去推销商品,都会不可避免地要与顾客交谈,如果交谈气氛融洽,则成交可能性就大,因此,应营造和谐的谈判或交谈气氛。在店堂接待顾客或上门推销等非正式场合,首先要精神饱满,面带微笑,眼迎顾客,点头致意;与顾客交谈时,语言文雅、谦虚、礼貌,应尽量避免与顾客争论,更不能争吵。

作为一名汽车配件销售人员,最忌讳的是与顾客争论和争吵,这样做有什么不好?

⑨ 汽车配件销售灵活运用谈判技巧

对双方都有利可图的交易合同,才是未来交易成功的可靠保证。但是,双方的利益又往往是交错的,甚至是矛盾的,这就需要通过谈判来寻找协调、解决矛盾的办法。

1)提问与聆听

在谈判过程中善于提问和聆听对方的发言,才能弄清对方的真实意图和根本利益所在,发现对手的需要,发现其在谈判中可以退让的程度。同时,对疑问点提出问题,有助于发展新的想法,找到解决这些问题的办法。

2)不轻易亮底牌

尽可能了解对方的动机、权限以及最后期限,但让对方知道己方这方面的资料越少越好,即使对方是所谈汽车配件的独家供应商,仍可以告诉对方,己方可以在该配件与其他替代配件之间选择,或在买与不买之间选择。反之,对于买方,己方也可以采用相同的办法。总之,要造成这样一种竞争姿态,使对方感到不是非他不可,使己方处于有利的地位。

3)报价的艺术

提出比预期能达到的目标稍高一点的要求,就等于给自己留下妥协的余地。所以,通常谈判者在谈判开始的时候,总要提出一个较高的初始报价。较高的初始报价提供了"谈判余地",并且能使对方希望得到的利益在谈判过程中变得明显。

4)时间期限战术

谈判通常是按预先订好的议事日程进行的,缺乏时间和期限的概念将会使谈判者陷入时间的压力之中,有时还会得到于己不利的结果。有些谈判者,把时间看得很宝贵,急于早日达到协议,拖延越长,费用越高。所以,在谈判时,可以利用对方的这种心理,适当采用拖延战术。但要注意,过分拖延有时会适得其反。

5)伺机喊"暂停"

如果谈判即将陷入僵局,不妨喊"暂停"。一个方便的台阶是告诉对方:"我必须请示我的上级,看他的意见如何。"在谈判过程中有这样一个短暂的暂停,至少能给谈判双方提供额外的时间重新考虑自己的立场和估计对方的立场。这样就有机会重新肯定自己的谈判立场,或以一点点小的让步,重回谈判桌。

在谈判中要适时地说,"如果由我做主的话……"便能占据主动地位。

6)适当使用威胁手段

酌量情势,表现出一点过激的情绪化行为。必要时,可以提高嗓门,逼视对手,或大胆威胁,扬言立即中断谈判等,看对方反应如何。这一手段有冒险性,但如果时机掌握得好,运用适当,在碰到僵局时,往往会取得意想不到的效果。不过,不恰当的威胁可能导致自己并不希望的谈判破裂。

7)出其不意

在谈判过程中,突然改变方法、论点或步骤,以让对方折服、陷入混乱或迫使对方让步。这种策略可以简单到突然改变说话的声调、语气或戏剧性地突然生气等,都可能使对方措手不及而软化立场。日本人在谈判中常采用这种策略,西方谈判者对付这种策略的办法则是威胁要退出谈判。

8）额外奉送

在谈判过程中,准备一些附加的刺激条件,即给对方一些有价值的"额外奉送"。奉送的时机选择是至关重要的,恰当的时间选择往往能化解某些问题上出现的僵局。

9）沉默与耐心

不要期望对方立即接受新的构想,坚持、忍耐,对方或许会接受己方的意见。在这种情况下,"沉默"有时是一种有力的武器。在一段时间内保持沉默,会使对方感到不自在,甚至茫然,不知所措。在这样的气氛下,对方往往会沉不住气而极力想说些什么,有时甚至说些不适当的话,改变态度。

10）折中调和战术

谈判总要留有余地,顾及对方的面子。成功的谈判,应该是双方愉快地离开谈判桌。

11）谈判中权力的运用

权力是指谈判一方对另一方所能施加的约束力或财力物力的总和。拒绝运用权力意味着谈判中的自杀。然而,运用权力是很复杂的,权力也不可轻率地或过分地运用,这样就变成滥用了。如果运用不慎,就会影响到谈判的结果。

⑩ 汽车配件销售克服谈判障碍

谈判中出现异议、争论,以致发展到僵局,这种僵局就是谈判障碍,也就是指谈判各方在促成具体交易、进行意见交换过程中出现的阻碍谈判继续进行的因素。

1）克服谈判障碍应遵循的原则

(1)对事不对人。真正的僵局形成后,谈判气氛随之紧张,这时双方都不可失去理智,任意冲动。

(2)努力做到使双方不丢面子。有面子就是得到尊重,人皆重面子。

(3)尽可能实现双方的真正意图。僵局的解决,最终表现为双方各自利益的实现,实际上是实现了双方的真正意图。

2）克服谈判障碍的方法

(1)感情缓解法。

①临时安排短暂的休会和调整,以缓和紧张的气氛。

②进一步增进人际关系。

③以对方为说服对象,注意以情动情。

(2)期限缓解法。

①采用有利于己方的方式。

②不要泄露自己与邀约相关的期限,亦即别让对手了解你真的是非在那一个时间之前完成谈判不可。

③细心地研究对方设立期限的动机以及不遵守该期限招致的后果。

④绝大多数的期限都要留有谈判余地。

(3)改变话题缓解法。

当谈判双方在主要交易条件上没有原则分歧,只是在某些方面相持不下的时候,可以运用横向铺开的方式打破僵局,先把僵持不下的问题放下,转而就双方易于通融的其他问题交换意见。

(4) 休会缓解法。

在谈判中,若双方的观点产生差异,情感上出现裂痕,情绪上发生对立时,双方又各抒己见、互不妥协,洽谈难免陷入僵局。此时可通过暂时休息来缓解。

(5) 换将缓解法。

在谈判出现僵局时,究其原因又与双方谈判人员的情绪对立有关,甚至是个别人员持有偏见与成见,在争论问题时,伤害了一方乃至双方人员的自尊心。此时,可运用换将缓解法缓和气氛。

随着你所在企业汽车配件门市部业务的发展,很多配件中间商希望与你的门市部合作。为了争取最大的利益,有一次采购部经理需要你去和某配件中间商谈判,希望配件进货价再降低2%,你将如何完成经理交代的任务?

_____

_____。

11 汽车配件销售谈判妥善处理客户分歧

1) 处理顾客意见分歧的原则

(1) 销售人员应从顾客的立场出发,了解顾客的问题,为顾客提供帮助,满足顾客的要求,充分说明顾客所能获得的利益及其程度,设身处地为顾客着想,才能缩小与顾客的心理距离,才有利于处理与顾客的意见分歧。

(2) 不要回避与顾客的意见分歧,因为在消除这些分歧之前,是不可能成交的。

(3) 与顾客存在意见分歧并不可怕,关键是对这种分歧作出满意的答复,只有尊重顾客意见,听清顾客意见,才能有针对性地处理顾客意见。

(4) 销售人员对顾客的尊重,也是对自己的尊重,如果能认真倾听顾客的不同意见,顾客会感到受尊重,也比较容易接受销售人员的观点,乐于听销售人员的解说。

(5) 在与顾客洽谈过程中,销售人员应尽量避免与顾客争论,更不能争吵。

2) 处理价格分歧的方法

(1) 强调相对价格。相对价格是与产品价值对应的价格。

(2) 先谈价值,后说价格。如果客户购买了商品,就意味着他同时也要付出一定量的货币。

(3) 强调优势。顾客在购买或订货时,往往首先在价格上与同类产品进行比较,提出价格异议,诸如"你们的商品太贵了,某某的要比你们的便宜"等,这时销售人员要引导顾客正确看待价格差别,通过强调本企业商品的优势来化解顾客的异议,可以从商品的使用寿命、使用成本、性能、维修、收益等方面对比分析,使客户认识到购买这种商品是明智的,相对于商品的价值,价格并不高。

(4) 让步策略。

①不要做无谓的让步,让步应体现我方的原则和立场。

②让步要恰到好处,使较小的让步能给对方较大的心理满足。
③大问题力争让对方让步,小问题我方可考虑先让步。
④不要承诺同等幅度的让步。
⑤不要轻易让步,因为让步等于减少了利润,即使决定让步,也要使对方觉得得到让步不容易;一次让步幅度不宜过大,让步节奏也不宜太快,否则会使对方更加自信,得寸进尺。

你在汽车配件门市部销售配件,有一位顾客希望他想购买的零件能否优惠一点,你将怎么办?

_____
_____。

二 任务活动——设计汽车配件产品促销方案

1 活动描述

了解应季汽车配件产品,设计制作一份促销方案。

2 活动实施

以小组形式展开,分工明确,并采用角色扮演法在课堂上展示,同时注意观察其他组展示情况,并对所见所闻进行记录。

3 活动评价

(1)通过本任务活动的学习你认为自己是否已经掌握了相关知识和基本操作技能。
(2)评价活动过程的完成情况。
(3)在完成任务活动的过程中,你和同学之间的协调能力是否得到了提升。
(4)通过本任务活动的学习,你认为自己在哪些方面还需要深化学习并提升岗位能力。

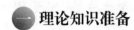

一 理论知识准备

1 汽车配件索赔的范围和类型

1)汽车配件索赔的范围

由于汽车使用条件复杂,所以在使用过程中配件的质量缺陷不可避免,因此汽车制造厂对整车与配件提供了质量保证,允许用户有条件索赔。

汽车配件索赔是对产品质量的担保,同时也是经销商利益的保证,是赢得用户信赖、树立企业形象和维护品牌信誉的重要一环。

索赔范围包括包装没有破损状态下的盈、亏、错、损;包装质量不合格而造成的损坏、丢失;质量不合格的配件和错发的配件。

2)汽车配件索赔的类型

汽车配件索赔的类型有经销索赔、保修索赔和保险索赔。

2 经销索赔业务

经销索赔是指配件在销售流转过程中到达配件接收方后,出现了由于运输途中非人为破坏或质量差异等因素造成配件的盈、亏、错、损、缺,使该配件无法实现下一步流通的情况,针对这种情况所采取的索赔措施发生在配件经销环节,因此称为经销索赔。

1)经销索赔的处理原则

索赔应坚持"坚持原则、实事求是、诚实守信、用户第一、热情服务"的原则。

2)汽车厂家允许经销索赔的范围

(1)必须在规定的索赔时间范围内申报,一般收到货后15天内为索赔有效时间。

(2)到货后包装没有破损情况下的盈、亏、错、损、缺才能索赔。

(3)到货后包装破损情况下的缺失,如属厂家配件部包装质量不合格或运输方式不当而造成的损坏和丢失也将给予索赔。

(4)经销商修车使用配件前发现的质量不合格及错发配件可以索赔。

(5)因汽车厂家电子目录错误,使经销商错订或配件部错发的不适合中国车型的配件可以索赔。

想一想

所有属于保修业务更换的配件的所有权属于谁?

3 保修索赔业务

保修索赔又称质量保证索赔或三包索赔,是指汽车在使用过程中由于配件的质量或设计缺陷所造成的汽车产品(包括整车与配件)的维修和更换,允许用户向汽车厂家索赔。这种索赔发生在质量三包期间内,因此称为保修索赔。保修索赔通常通过服务站的索赔管理部门的索赔专员直接与汽车厂家沟通,为用户提供索赔手续的办理。

1)保修索赔工作机构

保修索赔工作机构由汽车厂家的索赔管理部门和汽车特约服务站索赔专员组成。

(1)汽车厂家的索赔管理部门。它隶属于售后服务机构,主要负责整车、配件保修索赔期内的保修索赔工作,包括索赔单据的审核和结算、产品质量的搜集与反馈等业务。

(2)汽车特约服务站索赔专员。汽车厂家要求每个特约服务站必须配备一名专职索赔员,称为索赔专员,主要负责保修索赔的预审、索赔单据的填制及申报,同时负责产品质量的搜集与反馈。

2)汽车保修索赔有效期限

各汽车厂家保修索赔的具体规定不尽相同,因品牌和车型有较大区别。但是无论什么品牌什么车型,在《维修手册》当中有明确的约定。整车、配件的保修索赔期限如下:

(1)整车保修索赔期。从车开具购车发票之日起36个月内或累计行驶里程10万km内(广汽丰田),两条件以先达到为准,超出其中之一者,该车超出保修索赔期。

(2)特殊零件保修期。整车保修期内,在《维修手册》中注明的"特殊配件",依照《维修手册》中"特殊配件"保修索赔期的约定执行。某些特殊配件保修期的规定情况见表5-4。

特殊零部件保修期的规定情况　　　　　　　　　　表5-4

特殊零部件名称	保修索赔期	特殊零部件名称	保修索赔期
喇叭	12个月或4万km	橡胶件	12个月或4万km
蓄电池	12个月或4万km	各类轴承	12个月或4万km
等速万向节	12个月或4万km	喷油器	12个月或4万km
减振器	12个月或4万km	三元催化转换器	12个月或4万km
控制臂球头	12个月或4万km	氧传感器	12个月或4万km

(3)更换后配件的保修期。

①保修期内由服务站免费更换安装的配件,其保修期为整车保修期的剩余部分。

②由客户自费由服务站更换和安装的配件,其保修期为24个月或5万km(以先达者为准),在此期间,因保修而免费更换的同一配件的保修索赔期限为自费配件保修期限的剩余部分。

3)保修索赔的前提条件

(1)必须在规定的保修期限内进行索赔。

(2)用户必须遵守《维修手册》的规定,正确驾驶、维护、存放车辆。

(3)所有的保修服务工作必须由特约服务站实施。

(4)必须是由特约服务站售出并安装或原车上的配件方可申请保修索赔。

4)保修索赔范围

(1)在保修期内,车辆正常使用情况下整车或配件发生质量故障,修复故障所需的配件、材料、工时费。

(2)在保修期内,汽车无法行驶,服务站外出抢修过程中发生的抢修费、交通费、住宿费等。

(3)汽车厂家为每一辆新车提供两次在服务站进行的免费维护,两次维护的费用属于保修索赔范围。

5)不属于保修索赔范围的情况

(1)不按规定进行维护;不能提供《维修手册》,或《维修手册》擅自涂改维护记录的车辆,特约服务站有权拒绝用户的保修索赔申请。

(2)除首保外,车辆正常例行维护和正常使用中损耗件一般不属于保修索赔范围,如润滑油、各种滤清器、制动蹄片、离合器片等。

(3)车辆不在汽车厂家授权的服务站维修,或者车辆安装了未经汽车厂家售后服务部门许可的配件,不属于保修索赔范围。

(4)用户私自拆卸更换里程表,或更改里程表读数的车辆,不属于保修索赔范围。

(5)因环境、自然灾害、意外事故造成的车辆故障,不属于保修索赔范围。如地震、冰雹、水灾、火灾等。

(6)因用户使用不当、滥用车辆(如用作赛车)或自行改装而引起的车辆故障,不属于保修索赔范围。

(7)间接损失不属于保修索赔范围。如误工费、租赁其他车辆的费用等。

(8)由于特约服务站操作不当造成的损失,不在保修索赔范围,但应当由特约服务站承担责任并进行修复。

(9)保修索赔期内,用户在车辆出现故障后,未经特约服务站同意,继续使用而造成进一步的损坏,汽车厂家只对原有故障负责,其余损失责任由用户承担。

(10)车辆发生严重事故时,用户应该保护现场和损坏零件,不能自行拆卸故障车,如未保护现场或因丢失损坏零件以致无法判明事故原因,汽车厂家不承担保修索赔费用。

 想一想

熟悉保修索赔业务对汽车配件营销人员有哪些好处?

6)保修索赔旧件管理

(1)成功索赔的旧件所有权属于汽车厂家,各特约服务站必须在规定的时间内,按指定的方式运回汽车厂家索赔管理部。

(2)更换下来的索赔旧件应挂上有汽车厂家统一印制的"索赔旧件标签",并在规定时间内,填写《索赔件运回清单》,按规定方式运回厂家索赔管理部。

(3)故障件的缺陷、破损位置须用红色颜料笔做出标记。

(4)应尽可能保持索赔旧件拆卸下来后的原始状态,规定不可分解部分不可擅自分解,否则故障原因视为拆卸不当所致,不予索赔。

(5)更换下来的旧机油、变速器油、制动液等不便运输的索赔旧件,无特殊要求的不必运回,由服务站自行处理,但要注意安全和环保。

(6)汽车厂家索赔管理部门对回运的索赔旧件进行全面检验后,将存在问题的申请单返回或取消。

(7)被取消索赔申请的旧件,各特约服务站有权索回,但须承担运输费用。

7)汽车保修索赔常用话术

对于汽车用户来说,当汽车出现故障时,如果能获得优质的服务和顺利保修索赔当然皆大欢喜,但是,许多时候汽车故障的维修不符合保修索赔的条件,要由用户自费维修,售后服务顾问和索赔专员如果处理不当就会引起误会或冲突,影响客户的满意度。所以,掌握一定的索赔常用话术对于售后服务顾问和索赔专员非常有必要。索赔常用话术见表5-5。

索赔常用话术及使用情境　　　　　　　　　　表5-5

索赔应对话术	使用情境
先生/女士:您的车辆的每次维修都需要由××特约服务站来做,不仅可以保障您车辆的正常使用,更重要的是可以保障您的利益不受损害	向客户宣传保修政策时
先生/女士:您的车辆的每次维修及维修情况我们都会详细记录,随时欢迎您核对或查询	向客户解释保修记录时

续上表

索赔应对话术	使用情境
先生/女士：很抱歉，按有关规定，这次维修不属于保修范围，您若有疑问，我会向您详细解释，或您可以向汽车制造厂咨询	向客户解释保修规定时
先生/女士：影响车辆质量的因素很多，比如环境因素、道路因素、驾驶因素等。当然也包括车辆本身的问题，因为一辆车由几千种配件组装而成，难保个别配件会出现问题，这也是为什么公司会向客户提供保修的原因，还希望您能谅解。我们会尽全力、尽快解决您的问题，争取使您满意	安抚客户抱怨时
先生/女士：我们会将您的情况立即上报公司，争取尽快给你一个满意的答复	安抚客户抱怨时
先生/女士：请您先不要着急，我们尽快查明原因，再与您协商解决方案，您看可以吗？	安抚客户抱怨时
先生/女士：按规定此情况不属于保修范围，但我很理解您的心情，我会与领导协商，看还有没有折中、补救或更好的办法	安抚客户抱怨时
先生/女士：保修政策不仅为了最大限度地保障客户的利益，也是双方的一种约定，因此保修本上的内容双方都要严格遵守	向客户宣传保修政策时

坐在一起和朋友聊天时总听到他们说做销售工作非常好，但是要口才好，要掌握相应的话术。如果你规划毕业后立志从事汽车配件销售工作，从现在开始要改变哪些观念？

_____

_____

4 汽车配件索赔的原则

（1）配件在一年内且里程不超过10万km，出现质量问题，用户有权向汽车生产企业的特许经销商提出索赔。

（2）关于配件索赔的有关规定说明。

①对于蓄电池的索赔：只有蓄电池断格故障才可以提出索赔申请，对于蓄电池电量不足的情况，不能提出索赔申请。

②对于传动轴总成、空调系统及后桥总成的索赔，汽车生产企业原则上不予受理。

5 汽车配件索赔工作流程

1）经销索赔工作流程

（1）经销索赔工作流程如图5-6所示。

（2）经销索赔流程操作说明。

①经销商因配件订货、到货差异而提出索赔报案，配

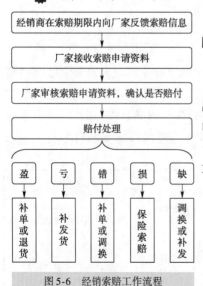

图5-6 经销索赔工作流程

件厂家或中转库索赔业务员接到经销商索赔报案电话或电子邮件后,应做好电话记录和备份,留下联系电话针对不同情况进行处理。

②经销商报盘盈处理。厂家或中转库应对经销商表示感谢并与经销商协商处理;如不能留用,则请经销商帮助退回其所属配件发货方。

③经销商报盘亏处理。经配件发货方盘库后确认为盘盈,应立即补发给经销商。

④经销商上报错、损的处理。错件应及时按规定作相应处理:一是拍照;二是简要的情况说明;三是配件发货清单复印件;四是配件索赔申请单,并将材料寄回发货处,待索赔员核查鉴定同意受理后,再将索赔配件寄回。如因包装不善或选择运输方式不当,造成配件损坏,应先由发货方向经销商赔付后,再由发货方向承运商或保险公司索赔。

⑤总成配件缺、损处理。经销商提出索赔时,如果不需要更换总成,只更换个别零件就可以达到技术要求,厂家只对个别零件进行索赔;如果某些配件通过简单维修,不需要更换就能达到技术要求,将不予索赔。

2)验收异常配件索赔工作流程

验收异常配件索赔工作流程如图5-7所示。

3)保修索赔工作流程

保修索赔工作流程如图5-8所示。

❻ 造成配件索赔的主要因素

(1)包装方式不合理。

(2)运输方式不合理。

(3)人为因素造成,如装卸等。

(4)管理不善。

调查一下你们学校的老师是否从网上购买过汽车配件,听听他们对网上购买汽车配件有哪些看法?

_____

_____。

任务活动——处理汽车配件索赔

❶ 活动描述

某天,小李问小张:"蓄电池坏了是否可以申请索赔?索赔的流程是如何操作的?"。汽车蓄电池在大多数汽车品牌当中都有质保周期,在质保期内出现故障(不能是人为造成的)均可申请索赔。当然,除了蓄电池可以申请索赔之外,汽车其他配件也可以享受索赔。但不同的汽车品牌政策并不一样。如果你是4S店的销售员,你将如何处理这起索赔案例?

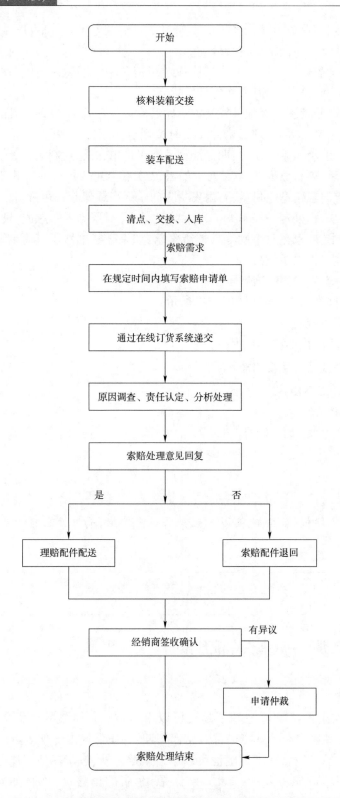

图 5-7 验收异常配件索赔工作流程

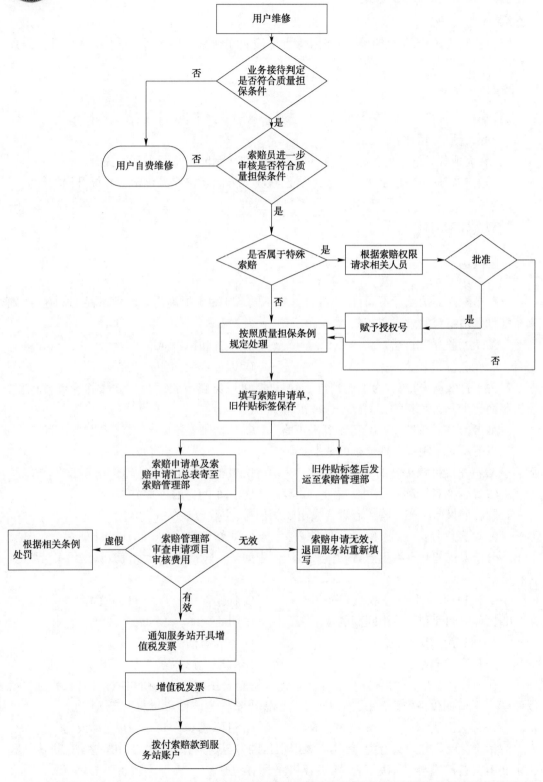

图 5-8 保修索赔工作流程

❷ 活动实施

以小组形式展开,分工明确,并采用角色扮演法在课堂上展示,同时注意观察其他组展示情况,并对所见所闻进行记录。

❸ 活动评价

(1)通过本任务活动的学习你认为自己是否已经掌握了相关知识和基本操作技能。
(2)评价活动过程的完成情况。
(3)在完成任务活动的过程中,你和同学之间的协调能力是否得到了提升。
(4)通过本任务活动的学习,你认为自己在哪些方面还需要深化学习并提升岗位能力。

一、选择题

1.汽车配件促销目标不同,促销组合方式不同。如为了提高汽车配件产品的知名度,则汽车配件促销组合的重点应在(　　)。
　　A.人员推销和广告　　　　　　　　B.广告和销售促进
　　C.销售促进和公共关系　　　　　　D.人员推销和公共关系

2.为了打破僵局,或者为了达到自己的目的,可以突然改变谈判的方法和论点,迫使对方折服而让步,或者使其陷入混乱,这种策略属于(　　)。
　　A.投石探路策略　　B.巧用筹码策略　　C.出其不意策略　　D.当机立断策略

3.以下不属于制定合理价格的依据是(　　)。
　　A.汽车配件购买者的可接受程度　　B.其他商家的相应售价
　　C.经营的目标利润率　　　　　　　D.汽车配件的进货成本

4.顾客如果已经产生购买心理会发出购买信号,主要包括(　　)。
　　A.语言信号　　B.动作信号　　C.表情信号　　D.以上都是

5.分销渠道的起点是生产者,终点是顾客,中间环节包括各种批发商、(　　)、商业服务机构等。
　　A.代理商　　　B.零售商　　　C.促销商　　　D.中间商

6.代理中间商和经营中间商的区别在于代理中间商(　　)。
　　A.拥有商品所有权　　　　　　　　B.不拥有商品所有权
　　C.可直接向零售商发货　　　　　　D.代表生产厂家

7.在现代社会里,采用需求中心定价法的关键是要预测好不同价格时的销售量是多少,以(　　)对应的价格作为产品的定价,相应的需求量作为该种产品的生产规模。
　　A.最大总利润　　B.最大总成本　　C.目标成本　　D.变动成本

8.销售员要研究购买行为,首先应该识别是谁参与购买,购买中心由哪些角色构成。购买中心由发起者、影响者、决策者、购买者和(　　)构成。
　　A.组织者　　　B.使用者　　　C.保管者　　　D.参与者

9. 汽车备件在质量保修期间的更换或维修,( )延长备件的质量保修期。
   A. 不能   B. 能   C. 双方协商   D. 用户要求
10. 维修过程中换下的索赔件应该立即( )。
    A. 返回供货厂家   B. 返回分库保管
    C. 挂上索赔件标签   D. 就地维修
11. 汽车配件销售的( ):①较强的专业技术性;②经营品种的多样性;③汽车配件销售的季节性;④汽车配件销售的地域性;⑤汽车配件经营要有相当数量的库存支持;⑥汽车配件经营必须有相应的配套服务。
    A. 特点   B. 优势   C. 要求   D. 重点
12. 汽车配件按销售企业在组织进货时主要采用( )的方式。
    A. 集中进货   B. 分散进货
    C. 集中进货与分散进货相结合   D. 联合采购
13. ( )是利用网络资源展开营销活动,能满足个性化需求。
    A. 网络营销   B. 大市场营销   C. 市场营销   D. 直销
14. 汽车配件的销售方式有( )。
    A. 专营店、混合店   B. 混合店和超级市场
    C. 专营店、混合店和超级市场   D. 专营店和超级市场
15. 折扣定价策略不包括( )。
    A. 现金折扣和数量折扣   B. 功能折扣、折让策略
    C. 季节折扣   D. 情感折扣
16. 需要定期更换的零件,如三滤属于( )。
    A. 快流件   B. 中流件   C. 慢修件   D. 快修件
17. 汽车配件集中进货一般适宜于( )商店采用。
    A. 小型零售配件   B. 大型配件
    C. 零售中小型批发配件   D. 大型配件批发
18. 汽车配件的( )是指汽车配件在流通过程中周转速度的快慢程度,根据汽车零件寿命周期长短可以把它们分为快流件、中流件、慢流件。
    A. 流通级别   B. 流通等级   C. 流通速度   D. 流通快慢
19. 电喷发动机用燃油滤清器是一次性的,一般行驶( )km 就要更换。
    A. 400   B. 4000   C. 40000   D. 80000
20. 二级维护质量保证期为车辆行驶( )km 或者 30 日。
    A. 2000   B. 3000   C. 4000   D. 5000
21. 可以为消费者提供某些特殊的购买动机和可以吸引一些希望买到便宜或得到奖励的消费者的促销方法是( )。
    A. 广告   B. 销售促进   C. 人员推销   D. 公共关系
22. 在产品生命周期中的( ),销售促进是有效的。
    A. 引入期和衰退期   B. 引入期和成长期
    C. 成长期和成熟期   D. 成熟期和衰退期

23. 在汽车促销中,最主要的促销手段是( )。
    A. 人员销售关系和公共关系　　　　B. 广告和公共关系
    C. 广告和销售促进　　　　　　　　D. 人员销售和销售促进

二、判断题

1. 汽车配件按供销关系可以分为滞销件、畅销件和脱销备件等。　　　　　　（　　）
2. 代理中间商专门介绍客户或与客户磋商交易合同,拥有商品的持有权。　　（　　）
3. 网络营销是利用网络资源展开营销活动,不能满足个性化需求。　　　　　（　　）
4. 汽车配件的销售方式有专营店、混合店和超级市场。　　　　　　　　　　（　　）
5. 商品介绍的目的是使顾客了解商品,使顾客认同所经营的商品,并且产生购买的欲望。（　　）

三、问答题

1. 汽车配件营销的特点有哪些?

2. 汽车配件营销模式类型有哪些?

3. 配件分销渠道的类型有哪些?

4. 我国汽车配件的典型营销模式主要有哪些?各自有什么特点?

5. 汽车配件的定价策略有哪些?

6. 保修索赔的前提条件是什么?保修索赔范围是什么?

7. 汽车配件索赔的原则是什么?

项目六
汽车配件管理的电子商务化发展

知识目标

1. 知道汽车配件计算机管理系统的作用；
2. 了解汽车配件管理软件的种类；
3. 知道超越汽车配件管理系统相关功能；
4. 知道电子商务的优点。

技能目标

1. 熟悉汽车配件库房管理系统操作；
2. 熟练运用电子商务网站直接进行商务活动。

素养目标

1. 培养一丝不苟、小心谨慎的工作作风；
2. 树立团队意识、岗位职责意识。

建议学时

4学时。

任务一 计算机技术在汽车配件管理系统中的应用

一 理论知识准备

1. 汽车配件计算机管理系统的作用与效能

汽车配件种类繁杂,单靠手工作业管理难以达到科学、准确、快捷的目的,将计算机管理系统应用于汽车配件企业,已成为必然趋势。

汽车配件计算机管理系统是针对汽车配件企业产品的购销、配件的进出、账款的结算等业务而专门开发的,包括配件销售管理、配件采购管理、配件仓库管理、应收应付管理等。从事汽车维修的企业,其业务中通常都包括配件管理业务,因此汽车维修管理系统也包含了汽车配件管理系统的功能。在实际运用中,大多数汽配企业也使用汽车维修管理系统,并选取其中与配件管理相关的功能。

1)作用

(1)计算机具有信息存储量大、信息处理准确的特点。汽车维修企业和汽配经营企业使用计算机管理系统之后,能充分地实现企业人、财、物和产、供、销的合理配置与资源共享;能加快库存周转,减少采购和运输费用;能减少由于物料短缺而引起的维修工期拖延,确保维修按期完成;能保证企业的财务数据反映实际的成本及企业状况。所以,实行计算机管理是实现企业科学管理的有效手段。

(2)计算机管理可以挖掘企业内部潜力。例如,将计算机用于企业的库存管理,由于网络化的库存管理能够缩短进出货的周期并减少缺货的可能性,因此,可以为按需库存提供准确的信息,减少因库存不当而造成的人力和财力浪费。

(3)实行计算机管理,各车型、故障、工种、员工的技术熟练程度等都可以进行量化,使得在修理报价、竣工结算、工资分配、奖金提成等方面有据可依,既能充分调动员工的积极性,同时也为企业树立规范化管理的良好形象。

2)效能

(1)对车辆维修和零配件销售实行明码标价,代替自由度较大的手工打价,便于企业的标准化管理。

(2)可以即时监控零配件的入库、出库、销售,便于企业做好零配件销售管理,实现合理库存。

(3)可以详细、准确地记录客户的基本情况和车辆的技术数据,便于企业做好客户服务管理和车辆维修管理。

(4)可以量化员工绩效,使员工工资和本职工作挂钩,提高员工的工作积极性。

(5)可以记录维修过程中的工艺流程,为车辆维修提供技术参考。

(6)利用互联网,可以索取维修资料、接受维修培训,并可在网上直接进行维修技术的求助及交流,解决维修资料缺乏、技术手段落后的难题。

❷ 汽车配件管理软件的种类

汽车配件管理软件大致可以分为三类。

1）汽车配件管理系统

汽车配件管理系统主要承担配件流通管理的功能，根据企业性质的不同，功能也有所区别。配件经销商所用的管理系统主要体现在销售管理、仓储管理以及账目管理三方面。北京西迅公司汽车配件管理系统即属此类，如图6-1所示。维修企业的管理系统则增加了维修接待管理，该系统又在配件管理系统上增加了两个主要的功能，即整车销售管理和客户信息管理。

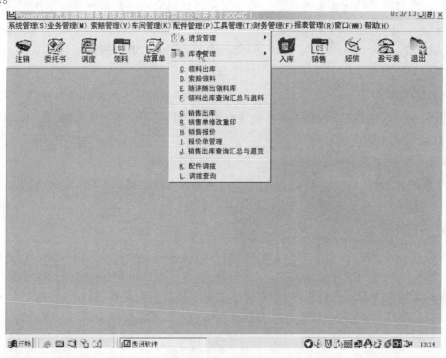

图6-1　西迅汽车配件管理系统

2）汽车配件目录管理系统

任何一个零件都有其相对应的零件编号。零件编号就好比人的身份证，每个零件只有唯一的一个编号。在描述一个零件的时候，最准确的方法就是用零件编号进行描述。零件编号在订货、库存、销售等各个环节都需要用到。正因为零件编号如此重要，所以人们设计了零件编号目录管理系统。

不同品牌的生产厂商都会提供给经销商不同的零件目录系统。例如，日本本田公司提供的是 AFD 配件目录系统，美国福特公司提供的是 Microcat 零件目录系统。使用配件目录系统后，配件就可以通过计算机很方便地查询到，并且以装配图等多种方式显示出来，替代了传统的查询零件手册的方式。

3）汽车配件订购系统

当通过配件管理系统及配件目录系统生成订单后，汽车配件企业就要向供货商订货，把正式的订单发给供货商，这就要用到配件订购系统。供应商通过在网上建立订购系统，实现实时订货。实时配件订购系统除了可以直接向供应商订购零件外,还可以实时查询供应商的库存数量,准确预测零件的到货日期。同时,还可以查询零件的替代状况、零件的价格以及订单的处理情况等。

目前,在已开发并使用的汽车配件综合管理系统中,配件的检索与显示已经做到了三维立体视图,用户可以观察零件的各个细节,配件的目录管理与流通管理、订购管理相结合,功能十分强大。

为什么不同品牌的汽车配件生产厂商会提供给经销商不同的零件目录系统?

二 任务活动——调查计算机管理系统在汽配企业的应用

❶ 活动描述

利用企业实地调查法,调查计算机管理系统应用于汽配企业的实际情况。要求有文字记录和相关影像资料。

❷ 活动实施

以小组形式展开,分工明确,并采用角色扮演法在课堂上展示。同时注意观察其他组展示情况,并对所见所闻进行记录。

❸ 活动评价

(1)通过本任务活动的学习你认为自己是否已经掌握了相关知识和基本操作技能。
(2)评价活动过程的完成情况。
(3)在完成任务活动的过程中,你和同学之间的协调能力是否得到了提升。
(4)通过本任务活动的学习,你认为自己在哪些方面还需要深化学习并提升岗位能力。

任务二 汽车配件库房管理系统

一 理论知识准备

下面以"超越汽车配件管理系统"为例,简要介绍汽车配件管理的相关功能。

❶ 配件业务流程

超越汽车配件管理系统是基于图6-2所示的配件业务流程建立起来的。

❷ 配件业务模块功能介绍

1)订货管理

对于客户维修的需求或购货的需求,当库存不足时,所进行的订货为"销售"或者"维修";对于补充常备库存进行的订货为"自订"。超越汽车配件管理系统,提供了多种手段来辅助制订补充库存的订货计划,如提供月均销售数、销售历史、在途数(以往订货未到数)、库存数、库存上下限等参考数据,并可根据自己的需要,预设订货数生成公式,让电脑自动算出建议订货数。系统还提供了可以整批生成订单的"自动订货"功能。"客户专订"或"自订"的订单,先在"请购管理"中录入或产生,并向供应商询价,确认后再与供应商签订正式订货合同。

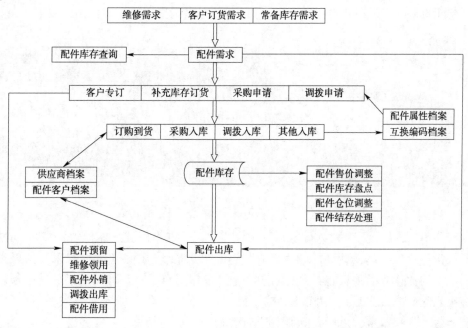

图 6-2　配件业务流程

点击菜单"配件业务"→"订货管理"→"请购管理"进入请购管理模块。点击"增加"按钮新开一张请购单,把所有信息填上之后点击"保存"按钮,确定之后点击"审核"按钮,请购单审核之后"转订货"按钮变成黑色(可用),点击"转订货"按钮之后,系统就会生成一张没有审核的订货单。

向供应商提交订单之后,即可点击菜单"配件业务"→"订货管理"→"订购管理"进入订购管理模块。点击"查询"按钮,将已经下订的订货单提取出来,然后点击"审核"按钮可进行该订单审核。输出电子询价单,即可输出 TXT/Excel/Html 等各种格式的电子文件,方便供应商的电脑系统直接读取。

2)配件入库

系统提供的成本计算方式有"移动平均""先进先出""后进先出"三种成本管理模式。

(1)采购入库。

现货购买或供货时间很短的进货业务,通常用"采购入库"处理。

点击菜单"配件业务"→"入库管理"→"采购入库"进入采购入库模块。具体操作和请购管理相同。入库单审核之后要到"财务结算"模块中进行结算。

"从 Excel 导入到货清单":能把外部电子文件整批录入进库单。

"整批调价":提供能按 FOB 价、成本价等整批调整进库单的成本价、售价等。

"从库存中提取配件入库"：能展开库存，调取相应的记录，入库审核时能合并到所选的库存记录中。此功能适合于将非均价下因入库退货造成的库存负数冲掉，一般不建议使用。

（2）订货入库。

订货单中货物到货时，应通过"订货入库"处理（图6-3）。该模块提供了可从订货单成批或逐个提取到货记录的功能，并在审核时能自动将已到数写到原订单中，更新在途数；而为客户专订的到货记录即会自动转为预留出库单，并将到货数写入库存预留数中。

图6-3　订货入库

点击菜单"配件业务"→"入库管理"→"订货入库"进入订货入库模块。点击"增加"按钮新开一张订货入库单，然后再点击"提取"按钮将已经到货的订单提取出来。如果实到数和订货单上的数量或品种有差异，可点击"修改"按钮对订货入库单进行修改（一张订货单可以多次入库），完成之后点击"审核"按钮，到货配件就会马上加入库存中，同时更新订单的已到货数。入库单审核之后要到"财务结算"模块中进行结算。

（3）赠送入库。

他人赠送的货物入库，应通过"赠送入库"处理。没有成本产生的入库可通过此功能来完成，具体操作与请购管理相似。

（4）代销入库。

在代销业务中，超越系统引入"代销库存"的概念，库存中每条记录都设置了一个"是否代销"的标记，当代销入库的货物更新库存后，会在库存中自动增加一条新的记录，并在"是否代销"标志上打上"√"，这样可以区别于本单位的库存，亦可作为查询、统计时代销货物的识别标记。

在"代销入库"更新库存后，会根据入库供应商产生代销往来账，方便本单位跟代销单位进行代销结算，具体可以点击"财务管理"→"受托代销往来账"→"受托代销结算"进入受托代销结算模块进行操作。

（5）其他入库。

上文提到的四种入库方式之外的入库可通过此功能来完成，具体操作同请购管理。以下为其他几种入库方式的说明。

①调拨入库：主要应用于与分公司或上级公司之间的货物调拨。

②借用入库：适用于同行之间的拆借业务。

③初始入库：适用于超越系统初期建立库存账。

(6)入库退货。

如货物入库并且审核后发现有质量等问题,要退给供应商,或发现录入错误,应立即进行入库退货处理。退货的提取方式有两种:一种是"整单提取",一次性把入库单中的记录全部提取过来进行退货处理;另外一种是"逐项提取",以入库明细进行提取。每种入库方式对应一个入库退货。

点击菜单"配件业务"→"入库管理",再根据需要退货的货物的入库方式选择相应的入库退货模块,具体的操作与订货入库相同。

3)出库管理

(1)领料出库。

领料出库是解决正在维修中的配件出库业务。依据在修的工单号、自编号,或通过提取在修工单出库,已完工的工单不允许出库。维修出库结算分为客账(客户自己付账)、内部账(本公司承担)、索赔账(向保险公司索赔)、保险账,分别用 C、I、W、P 表示,可预先设定各账类对应的配件价格公式,设定后将所选定的账类按价格公式代入,计算出销售价格。

遇下列几种情况系统会出现提示:录入的价格低于成本价时;录入的价格低于参数预设的警戒毛利率时;该零件设定了特价标记时;操作员提供的折扣率超过权限分配中设定的最大折扣率时。领料出库的具体操作方法与入库相同,出库的金额将在维修工单中和工时费一起结算。

(2)销售出库。

销售出库是解决配件直接销售的业务。外销的配件通过此模块出库,具体操作与入库相同。销售出库单审核之后要到"财务结算"模块中结算。

(3)调拨出库。

调拨出库是解决配件调拨出库的业务,如上下级或分公司之间调拨。它提供了将调拨单导出电子文件的功能,但在调拨入库中暂未提供导入相应的电子文件的功能,这将在以后的升级版中提供。

(4)预留出库。

预留出库是解决客户要求预留配件或未结算的出库业务,也可用于维修预留。客户专订的到货配件将自动生成预留单。当客户确定发生销售或维修领用时,可将其转为销售单或领料单。预留出库的具体操作方法与入库相同。

(5)借用出库。

借用出库是解决维修工借用或同行拆借的业务。当确定发生销售或维修领用时,可将其转为销售单或领料单,具体操作方法与入库相同。

(6)出库退货。

出库退货和入库退货一样,也是每种出库方式对应一个出库退货模块,具体操作方法与入库退货相同。

4)库存管理

超越汽车配件管理系统的库存结构,由库存主表及库存子表组成。为了解决非均价(移动平台)、先进先出或后进先出的管理需要,在库存子表中,同一货物/编码有可能存在不同进价、不同进货时间、不同供应商、不同批次或不同仓位的多条记录。为了方便查询,专门设计了库存主表,存放每种货物/编码的库存总数;为了解决库存移动平均模式造成的小数点误差问题,系统还在库存主表中设计了库存成本金额字段。入库时,将入库成本金额加上去,出库时减成本金额,当最后一个配件出库时,系统自动将剩余的库存金额一起减去,并带到出库成本价中。

系统提供客户所需的库存信息如下:

① 可售库存数,指可以直接销售的库存数量。

② 预留库存数,指为客户预留的库存数量,或者为了应急而预留起来的安全库存。

③ 借用库存数,指借出的库存数量。

④ 成本价。入库时更新,不能做手工调整,请参见入库关于库存管理模式的说明。

⑤ FOB价、售价、批发价、调拨价。入库时写入,但可以手工调整。

⑥ 最近入库时间。最近一次入库时自动写入,可通过它了解配件的库龄。

⑦ 最近销售时间。最近一次销售或领料出库时自动写入,可通过它了解库存的配件不流动时间。

⑧ 仓位。入库时写入,但可以手工调整。

⑨ 批次。入库时写入,适合按批次管理的配件企业。

⑩ 供应商。入库时写入,可记录每次入库的不同供应商。

⑪ 是否代销。入库时写入,可将代销及自己的库存分开。

(1) 库存浏览。

库存浏览其实也是一个查询的模块,根据条件可以查询出配件的账面数、销售价等信息。

点击菜单"配件管理"→"库存管理"→"库存浏览",可进入库存浏览模块。

(2) 整批调价。

此模块提供对库存及属性进行整批调价的功能,所调的价格包括"零售价、批发价、调拨价、FOB价、备用售价1/2/3/4/5",但不能对"成本价"进行调整。

如需要对某一批具有共性的配件进行调价,可用该模块进行处理。

点击菜单"配件管理"→"库存管理"→"价格调整",可进入价格调整模块。进入该模块之后点击"增加"按钮新开一张调价单,然后按"提取零件"按钮,在弹出的提取零件对话框输入条件,将相应的配件提取出来;把需要调价的配件提取出来之后点击"调价"按钮,系统会弹出调价设定对话框,在公式项目栏上部可以看到字母"A""D""E"3个字母分别代表的3个价格,在公式项目栏下部可以看到生成调价公式的规则。在调价公式栏输入调价的公式,如需要在原来零售价的基础上将零售价调高20%就应该输入"A×1.2",在公式栏下面的注释栏就可以看到相应的"零售价×1.2"。设好调价公式之后,点击"确定"按钮,调价单上的所有配件的零售价就会被调高20%;点击"保存"按钮。确定这次调价正式生效之后点击"审核"按钮,新的价格就正式生效了。

(3) 移库管理。

此模块用于库位的调整。仓库内部货物的移动称为"移库",在"移库管理"模块中,将先生成申请记录,再通过审核才生效,实现了较规范的管理流程。

点击菜单"配件管理"→"库存管理"→"移库管理",就可以进入移库管理模块。如需要将一批配件从 A 库位移到 B 库位,可新开一张移库单把需要移库的配件提取出来,输入将要移到的目的库位再"保存""审核"。详细的操作步骤可参照价格调整。

(4)库存盘点及盈亏管理。

因库存账面数与实物数存在差异,需要对库存账面数进行调整,这种调整称为"库存盈亏"。在本系统的"库存盈亏"模块中,将先生成盈亏申请记录,通过审核后才更新库存,实现了较规范的管理流程。

企业经营配件一段时间后,有时会出现一些人为的失误,如把配件的位置放错或者多发配件等,有时人为损坏或盗窃,使得库存的账面数与实物账对不上,所以要进行库存的盘点。定期执行库存盘点有利于及早发现问题,并保证库存账的准确。

通常,许多企业的盘点工作一般都要停止营业来进行。因为,如果在营业中盘点,货物不断发生进出变动,会影响盘点的正确性。对于某些库存品种较多的企业,利用加班时间盘点可能无法完成全部的盘点工作,个别企业每天都盘点当天发生进出的品种,然后在年底进行一次总的盘点。传统的盘点工作要通过停止营业来进行,那么能否突破这个问题,在营业中进行盘点呢?我们曾考察过一些国外企业,发现其中许多企业都在营业中进行盘点,原因是国外企业安排加班比较困难,即使安排加班,企业也要付出很大的代价。超越系统解决了这个问题,并提出了"动态盘点"的概念。其解决的原理是,将库存所有的盘点记录拆分为许多小份,每天(营业中)完成一小份,当天完成时,利用系统的扫描功能将当天发生进出的货物剔除,放到第二天再盘点,而当天没有发生进出的货物即可审核通过。如此循环,便可全部完成。

点击菜单"配件管理"→"库存管理"→"库存盘点及盈亏管理",即可进入库存盘点及盈亏管理。先点击"增加"按钮,"盘点零件"按钮就会马上变成黑色(可用),否则为灰色(不可用)。再点击"盘点零件"按钮,将库存的配件清单打印出来。盘点完成之后,如有配件的实点数与账面数不符,就在盈亏单上输入这些配件的实点数和账面数,系统会自动算出盈亏数,盈亏原因是必填的。完成所有工作之后点击"保存""审核"按钮,盈亏单上的配件可售数就会自动更新。库存盘点及盈亏管理相关操作界面如图6-4所示。

图6-4 库存盘点及盈亏管理操作界面

(5)库存修改。

在超越汽车配件管理系统中,某些信息可以直接修改,如可直接修改"名称""型号"等属性,或修改"零售价""FOB 价""批发价"等,或修改"仓位",系统还提供了直接修改"库存可售数""成本单价"和自动产生盈亏记录的功能。

(6)工具管理。

该模块可以解决一些非配件物品的库存管理,例如维修企业中的维修工具、设备、书籍、文具等物品。

点击菜单"配件管理"→"工具管理",可进入相应的工具管理模块。工具管理的具体操作可参照配件部分完成。

(7) 进出流水账。

发生影响库存数量的进、出、退货、盈亏等业务时,系统会自动将该业务的情况、发生时刻及发生后的结存记录到"进出流水账"中,方便核对库存进出。

(8) 结存管理。

超越系统提供了每月结存处理的功能,它能产生当月结存总账及结存明细账。结存报表包含上月结存、本月进货、本月出货、本月盈亏、本月结存等信息。理论上,上月结存+本月进货-本月出货+本月盈亏=本月结存。该报表要求保存下来,作为下月结存的依据。

(9) 标签打印。

该模块能将仓库货物或入库货物的编码自动转换为条纹码,并连同数量、名称、仓位等打印在均匀分布的粘贴纸上,然后粘到货物上或货架上,便于出货或盘点时能用条码光枪来识别。

(10) 仓库库存账。

一般的管理系统只提供一个业务库存账,即业务开单审核后即更新库存,以便给业务运作提供即时的库存数。但是,对于仓库管理人员,业务库存账却不能提供确实的实物账,如业务开单审核,扣减了库存,但如果客人尚未提货,那么实际的货物数就会多出来。

对于管理要求较高的企业,已经意识到该问题,它们往往是另外在仓库多安装一套系统,在实际货物发生进出时重新输入一次,以确保仓库库存账的正确。但这样会给仓库的工作带来很多麻烦。另外,超越系统还提供了仓库实物账模块,并提供了能将业务单据提取到仓库账中直接审核仓库实物账的功能,简化了仓库的工作。

(11) 仓库库存审核。

超越系统提供了通过提取业务单据来审核仓库库存的功能。

(12) 仓库账与库存账的比较。

超越系统提供了自动比较仓库实物账与业务库存账之间差异的功能,将有利于监督和及时发现漏洞。

  想一想

为什么许多企业的盘点工作一般都要通过停止营业来进行?

任务活动——操作汽车配件库房管理系统

1 活动描述

以一种汽车配件库房管理系统软件为例,操作订货管理、入库管理、出库管理和库存管理。

2 场景设置

(1) 工作单据若干。
(2) 工作电脑。

项目六 汽车配件管理的电子商务化发展

(3)配件查询软件(根据学校的现有条件)。

3 活动实施

以小组形式展开,分工明确,并采用角色扮演法在课堂上展示。同时注意观察其他组展示情况,并对所见所闻进行记录。

4 活动评价

(1)通过本任务活动的学习你认为自己是否已经掌握了相关知识和基本操作技能。
(2)评价活动过程的完成情况。
(3)在完成任务活动的过程中,你和同学之间的协调能力是否得到了提升。
(4)通过本任务活动的学习,你认为自己在哪些方面还需要深化学习并提升岗位能力。

任务三 汽车配件电子商务化应用

一 理论知识准备

1 电子商务基本概念

电子商务就是以电子形式进行的商务活动。经济活动主体之间利用现代信息技术和网络技术(含互联网、移动网络和其他信息网络)开展商务活动,实现网上接洽、签约、支付等关键商务活动环节的部分或全部电子化,包括货物交易、服务交易和知识产权交易等。

2 电子商务的优点

(1)电子商务将传统的商务流程数字化、电子化,让传统的商务流程转化为电子流、信息流,突破了时间、空间的局限,大大提高了商业运作的效率,并有效地降低了成本。
(2)电子商务是基于互联网的一种商务活动,互联网本身具有开放性和全球性的特点,电子商务可为企业和个人提供丰富的信息资源,为企业创造更多商业机会。
(3)电子商务简化了企业与企业、企业与个人之间的流通环节,最大限度降低了流通成本,能有效提高企业在现代商业活动中的竞争力。
(4)电子商务对大中型企业有利,因为大中型企业需要的交易活动多,电子商务能更有效地进行管理和提高效率。对小企业而言,因为电子商务可以使企业以相近的成本进行网上交易,从而使中小企业可能拥有和大企业一样的流通渠道和信息资源,极大提高了中小企业的竞争力。
(5)电子商务将大部分的商务活动转到互联网上进行,企业可以实行无纸化办公,节省了开支。

3 电子商务的分类

1)商业机构之间的电子商务(B2B)

商业机构对商业机构的电子商务指的是企业与企业之间进行的电子商务活动。这一类

215

电子商务已经存在多年。特别是企业通过私营或增值计算机网络采用 EDI(电子数据交换)方式所进行的商务活动。

2)商业机构对消费者的电子商务(B2C)

商业机构对消费者的电子商务,指的是企业与消费者之间进行的电子商务活动。这类电子商务主要是借助于国际互联网所开展的在线式销售活动。随着国际互联网的发展,这类电子商务也得到了迅速发展。目前,在国际互联网上已出现许多大型超级市场,所出售的产品一应俱全,从食品、饮料到电脑、汽车等,几乎包括了所有的消费品。

3)消费者对行政机构的电子商务(C2A,也称为 C2G)

消费者对行政机构的电子商务,指的是政府对个人的电子商务活动。这类的电子商务活动目前还没有真正形成。政府随着商业机构对消费者、商业机构对行政机构的电子商务的发展,将会对个人实施更为全面的电子方式服务。政府各部门向社会纳税人提供的各种服务,例如,社会福利金的支付等,将来都会在网上进行。

4)商业机构对行政机构的电子商务(B2A,也称为 B2G)

商业机构对行政机构的电子商务指的是企业与政府机构之间进行的电子商务活动。例如,政府将采购的细节在国际互联网上公布,通过网上竞价方式进行招标,企业也要通过电子的方式进行投标。除此之外,政府还可以通过这类电子商务实施对企业的行政事务管理,如政府用电子商务方式发放进出口许可证、开展统计工作,企业可以通过网上办理交税和退税等。

对于汽车配件行业,B2B 和 B2C 作为最常见的两种电子商务形式,应用于配件生产商(或经销商)与经销商,以及经销商与客户之间的营销活动。

❹ 汽车配件电子商务的应用

电子商务的应用非常广泛,如网上银行、网上炒股、网上购物、网上订票、网上租赁、工资发放、费用缴纳等。

汽车配件行业的电子商务,最关键的就是各种信息(供求、价格等)的共享,以及实现在线采购和所谓的"零库存"概念。

传统配件行业的信息交换是通过专业的报纸、杂志期刊、电话等方式实现的,由于这类媒体的地域、渠道和时间限制,使得信息总是封闭在一个相对较小的范围内,包括配件基本信息和供求信息等。这样就会出现用户急于订购配件但无采购渠道,而某些经销商又苦于配件长期积压的情况。另外,由于供求信息的相对封闭,使得配件营销环节增加,导致最终销售价格较高。

当各种配件信息通过网络全面公开后,"客户找商家"将变得更加简单,同时也出现了"商家找客户"的情况。

成熟完善的电子商务网站,可以直接进行网上交易,即在网上选择所需要的配件,生成订单,发送给网站的商务处理中心或者供应商,并通过网络或银行汇款进行支付,供货方就通过物流系统将所订购的配件发送给客户(图6-5)。

成熟完善的电子商务网站,可以直接进行网上交易,消费者个人即可在网上选择所需要的汽车配件,这会为实体店带来哪些冲击?

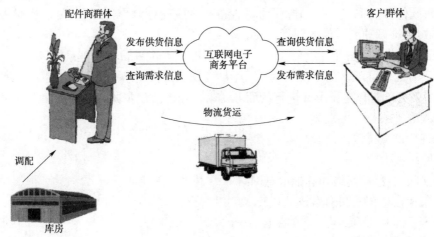

图 6-5　汽车配件电子商务简易模型

二　任务活动——运用电子商务网站进行商务活动

❶ 活动描述

运用电子商务网站进行商务活动。要求有文字记录和相关影像资料。

❷ 场景设置

(1) 工作单据若干。
(2) 工作电脑若干。
(3) 配件查询软件(根据学校的现有条件)。

❸ 活动实施

以小组形式展开,分工明确,并采用角色扮演法在课堂上展示。同时注意观察其他组展示情况,并对所见所闻进行记录。

❹ 活动评价

(1) 通过本任务活动的学习你认为自己是否已经掌握了相关知识和基本操作技能。
(2) 评价活动过程的完成情况。
(3) 在完成任务活动的过程中,你和同学之间的协调能力是否得到了提升。
(4) 通过本任务活动的学习,你认为自己在哪些方面还需要深化学习并提升岗位能力。

思考与练习

一、选择题

1. 汽车配件经销商所用的管理系统主要体现在(　　)方面。
   A. 销售管理　　　　　　　　　B. 仓储管理
   C. 账目管理　　　　　　　　　D. 销售管理、仓储管理以及账目管理

2. 实时配件订购系统(　　)除了可以直接向供应商订购零件外,还可以实时查询供应商的库存数量,准确预测零件的到货日期。

　　A. 汽车配件管理系统　　　　　　　B. 汽车配件目录管理系统

　　C. 实时配件订购系统　　　　　　　D. 客户信息管理系统

3. 电子商务就是以电子形式进行的商务活动。经济活动主体之间利用(　　)开展商务活动。

　　A. 现代信息技术

　　B. 网络技术

　　C. 互联网、移动网络和其他信息网络

　　D. 现代信息技术和网络技术

4. 以下不属于电子商务优点的是(　　)。

　　A. 可为企业和个人提供丰富的信息资源,为企业创造更多商业机会

　　B. 电子商务简化了企业与企业、企业与个人之间的流通环节

　　C. 最大限度地提高了流通成本

　　D. 能有效地提高企业在现代商业活动中的竞争力

5. 对于汽车配件行业,(　　)是最常见的两种电子商务形式。

　　A. B2B 和 B2C　　　　　　　　　　B. C2A 和 B2A

　　C. B2B 和 C2A　　　　　　　　　　D. B2C 和 C2A

6. 传统的配件行业信息交换是通过(　　)等方式实现的。

　　A. 专业的报纸　　　　　　　　　　B. 专业的杂志期刊

　　C. 电话　　　　　　　　　　　　　D. 专业的报纸、杂志期刊、电话

二、判断题

1. 汽车配件管理系统是针对汽配企业产品的购销、配件的进出、账款的结算等业务而专门开发的。（　　）

2. 汽车配件管理系统包括汽车配件目录管理系统和汽车配件订购系统。（　　）

3. 不同品牌的生产厂商都会向提供经销商不同的零件目录系统。（　　）

4. 超越汽车配件管理系统是基于配件业务流程建立起来的。（　　）

5. 电子商务就是以电子形式进行的商务活动。（　　）

6. 经济活动主体之间开展商务活动,实现网上接洽、签约、支付等关键商务活动环节的部分或全部电子化,包括货物交易、服务交易和知识产权交易等。（　　）

三、问答题

1. 汽车配件计算机管理系统的作用是什么?

2. 电子商务有哪些优点?

3. 阐述汽车配件电子商务应用产生的经济效益和社会效益。

参考文献

[1] 吕琪.汽车配件管理[M].北京:人民交通出版社股份有限公司,2017.
[2] 吕丕华.汽车认识实训[M].北京:中国三峡出版社,2014.
[3] 钱燕.汽车配件与管理[M].北京:人民邮电出版社,2014.
[4] 郑颖杰.汽车配件与物流管理[M].北京:机械工业出版社,2014.
[5] 孙凤英.汽车配件与营销[M].2版.北京:机械工业出版社,2016.
[6] 陈柏明.汽车配件营销[M].北京:人民邮电出版社,2009.
[7] 钟声,杨二杰.汽车配件管理[M].3版.北京:人民交通出版社股份有限公司,2019.
[8] 夏志华.汽车配件管理[M].北京:人民交通出版社股份有限公司,2019.